KB105972

NFT 레볼루션

NFT 레볼루션

초판 1쇄 발행 · 2021년 9월 1일
초판 15쇄 발행 · 2022년 7월 7일

지은이 · 성소라, 롤프 회퍼, 스콧 맥러플린
발행인 · 이종원
발행처 · (주)도서출판 길벗
브랜드 · 더퀘스트
출판사 등록일 · 1990년 12월 24일
주소 · 서울시 마포구 월드컵로 10길 56(서교동)
대표전화 · 02)332-0931 | **팩스** · 02)322-0586
홈페이지 · www.gilbut.co.kr | **이메일** · gilbut@gilbut.co.kr

기획 및 편집 · 김세원(gim@gilbut.co.kr), 유예진, 송은경, 정아영, 오수영 | **제작** · 손일순
마케팅 · 정경원, 김진영, 김도현, 장세진 | **영업관리** · 김명자 | **독자지원** · 윤정아

조판수정 · 정희정 | **교정교열** · 공순례
CTP 출력 및 인쇄 · 금강인쇄 | **제본** · 금강인쇄

ISBN 979-11-6521-660-3 (03320)
(길벗 도서번호 090186)

정가 : 18,000원

NFT 레볼루션

현실과 메타버스를 넘나드는
새로운 경제 생태계의 탄생

성소라 · 롤프 회퍼 · 스콧 맥러플린 지음

더퀘스트

일러두기

* 이 책에 등장하는 NFT 작품명은 작가의 의도를 왜곡 없이 그대로 전달하기 위해 번역하지 않고 원문 그대로 실었습니다.

* NFT 작품을 감상할 수 있는 온라인 페이지를 각주에 남겼습니다. NFT 작품은 다이내믹한 동영상의 형태로 제작된 경우가 많으니 각주의 링크를 꼭 열어보길 권합니다.

프롤로그

NFT 세계에 오신 것을 환영합니다

올해 연초부터 각종 미디어를 통해 세상을 떠들썩하게 하는 기사들이 쏟아져 나왔습니다. 비트코인, 메타버스 등과 더불어 말 그대로 '대체불가능한' 기사들이었죠.

"트위터 공동 창업자 잭 도시Jack Dorsey가 2006년에 작성한 역사상 첫 트윗이 대체불가토큰NFT 형태로 경매에 부쳐져 약 290만 달러에 낙찰되었다."

– 2021년 3월 6일

"비플Beeple이라는 예명으로 활동하는 디지털 아티스트 마이크 윈켈만Mike Winkelmann의 NFT 콜라주 작품 〈Everydays: The First 5000 Days〉가 세계적인 경매 업체 크리스티에서 무려 6,930만 달러에 낙찰됐다. 이번 거래로 비플은 현존하는 작가 중 제프 쿤스Jeff Koons와 데이비드 호크니David Hockney에 이어 세 번째로 비싼 작가가 됐다."

– 2021년 3월 11일

"크리스티와 함께 글로벌 경매 시장의 양대 산맥을 이루는 소더비 경매소에서 크립토펑크CryptoPunks #7523이 1,180만 달러에 낙찰됐다. NFT의 시초로 일컬어지는 크립토펑크는 '펑크'라고 불리는 24x24픽셀 캐릭터들의 모음인데, 이날 경매에서 팔린 7,523번째 펑크는 9개의 '외계 펑크' 가운데 하나로 유일하게 마스크를 착용하고 있어 희소성을 인정받았다." - 2021년 6월 10일

'와, 세상이 대체 어떻게 돌아가는 거지? NFT는 또 뭐고?'

'억' 소리 나는 NFT 관련 기사들을 보며 이런 생각을 해보지 않으셨나요? 지금 이 프롤로그를 읽고 계시는 당신은 아마 지난 몇 달간 항간에 떠돈 NFT에 대한 무성한 소문과 괴담들 사이에서 좀더 정확한 정보를 찾고자 이 책을 손에 들었을 것입니다.

"아니, 대체 왜 사람들은 온라인상에서 얼마든지 '좋아요'를 누르고 무한 '복붙' 가능한 디지털 이미지 파일을 억대의 돈을 주고 사는 거지?"

어디서도 이 질문에 대한 명쾌한 답을 얻지 못해 답답한 마음에 이 책을 펼쳤을 수도 있고요. 만약 당신이 크리에이터라면 NFT가 초래할 크리에이터 이코노미 시대의 변화가 궁금해서, 만약 컬렉터(수집가)나 투자가라면 NFT의 투자 가치에 대한 해답을 찾으러 왔을 수도 있겠네요.

본문에 앞서 간단히 설명해드리자면, NFT는 'Non-Fungible Token'의 약자로, '대체불가토큰' 또는 '대체불능토큰'으로 번역됩니다. 비트코인, 이더Ether, ETH 등의 암호화폐처럼 각기 동일한 가치와 기능을 가지는 대체가능토큰Fungible Token, FT과 달리 NFT는 각기 고윳값을 지니므로 희소성이 있죠. 토큰 간의 상호 대체가 불가능하다는 뜻입니다. 예를 들어 당

신이 나이키 티셔츠를 입고 BTS 공연에 갔는데 운 좋게도 공연장 복도에서 BTS 멤버와 마주쳐 입고 있던 티셔츠에 사인을 받았다고 해볼까요? 그러면 그 티셔츠는 나이키에서 생산한 같은 모양의 어떤 상품과도 바꿀 수 없는 대체불가한 티셔츠가 되죠. 바로 이런 이치입니다. NFT는 특정 자산에 대해 암호화된 소유권과 거래 내역을 블록체인에 저장하고 기록하는 토큰입니다. 따라서 시간이나 장소와 상관없이 누구나 소유권을 투명하게 확인할 수 있고, 거래 내역을 추적·증명할 수 있죠. 이런 특성을 잘 이용해 탄생한 것이 바로 예술품, 게임 아이템, 부동산 등 특정 자산의 가치를 담은 NFT입니다.

아시다시피, NFT가 우리 일상 대화에 오르내리기 시작한 것은 불과 몇 달 전부터입니다. 대략 2020년 말부터 '큰손' NFT 거래들이 시작됐고, 미디어 이곳저곳에서 NFT를 언급하게 됐죠. 그 전까진 다소 한정적인 팬덤을 이룬 틈새시장이었습니다.

물론 NFT의 역사는 시간을 조금 더 거슬러 올라갑니다. 암호화폐의 가치가 치솟던 2017년 NFT 컬렉터블로 등장한 크립토키티CryptoKitties가 ERC-721 표준을 따르는 이더리움 기반 NFT 시장의 시초라고 할 수 있습니다. 이 귀여운 고양이들은 선풍적인 투기적 관심을 불러일으키며 한때 이더리움 전체 거래의 20%가량을 차지하기도 했죠. 그러나 관심이 오래 지속되지는 못했는데요, 거기엔 이더리움 네트워크 과부하로 인한 전송 수수료 급등과 2018년 암호화폐 가치의 폭락이 큰 영향을 미쳤습니다.

그리고 몇 년이 지난 2021년 현재, NFT 시장은 진성기를 맞이하고 있습니다. NFT 아트는 2020년 6월 1일을 기준으로 그 전 1년간 총 200만 달러 상당의 작품 거래가 이뤄졌는데, 그 후 1년간의 총거래량이 5억 달러를 넘겼으니 250배가 넘게 늘어난 셈입니다. NFT가 이제 더는 작은 시장이 아니라는 것을 보여준 거죠. 지금 도대체 무슨 일이 벌어지고 있는 걸까요?

2020년 12월 비플의 NFT 작품이 디지털 아트 역사상 최고가인 350만 달러에 팔렸고, 이를 기점으로 많은 사람이 NFT에 관심을 가지게 됐습니다. 그리고 그 후 몇 달간 NFT 시장은 폭발적으로 성장했습니다. 혹시 팝-타르트 몸을 가지고 무지개 자국을 남기며 날아 다니는 디지털 고양이 캐릭터 '니안 캣Nyan Cat'을 기억하시나요? 10년 전 유튜브에 공개된 후 수억 회의 조회 수를 기록하며 인기몰이를 했던 캐릭터죠. 이 캐릭터가 2021년 2월 탄생 10주년을 맞아 NFT로 재탄생하여 58만 달러에 팔렸습니다. 스포츠로 한번 가보실까요? 2021년 2월 NBA(미국 프로농구)의 간판급 선수 르브론 제임스LeBron James의 덩크슛 영상이 NBA 공인 카드 트레이딩 공간인 NBA 톱샷Top Shot에서 약 20만 달러에 거래되어 세상을 놀라게 했습니다. 음악 시장에선 '3LAU'라는 이름으로 유명한 DJ 저스틴 블라우Justin Blau가 2021년 2월 NFT 음반과 특별한 경험에 대한 '교환권'을 경매에 부쳐 약 1,168만 달러를 벌어들였고, 당시 단일 NFT 거래에서는 역대 최고가인 360만 달러를 기록하기도 했습니다. 물론 몇 주 후 비플의 〈Everydays: The First 5000 Days〉가 6,930만 달러에 팔리며 최고가 기록은 깨졌지만요. 특히 비플의 거래는 세계 최대 예술품 경매소 중 하나인 크리스티에서 진행된 만큼 의미가 컸습니다. NFT가 이제 더는 보수적인 제도권에서도 무시할 수 없는 시장이 됐다는 신호니까요.

NFT, 놓치면 안 되는 급행열차 같으면서도 손에 잡히지 않는 너란 녀석, 우린 어떻게 해야 할까요? 아니, 뭔가를 하긴 해야 할까요?

'나 지금 NFT에 대한 포모FOMO 증후군을 앓고 있는 것 같아. 하지만 몇 년 전 비트코인 악몽을 생각하면 '크립토'라는 단어만 들어도 좀….'

당신은 아마도 몇 년 전 온 나라를 휩쓸었던 암호화폐의 열풍과 몰락을 기억할 겁니다. 2017년 초 900달러 정도에서 거래되던 비트코인은 같은 해 12월 2만 달러까지 치솟았고, 비트코인의 대안으로 주목받던 이더리움 또한 통화의 가치가 급등하면서 많은 투자가가 국내 암호화폐 거래소로 몰려들었지요. 실제로 서울 구석구석에서 그 열기가 느껴질 정도였는데요. 카페·레스토랑·학교·회사 등 공공장소 어디를 가든, 어린 학생들부터 연세 지긋한 어르신들까지 비트코인과 이더를 비롯해 각종 알트코인 이야기로 하나 되는 모습을 볼 수 있었습니다. 당시 암호화폐 가격 폭등으로 매수 수요가 급증하면서 국내 거래소에서는 비트코인 가격이 다른 나라에 비해 많게는 50% 높게 유지되는 현상이 벌어지기도 했습니다. 바로 '김치 프리미엄'의 형성이었죠.

이런 과열 현상은 갑작스러웠지만 예견된 일이기도 했습니다. 어려운 시대를 살아가는 젊은이들에게 암호화폐는 적은 자본으로 투자할 수 있고, 운이 좋다면 짧은 시간에 고수익을 얻을 수 있는, 현실 탈출의 유일한 수단으로 보이기에 충분했으니까요. 2017년 말에 직장인 941명을 대상으로 한 설문조사에 따르면, 응답자의 30% 이상이 비트코인과 같은 암호화폐에 투자하고 있다고 답할 정도였죠.

2018년 들어 정부가 투기 열풍을 잠재우고 시장 안정성을 유지하기 위해 강력한 규제책을 펴면서 김치 프리미엄은 사라졌고, 암호화폐에 대한 투자자들의 관심도 시들해졌습니다. 한국뿐만 아니라 해외 각국 정부와 거대 투자기관들이 대체로 암호화폐에 대해 부정적이거나 관망하는 입장을 취한 것도 크립토(암호화) 열풍을 잠재우는 견인차 역할을 했습니다. 국내외 각종 암호화폐 거래소에 몰아친 악재들도 한몫했고요. 2018년 말 전 세계 암호화폐 시장 상황을 보면 비트코인은 2017년 12월에 기록한 사상 최고가 2만 달러 선에서 3,000달러 수준으로 80% 이상 하락했고, 이더 또한 2018년 초반의 최고점인 1,148달러에서 100달러 선으로 90% 이상 급락했습니다. 사회 전반적으로 실물도 없고 사용처도 없는 불안정한 디지털 자산의 필연적인 종말이라는 부정적인 인식이 심어졌고, 많은 일반 투자자가 금전적인 상처를 입고 시장에서 빠져나가면서 1차 암호화폐 열풍은 막을 내렸죠.

'세상이 바뀌고 있어. 이제 다신 기회를 놓치고 싶지 않아!'

시간이 흘러 2021년에 들어서면서 암호화폐가 다시 한번 세상을 뜨겁게 달구었습니다. 세계적으로 재등장한 크립토 열풍과 함께 국내 거래소에선 김치 프리미엄도 다시 고개를 들었고요. 비트코인은 4월에 6만 달러를 넘어 2017년 1차 급등기의 최고치와 비교해도 3배 이상의 가격으로 치솟았고, 이더 또한 5월 4,400달러에 다다르며 사상 최고가를 경신했습니다. 특히 NFT가 세계적인 열풍을 일으키면서 현재 NFT 발행에 가장 널리 사용되는 이더리움 플랫폼과 이더의 가치가 솟구쳤죠. 실제로 이더의 시가총액은 아직 비트코인에 못 미치는 수준이지만 거래량은 훨씬 앞서고 있습니다. 이렇게 다시 '핫'해진 암호화폐 시장을 바라보며 많은 분이 아마 이런 생각을 했을 겁니다.

'아, 시간을 돌려 과거로 갈 수만 있다면!'

2011년으로 돌아가 고작 몇 달러밖에 하지 않던 비트코인을 잔뜩 사 모아 현재로 돌아온다면 얼마나 좋을까요! 아니, 돈도 돈이지만 블록체인이라는 새로운 기술의 태동, 세상을 바꾸게 될 그 거대한 움직임의 중심에서 처음부터 함께할 수 있었다면 얼마나 좋을까요. 변두리가 아닌 변화의 한가운데에서 짜릿함을 느끼면서 말이죠.

우린 어쩌면 FOMO가 아닌 FOMOA 증후군을 앓고 있는지도 모르겠습니다. 즉 어떤 기회를 놓치는 것에 대한 두려움Fear of Missing Out이 아니라 새로운 기회를 '또다시' 놓치는 것에 대한 두려움Fear of Missing Out Again 말입니다. 이런 증후군을 앓는 사람들이 세상에 참 많아서 연초의 '비플'을 트리거 삼아 NFT에 대한 관심이 세계적으로 폭발했고, 지금까지 지속되는 게 아닐까요?

해외뿐만 아니라 국내에서도 수많은 크리에이터와 컬렉터 및 투자가들이 NFT 시장으로 뛰어들어 열기를 더하고 있습니다. 3월엔 국내 최초로 진행된 NFT 미술품 경매에서 마리킴의 작품 〈Missing and Found〉가 288이더리움(한화 6억 원 상당)에 낙찰되어 화제가 됐죠. 또 다른 작가 요요진은 4월 개인전 'Sound, Drawing'에서 국내 최초로 오프라인 전시 작품 중 일부를 NFT로 제작해 경매에 부침으로써 이목을 끌었고요.

디지털 아트에 초점이 맞춰져 있던 국내 NFT 열기가 시간이 지날수록

타 산업으로도 확장되고 있는데요. 특히 강력한 팬덤을 소유한 K팝과 디지털 소유권을 앞세운 NFT의 만남은 엄청난 시너지가 기대됩니다. 그 예로 4월 아이돌 그룹 에이스A.C.E가 K팝 최초로 NFT 포토카드를 선보여 팬들의 큰 호응을 얻었죠. 비슷한 맥락으로 5월엔 바둑 기사 이세돌 9단이 인공지능 알파고를 꺾었던 지난 2016년도의 역사적 대국을 NFT로 발행해 팬들을 즐겁게 했습니다. 최근에는 카카오 계열사 그라운드XGround X가 자체 개발한 블록체인 플랫폼 클레이튼Klaytn을 기반으로 누구나 손쉽게 NFT를 발행할 수 있는 크래프터스페이스Krafterspace 서비스를 출시하기도 했죠?

2021년 하반기를 맞이한 지금, NFT는 점점 더 다양한 영역에서 우리 일상 속으로 깊이 들어오고 있습니다. 물론 2021년 5월 초, 전 세계 NFT 시장의 총 거래액이 당시 기준으로 역대 최고점을 찍은 후 가파른 하락세

그림 0-1 | NFT 거래액의 주간 변화(2020.8~2021.8)

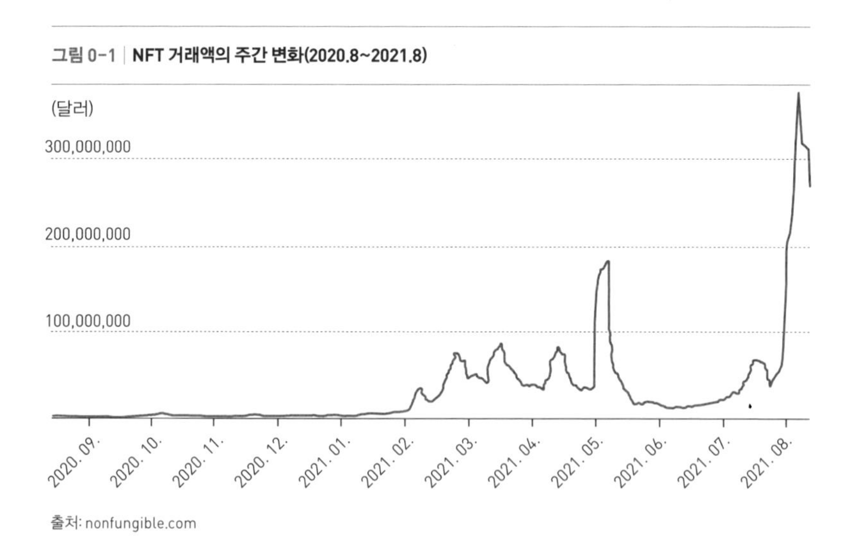

출처: nonfungible.com

그림 0-2 | **NFT 거래에 사용된 암호지갑 수의 주간 변화(2020.8~2021.8)**

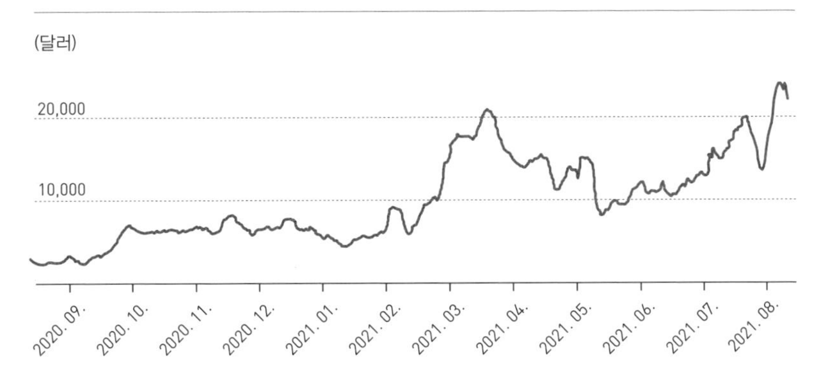

출처: nonfungible.com

를 보여 벌써 NFT 시장의 거품이 꺼진 것이 아니냐는 우려가 나온 시기도 있었습니다. 그런가 하면, 장기적으로 봤을 때 단순한 시장의 조정일 뿐이라는 긍정적인 해석도 있었지요. 그 후 시간이 흘러 8월 중순을 지나는 지금, 전 세계 NFT 거래액이 다시 한번 가파른 상승세를 그리며 전례 없는 최고점을 찍고 있습니다. 여기서 분명한 것은, 이러한 시장의 성장을 이끄는 엔진이 NFT 아트뿐만 아니라 NFT 컬렉터블, 게임, 메타버스 내 부동산 거래 등 매우 다양해지고 있다는 것입니다.

FOMOA! 이 기세라면 NFT는 일시적인 관심을 받다가 사라질 유행 또는 일부 암호화폐 투자가들의 단순 투기 대상이 아닌, 우리 모두의 삶을 근본적으로 바꾸게 될 '넥스트 빅 씽next big thing'인지도 모르겠습니다. 지금 우리가 인터넷 없는 세상을 상상하기 힘들 듯, 몇 년 후엔 NFT가 없는 일상을 생각하기 힘들어질지도요. 많은 이들이 말합니다. NFT가 특히 흥미로운 이유는 그 미래를 정확히 예측하기 힘들기 때문이라고요. 지금 이 프롤로그를 읽고 있는 당신의 생각은 어떤가요?

다양한 산업으로 뻗어 나가는 NFT의 세계에 오신 것을 환영합니다

이 책은 현재 NFT 시장에서 일어나고 있는 많은 해프닝을 바탕으로 NFT를 좀더 깊숙이 들여다보고자 쓰였습니다. NFT 시장의 다양한 면모를 살펴보고, 이 열풍이 우리에게 시사하는 바가 무엇인지, 왜 NFT가 2021년을 살아가는 우리에게 찾아왔는지 그 기회와 가능성을 탐구해보고자 합니다. 물론 NFT 시장이 가지고 있는 취약점과 리스크도 살펴봐야겠죠. 초기 시장인 만큼 제도적으로 정비되지 않은 부분들이 많고, 또 시장의 변동성을 봤을 때 2017년 이니셜 코인 오퍼링ICO(암호화폐공개)처럼 곧 사그라질 투기성 거품이 아니겠냐는 비판적인 시각도 존재하니까요.

우리 저자 일동은 올해 초 세상을 NFT에 푹 빠지게 했던 비플의 〈Everydays: The First 5000 Days〉와는 비교도 안 되는, 굉장하고 신나는 '매일'이 NFT와 함께 다가오고 있다고 확신합니다. 무엇보다도 우리를 들뜨게 하는 것은 NFT가 우리 미래의 종착역이 아니라는 것입니다. 우리는 NFT를 통해 구체화되고 있는 좀더 광범위한 '토큰 이코노미token economy'에 대한 꿈을 꾸고 있습니다. 그래서 그 미래를 당신과 함께 바라보고 기대하며 NFT 탐험을 떠나보고자 합니다.

상상해보세요. 아티스트 스스로도 인지하기 힘든 창작의 불꽃이 토큰화되어 온라인에 존재하는 무수히 많은 사람의 기억 속에 영원히 저장하는 것을요. 음악가가 무대에서 관객들과 나누는 그 특별한 즉석의 '순간'들 또한 토큰이라는 매개체를 통해 세계 곳곳의 골목으로 전파되겠죠. 그리고 그 정제되지 않은 순간의 아름다움을 진정으로 아끼는 이름 모를 누군가에게 '소유'라는 이름으로 선물 될 것입니다. 소유의 가치가 담긴 토큰을 통해 시공간의 제약을 넘어 문화 공동체가 형성되고 자율적으로 발전해 나가는 세상, 생각만 해도 즐겁지 않습니까?

낯설기만 했던 NFT라는 용어가 어느새 익숙해졌습니다. 디지털 '원본'을 증명하고 '희소성'의 가치를 부여해주는 NFT의 특성상 작품의 고유성이 중요시되는 예술 시장을 중심으로 급성장했지만, 이젠 예술 영역을 넘어 소유권이 거래될 수 있는 다양한 분야로 그 영향력이 확장되고 있습니다. 그리고 그 과정에서 우리가 당연시했던 삶의 많은 부분이, 보편화된 상식이라 여겼던 세상의 많은 지식이 바뀌고 있습니다. 개개인의 가치관과 라이프 스타일이 바뀜에 따라 각종 산업과 조직의 환경도 함께 변화되어 가겠죠. 따라서 NFT 아트나 블록체인 기술 등 겉으로 보이는 새로운 현상들뿐만 아니라, 이 같은 현상 변화가 몰고 올 보다 거시적인 변화까지도 같이 생각해봤으면 좋겠습니다. 아직 우리는 NFT가 제시하는 수많은 가능성 중 일부만을 보고 있을 뿐이고, 더 많은 기회가 우리를 기다리고 있으니까요.

우리 함께 포모아FOMOA를 발판 삼아 NFT가 가지고 있는 무한한 가능성을 두드려보지 않으시겠습니까?

차례

PART 1

NFT 시대가 온다

NFT란 무엇인가?

CHAPTER 1

2021년을 대표하는 키워드를 꼽으라면, 아마 요즘 가장 핫한 대체불가토큰NFT이 아닐까 싶다. 3월, 디지털 아티스트 비플의 NFT 작품 〈Everydays: The First 5000 Days〉가 크리스티 경매소에서 무려 6,930만 달러에 낙찰되면서 전 세계적으로 NFT 돌풍이 일었다. '비플'이라는 이름은 아주 단기간에 NFT를 일컫는 대명사가 됐는데, 어쩌면 머지않아 '비플화'라는 표현마저 보게 될지도 모르겠다. 우버Uber에서 파생된 '우버화'가 온디맨드on-demand(맞춤형) 경제활동의 확산을 나타내듯, NFT를 통한 토큰 이코노미의 확산을 '비플화'라고 칭하는 날이 오지 않을까.

비플 외에도 많은 유명인이 NFT 작품을 고가에 판매하며 이슈가 됐다. 암호화 공간에 존재하는 얼리어답터들의 취미 생활 정도로 여겨지던 틈새시장 NFT가 단기간에 이렇게 세계적인 현상이 됐다는 사실이 놀랍기만 하다. 뒤에서 자세히 설명하겠지만 NFT는 미술 작품뿐만 아니라 각종 유·무형 자산을 '토큰'화해 소장 가치와 거래의 편의성을 높여준다는 특성으로, 다양한 산업과 맞물려 최적의 활용 접점을 찾아가고 있다. 예를 들어 음악 산업을 보자면, 미국의 유명 가수 린지 로언Lindsay Lohan이 2021년 초 컴백 싱글 앨범 〈럴러바이Lullaby〉를 NFT로 발행했고, 인기 록 밴드 킹스 오브 리온Kings of Leon이 자신들의 콘서트를 평생 앞줄에서 관람할 수 있는 권한을 NFT로 경매에 부쳐 화제가 되었다. 이렇듯 여러 뮤지션들이 NFT를 통해 새로운 수익원을 창출하고 관객과 좀 더 직접적인 소통을 시도하고 있다.

이런 트렌드의 중심에는 NFT 기술을 적극적으로 도입해 실험적 시도를 하고 있는 나이키Nike, 구찌Gucci, 이베이eBay 등 세계의 주요 기업들이 있다. 또한 미국의 유명한 기업가이자 프로농구팀 댈러스 매버릭스Dallas Mavericks의 구단주인 마크 큐번Mark Cuban, 디지털 마케팅과 소셜미디어의 개척자로 온라인 유명 인사인 게리 바이너척Gary Vaynerchuk과 같은 영향력 있는 개인 투자자들도 지대한 관심을 내비치며 NFT 열풍에 일조하고 있다.

물론 모든 사람이 NFT 현상을 긍정적으로 바라보는 것은 아니다. NFT에 대한 근본적인 질문, 즉 '무한 복붙 가능한 디지털 파일을 왜 돈을 주고 사야 하지?'라는 질문이 여전히 되풀이되고 있으며, NFT의 연관 검색어로 자주 등장하는 환경 문제 또한 가볍게 넘길 문제가 아니다. 2017년 세상을 한차례 휩쓸고 지나간 ICO의 악몽을 떠올리며 NFT 또한 단기적 유행에 불과할 것이라는 우려 섞인 비판의 목소리도 나오고 있다.

NFT의 정의

NFT가 대체 무엇이기에 이토록 많은 이들의 관심을 받고 있을까? 블록체인 하면 가장 먼저 비트코인 같은 암호화폐를 떠올리던 대중이 이젠 NFT를 이야기한다. 낯설기만 했던 '대체불가'와 '토큰'이라는 단어의 조합이(설령 그 정확한 뜻을 모른다고 해도) 많은 이들의 입에 오르내린다. NFT가 대체 무엇이길래 그럴까?

먼저 당신이 주위에서 자주 들었을 법한 NFT의 정의를 가져와 봤다.

정의 1: NFT는 특정 자산에 대한 고유한 소유권이다.

상당히 깔끔한 정의이고, 아주 중요한 '소유권'에 대해 언급하고 있다. NFT가 디지털 자산의 소유권에 커다란 혁신을 가져왔다는 포인트를 담고 있지만, 여기서 'T'가 나타내는 'Token(토큰)'에 대한 설명 없이는 NFT의 메커니즘을 제대로 이해할 수가 없다는 점에서 충분치 않다(NFT와 소유권에 대해서는 뒤에서 자세히 다룬다).

또 다른 정의를 살펴보자.

정의 2: NFT는 우리가 소유하고 거래하는 생활 패턴을 근본적으로 바꿈으로써 각종 산업에 큰 변화를 가져다줄 암호화된 토큰이다.

두 번째 정의는 NFT 관련 회사 마케팅 문구에 자주 등장할 법한 내용이다. 미래를 기대하게 하는 기분 좋은 글이기도 하다. 하지만 토큰이라는 것이 정확히 어떻게 우리 삶에 근본적인 변화를 가져다줄 것인지는 말해주지 않는다. '대체가능'과 '대체불가능'이라는 중요한 개념을 상대가 이해하고 있지 않다면 NFT를 완벽하게 설명할 수 없기 때문이다(물론 누군가가 당신에게 NFT에 대해 물었을 때 이런 답을 제공하면 상당한 비전을 가진 전문가로 비칠 가능성이 크다. 상대방이 더는 파고들지 않으리라는 믿음이 있다면, 임시방편으로 첫 번째와 두 번째 정의를 혼합해서 답하길 추천한다).

우선 2개의 키워드, 대체불가능성과 토큰에 대해 정리해보자.

대체불가능성 | 대체불가능성은 개별적으로 어떤 고유성을 지니고 있어 대체할 수 없음을 의미한다. 그림, 자동차, 집, 땅 등이 이에 해당한다. 예를 들어 친구에게 자동차를 빌려주었다면, 당신은 '바로 그 차'를 돌려받기를 기대할 것이다. 각각의 차가 고유성을 지니기 때문이다. 반대로 대체가능성fungibility은 개별 특성이 본질적으로 구별되지 않음을 의미한다. 즉, 특정 자산에서 각 단위를 상호 대체할 수 있다는 뜻이다. 예를 들어 명목화폐는 대체가능하다. 1만 원권 지폐 한 장은 일반적으로 다른 1만 원권 지폐 한 장과 다르지 않기 때문에 가치의 손실 없이 얼마든지 교환할 수 있기 때문이다. 교환의 매개가 목적인 자산에서는 대체가능성이 필수적인 요소라고 볼 수 있다.

토큰 | 토큰은 블록체인상에 저장된 디지털 파일로, 특정 자산을 나타낸다. 해당 자산에 대한 소유권을 블록체인 기술을 이용해 거래 가능한 토큰으로 주조하는 것을 '민팅minting'이라고 하는데, 이때 자산의 형태에는 제한이 없다. 예를 들어 디지털 세상에만 존재하는 자산(디지털 미술 작품, 디지털 음반, 모바일 이벤트 티켓 등), 실물로 존재하는 자산(갤러리에 전시된 예술 작품, 금, 빌딩 등), 개념적conceptual 자산(투표권, 관심이나 주목, 평판 등) 모두 블록체인상의 토큰으로 전환될 수 있다는 말이다. 당신이 기르고 있는 거북이의 사진을 찍어 JPEG 파일로 노트북에 저장했다고 하자. 당신이 이 이미지 파일을 블록체인에 업로드하면 당신의 유형 자산인 거북이에 대한 토큰화가(혹은 '민팅'이) 이뤄진 것이다. 이때 거북이 이미지 파일은 블록체인상 '고유 식별자token identifier', 해당 파일의 속성에 대한 정보를 담은 '메타데이터metadata'와 연결된다.

최종 정의 | NFT는 특정한 자산을 나타내는 블록체인상의 디지털 파일이고, 각기 고유성을 지니고 있어 상호 대체가 불가능한 토큰이다.

블록체인 기술의 특성상 NFT가 한번 생성되면 삭제하거나 위조할 수 없기 때문에 해당 자산에 대한 일종의 원본 인증서certificate of authenticity이자 소유권 증명서certificate of ownership로 활용된다. 특히 무한 복사·복제가 가능한 디지털 영역의 많은 자산들(예: 디지털 아트)에 '희소성'의 가치를 부여한다는 것은 엄청난 혁신이다.

NFT는 이더리움이나 아르위브Arweave 같은 개방형 분산원장 기술을 기반으로 하는 플랫폼을 통해 생성되기 때문에 누구나 자신의 디지털 콘텐츠에 대해 원본 인증 및 소유권 증명을 손쉽게 할 수 있다는 장점이 있다. 창작자가 NFT 마켓플레이스marketplace를 통해 자신의 NFT를 데뷔시키고(이를 '드롭drop'한다고 한다) 거래를 성사시켰다면, 해당 NFT의 소유권을 갖게 된 구매자는 2차 시장에서 소유권을 되팔 수 있다. NFT 원작자는 해당 토큰이 되팔릴 때마다 거래액에 대해 자신이 지정한 만큼의 로열티를 받게 된다.

NFT의 개념적 이원성

여기서 몇 가지 짚고 넘어갈 사항이 있다. 아마 당신은 'NFT는 토큰화된 디지털 자산'이라는 말을 많이 들어봤을 것이다. 물론 NFT가 디지털 세계에서 거래 가능한 일종의 자산이기 때문에 틀린 말은 아니지만, 해석하기에 따라 디지털 자산만이 NFT가 될 수 있다는 오해를 일으킬 수 있으니 주의해야 한다. 앞서도 이야기했듯, 가치를 가지거나 가질 수 있는 모든 유·무형 자산이 토큰화될 수 있으니 말이다.

또한 NFT라 하면 JPEG와 같은 이미지 파일, 즉 디지털 콘텐츠만을 떠올리는 경우가 많은데 이는 잘못된 것이다. NFT는 좀더 포괄적인 개념으로, 해당 자산을 나타내는 디지털 콘텐츠뿐만이 아니라 그 콘텐츠에 대한 소유권까지 포함하는 개념이기 때문이다. 이런 이원적 개념 정의는 NFT

의 기술적 구조와도 관련이 있다. NFT가 미디어 파일,* 파일의 고유성을 표식하는 고유 식별자, 그리고 파일의 속성에 대해 설명하는 메타데이터로 이뤄져 있어서다. 파일의 속성에는 작품명, 작품 세부 내역, 계약 조건, 미디어 링크 등이 포함된다. 따라서 NFT를 논할 때는 가시적인 부분인 미디어 파일만을 떠올려서도, 그에 대한 소유권만을 중시해서도 안 된다. 이렇게 NFT의 개념적 이원성을 강조하는 이유는 아직 필드 차원에서 NFT에 대한 '개념적' 정의가 완벽하게 이뤄지지 않았기 때문이다. NFT 생태계가 장기적으로 활성화되고 성숙하기 위해선 NFT에 대한 대중의 정확한 이해가 뒷받침되어야 한다고 생각한다. 그럼으로써 그 기술이 더 깊고 다양하게 활용될 때, NFT가 우리에게 선사해줄 수 있는 최고의 혁신을 전 세계인이 누릴 수 있으리라 믿는다.

* 이더리움과 같은 블록체인에 대용량 데이터를 업로드할 경우 수수료 비용, 즉 '가스비(gas fees)'가 상당하기 때문에 NFT 토큰 자체는 블록체인상 온체인(on-chain)으로 저장되고, 연계된 미디어 파일(디지털 콘텐츠)과 메타데이터는 오프체인(off-chain)으로 저장되는 경우가 많다. 오프체인 저장 장소로는 중앙화된 서버나 아마존 웹 서비스(AWS) 같은 클라우드 스토리지, 그리고 P2P 파일 저장 시스템인 IPFS 등이 있다.

CHAPTER 2

NFT와 디지털 소유권

2021년 3월. 100년 역사를 자랑하는 미국 시사지 〈타임〉이 NFT 마켓플레이스 중 하나인 슈퍼레어SuperRare에 경매로 내놓은 4개의 NFT가 총 276이더(약 44만 6,000달러)에 팔렸다. 1966년 4월 8일 자 커버인 '신은 죽었는가Is God Dead?'와 여기에서 영감을 얻어 제작된 2017년의 '진실은 죽었는가Is Truth Dead?' 그리고 최근의 '법정화폐는 죽었는가Is Fiat Dead?'가 각각 NFT로 발행되어 차례대로 70이더, 88이더, 83이더에 판매됐다. 네 번째 NFT는 이 세 가지 표지를 묶은 번들이었는데 이 또한 35이더에 판매됐다. 키스 그로스먼Keith A. Grossman 〈타임〉 회장은 언론과의 인터뷰에서 〈타임〉은 이미 오래전부터 커버스토어를 통해 주요 표지들을 인쇄본으로 판매해왔고, 따라서 NFT로의 전환은 자연스러운 연장선상의 일이라고 말했다.

NFT에 '진심'인 사람들은 NFT를 '소유권의 미래'라고 표현한다. 어떤 형태로든 디지털 전환이 가능한 전 세계의 모든 자산이 토큰화되어 거래될 것이라는 전망에서다. 한편으로는 누구나 무료로 접근할 수 있는 디지털 콘텐츠에 가치를 매겨 거금을 주고 사고판다는 점에 대해 냉소적인 시각도 존재한다. 그러니 NFT의 가치를 논하기 위해선 '디지털 소유권'이라는 개념을 빼놓을 수가 없다. 예를 들어보겠다.

평소 디지털 미술 작품에 관심이 많은 내가 어느 날 직접 창작의 혼을 불태우기로 했다. 각종 디지털 도구를 사용해 쏟아지는 별 밤 아래서 치맥을 하는 행복한 곰돌이 가족의 모습을 그렸고, 이 그림을 내 개인 노트북에 JPEG 파일로 저장해 친구 10명이 있는 단톡방에 공유했다. 마음씨 착한 내 친구들은 각자 이 이미지 파일을 자신들의 노트북과 핸드폰에 다운받아 저장하고, 그들의 프로필 배경화면으로 설정해주었다(눈물 나는 우정 아니겠는가). 자, 이제 이 세상에는 나의 곰돌이 가족 이미지 파일이 하나 이상 존재하게 됐다. 물론 복사본이긴 하지만. 원작자인 나를 넘어서 다양한 사람이, 다양한 기기를 통해 이 작품을 즐기게 된 것이다. 혹시라도 이 이미지 파일이 내 친구들의 친구와 지인들을 타고 퍼져나갔다면 지금 이 순간 내가 알지 못하는 누군가가 내 작품을 감상하고 있을지도 모른다. 오케이,

상상은 여기까지!

이제 질문을 해보자. 이럴 경우 누가 진정한 '소유자'인가? 원작자인 나? 내 친구들? 아니면 이 작품을 즐기는, 혹은 앞으로 즐기게 될 모든 사람?

실물로 존재하는 예술 작품에 있어서는 원본과 복사본을 구분하는 것이 어렵기는 해도 가능한 일이었다. 하지만 디지털 영역에서는 그렇지 못하다. 만약 내 노트북에 저장되어 있는 원본 이미지 파일과 세상에 뿌려진 복사본들이 구분되지 못한다면, 나는 원본에 대한 '소유권'을 증명할 방법이 없다. 또한 디지털 파일은 사실상 품질의 저하 없이 돈 한 푼 들이지 않고 무한대로 복제될 수 있으므로 생산비용 관점에서 봤을 때 전혀 '희소성'이 없게 된다. 이렇게 누구나 손쉽게(게다가 무료로!) 원본과 상호 대체될 수 있는 복사본을 소유할 수 있다면, 원본 소유에 대한 의미와 가치 또한 사라진다.

이처럼 감독 기능이 없어 아이템의 진위를 판단하기 힘들고, 판매와 유통 경로를 추적하기 어려워 창작자의 수익 흐름을 지켜주지 못한다는 점이 오랫동안 디지털 소유권을 둘러싼 문제였고 풀어야 할 과제였다. 그런 의미에서 '소유권 증명서'의 역할을 하는 NFT의 등장은 굉장히 혁신적이며 고무적인 일이다. 인터넷 역사상 처음으로 '디지털 원본'에 대한 증명이 가능해졌고, 따라서 디지털 파일이 '희소성의 가치'를 갖게 됐기 때문이다. 물론 NFT로 민팅된 원본 파일 또한 무한 '복붙'과 공유가 가능하다. 하지만 이 파일이 NFT로 존재하는 한, 원본 소유자는 세상에 딱 한 명임이 블록체인상에서 증명된다.

희소성과 충분성

'소유권을 증명할 수 있으면 뭐 해. 여전히 복사본이 온라인 세상에서 떠돌아다니는데….'

만약 지금 당신 머릿속에 이런 생각이 스쳤다면, 재미있는 사실이 하나 있다. 아이러니하게도, 복사본이 많이 공유될수록 NFT로 기록된 원본의 가치가 커질 수 있다는 것이다. 마치 내가 트위터에 올린 글이 많은 숫자의 '좋아요'와 함께 이곳저곳에 리트윗될수록 그 글의 가치가(또한 글쓴이인 나의 가치가) 커지는 것처럼 말이다. NFT로 원본이 인증되고 소유권이 증명될 수 있는 한, 작품의 '희소성scarcity'과 '충분성abundance'의 관계가 꼭 상호 배타적이어야 할 필요는 없다. 이게 무슨 말인지 예를 들어보겠다.

당신이 뉴욕의 현대미술관MOMA을 방문해 반 고흐의 너무나도 유명한 〈별이 빛나는 밤The Starry Night〉의 실물을 영접하고 큰 감동을 받았다고 하자. 한국에 돌아온 당신은 그 가시지 않는 여운에 〈별이 빛나는 밤〉을 수십 장 인쇄해 집 곳곳에 걸어놓고, 친구들에게도 나눠줬다. 여기서 당연한 사실은 당신의 집 곳곳을 밝혀주는 〈별이 빛나는 밤〉의 복사본들이 아무리 원본과 흡사하다고 해도, 당신은(또 당신에게 복사본을 선물 받은 친구들은) 반 고흐의 작품을 소유한 건 아니라는 점이다. 오리지널 작품은 뉴욕에만 존재하기 때문이다.

그렇다면 여기서 질문. 작품의 복사본이 이렇게 셀 수 없을 정도로 많은 사람에 의해 세상 곳곳에 뿌려지는 것이 뉴욕 현대미술관으로서는 반가운 일이겠는가, 아니면 달갑지 않은 일이겠는가?

전제 조건에 따라 또는 질문의 해석에 따라 다른 답이 나올 수 있겠지만, 일단 작품의 가치만 놓고 보면 분명 긍정적인 부분이 있다. 많은 사람이 〈별이 빛나는 밤〉을 간접적으로 만나고 사랑에 빠질수록 그 작품을 둘러싼 문화적 인식cultural awareness과 중요성significance이 커져서 원본의 희소성 또한 커지기 때문이다. 희소성이 커지면 소유의 가치도 커지기 마련이다. 이 말인즉 NFT화된 디지털 작품 또한 인터넷상에서 더 많이 복사되고 공유될수록(그래서 더 많은 사람이 그 작품을 보고 들을수록) 원작품에 대한 희소성의 가치가 커지고, 따라서 원작자가 그 NFT를 시장에 내놓았을때, 혹은 구매자가 그 NFT를 2차 시장에서 되팔때 좀더 비싼 가격으로 팔 수 있게 된다. 정말 재미있지 않은가? 이는 NFT라는 기술을 통해 '디지털 원본'에 대한 증명이 가능해졌고, 그에 따라 '디지털 소유권'의 거래가 원활해졌기 때문에 가능한 일이다.

디지털 소유권의 대변혁을 통한 창작 활동의 혁신

NFT라는 기술의 등장으로 디지털 소유권의 개념과 원리가 크게 바뀌면서, 많은 이들이 새로운 방식으로 창작물에 대한 금전적 보상을 추구할 수 있게 됐다. 또한 NFT를 통해 전문 중개인 없이 대중 및 고객들과 직접 만날 수 있다는 이점은 창작자들로 하여금 좀더 자유롭고 실험적인 창작 활동을 할 수 있게 해준다. 디지털 소유권의 대변혁을 통한 창작 활동의 혁신이라고나 할까. 이에 따라 디지털 미술뿐만 아니라 NFT 수집품(컬렉터블), 스포츠, 게임 등의 상업적 디지털 문화 시장이 전반적으로 더욱더 활성화될 전망이다. 특히 최근 뜨거운 관심을 받고 있는 메타버스metaverse*와 NFT의 만남은 NFT 시장의 미래 원동력으로 많은 기대를 모으고 있다. 메타버스 안에선 유저의 사유 재산을 증명해주는 NFT가 경제활동을 위해 최적화된 도구로 쓰일 수 있기 때문이다.

상상해보라. 메타버스 안에 세워진 당신만의 전용 갤러리엔 수년 전 나 홀로 이탈리아 여행길에서 마주했던 시골 빵집 주인장의 미술 작품이 NFT로 걸려 있고, 그 앞에 모여든 이름 모를 수많은 아바타가 당신의 오래된 추억을 함께 감상한다. 만약 그중 한 명이 당신에게서 이 NFT 작품을 구매한다면, 작품의 원작자인 빵집 주인장은 로열티라는 기분 좋은 선물을 받게 될 것이고 말이다. 갤러리에서 나와 한참을 달리다 보니 그곳엔 낯선 선율이 달빛을 타고 흐르고 있다. 전설적인 이탈리안 음악 밴드의 음반이 악기 파트별로 토큰화되어 구매자들의 선택에 따라 매 순간 완벽히 새로운 멜로디와 리듬의 조합으로 재탄생되고 있는 것이다.** 이렇게 시공간을 뛰어넘는 의도되지 않은 공동 창작의 순간들이 참으로 소중하지 않은가. 온라인과 오프라인의 경계를 효과적으로 허물며 누구나 창작자 또는 관객이 될 수 있게 하는 NFT의 무궁무진한 잠재력을 우린 이제야 조금씩 맛보기 시작했을 뿐이다.

디지털 자산이라고 하면 디지털 아트나 디지털 음반 같은 예술적 작품

---

* 메타버스는 초월을 뜻하는 메타(meta)와 우주를 뜻하는 유니버스(universe)의 합성어로, 현실 세계에서 이뤄지는 정치·경제·사회·문화 전반적 측면에서의 활동이 통용되는 디지털 가상공간을 뜻한다.

** 특정 음악을 다양한 층으로 세분화하여 각기 별개의 NFT로 토큰화시킨다는 개념은 실제로 에이싱크아트 플랫폼(Async.art)상에서 구현되고 있다. 각 층에 대한 NFT를 소유한 사람의 선택에 따라 음악의 전체적인 구성이 바뀔 수 있다는 사실은 가히 흥미롭다. 웹사이트를 참고하길 바란다. https://async.art/music

이 가장 먼저 떠오르긴 하지만, 생각해보면 디지털 자산은 우리 삶에 아주 깊숙이 들어와 있다. 내 노트북에 저장되어 있는 수많은 사진과 글, 모바일 공연 티켓, 개인 홈페이지 도메인, 트위터 사용자 아이디 등. 이 모든 것이 바로 디지털 세상에 존재하는 나의 일부, 나의 자산이니 말이다. 따라서 NFT를 통한 디지털 소유권의 변화는 바로 우리 삶의 전반적인 패턴 변화를 보여주는 것이기도 하다. 우리가 창조하고 소비하고 공유하는 모든 행위가 앞으로 어떻게 바뀌어갈지 자못 궁금해진다.

소유권과 저작권

NFT와 소유권을 논의할 때 빠뜨릴 수 없는 문제가 하나 있다. 바로 저작권이다. 저작권에는 대체로 해당 자산을 재생산·복제할 권리, 파생 상품을 만들 권리, 사본을 배포할 권리, 공개적으로 전시 및 공연할 권리 등이 포함된다. 일반적으로 NFT가 판매되면 NFT의 소유권이 구매자에게 이전되는데, 이때 자산 자체에 대한 저작권까지 이전되는 것은 아니다. 저작권은 원작자(즉, 원저작권 보유자)가 그대로 가지고 있으면서 구매자에게 소유권만 넘기는 개념이기 때문이다. 물론 판매 약관에 판매자가 구매자에게 저작권까지 양도한다는 내용을 넣었다면 예외다.

어떻게 보면 NFT를 구매하는 것은 캐릭터 카드를 수집하는 것과 비슷하다. 당신이 포켓몬스터 카드를 수집한다고 할 때 특정 캐릭터가 그려진 카드만을 소유하게 되는 것이지, 실제로 그 캐릭터 자체를 소유한다거나 캐릭터를 상업적으로 이용할 수 있는 권리까지 소유하게 되는 것은 아닌 것처럼 말이다. NFT의 경우에도 구매자에게 토큰에 대한 소유권만 이전될 뿐, 토큰이 나타내는 자산 자체에 대한 소유권이나 저작권까지 이전되는 건 아니다. 저작권에서 소유권만을 분리해 거래되도록 한 것은 그야말로 획기적인 발상이라 할 수 있다. 다만, 이 때문에 원작자와 구매자 사이에 의도치 않은 법적 문제가 생기기도 하므로 제도적 보완이 필요하다(NFT의 법적 쟁점에 관한 내용은 파트 5에서 좀더 깊이 있게 다룬다).

NFT와 블록체인

CHAPTER 3

1990년대와 2000년대 초반을 풍미했던 Web1.0은 읽기 전용read-only의 HTML 디렉터리에 지나지 않았지만 정보 검색에 획기적인 변화를 가져다주었다. 이어 2000년대 중반부터 시작된 Web2.0은 각종 디지털 커뮤니티를 통해 네트워크 사용자들이 언제 어디서든 실시간으로 소통하고 협력할 수 있는 환경을 만들어주었다. 하지만 대부분의 통신이 중앙집중식 서버를 통과하다 보니 이에 따른 문제점들도 많았다. 예기치 못한 정보 손실(예: 회사가 부도 날 경우, 서버에 있는 정보가 모두 사라져버릴 수도 있다), 프라이버시 침해, 중개 플랫폼의 일방적인 정책 변화로 인한 사용자의 권리 침해 등이 그 예다. 또한 Web2.0 인터넷 환경에서는 디지털 파일이 사실상 품질의 저하 없이 무한대로 복제될 수 있기 때문에 원본과 복사본을 분리하는 것이 불가능하다. 결과적으로 해당 파일의 출처와 소유권을 추적하기가 어렵고, 원작자는 자신이 소유하고 있는 창작물에 대한 수익 창출의 기회를 찾기가 힘들어진다. 이런 상황에서 블록체인과 밀접한 관계를 갖는 Web3.0의 도래는 우리를 기대하게 한다.

블록체인은 여러 컴퓨터로 이뤄진 탈중앙화된 네트워크에 의해 데이터가 저장 및 관리됨으로써 중앙집중화된 개체로부터 데이터 권리를 되찾고 중개인 없는 P2Ppeer-to-peer 모델을 구현해(예: 우버 없는 차량 공유, 에어비앤비 없는 주택 공유 등) 초창기 인터넷이 의도했던 개인의 자유를 되찾자는 사회적 움직임이다. 또한 블록체인을 기반으로 하는 NFT를 통해 인터넷 역사상 처음으로 디지털 파일에 원본과 희소성의 가치를 부여함으로써 원작자에게 힘을 주는 창조적 혁명이다.

NFT와 스마트 계약

오늘날 NFT는 대부분 이더리움 블록체인에서 발행(민팅)된다. 블록체인은 공개적으로publicly, 또 시간순으로chronologically 거래 기록을 공유하는 분산 디지털 장부이기 때문에 NFT가 만들어진다는 것은 시간 표기가 된 해당 이벤트에 대한 기록이 블록체인에 저장되어 누구나 손쉽게 그 출처와 소유권을 확인할 수 있음을 뜻한다.

앞에서 NFT가 특정한 자산을 나타내는 블록체인상의 디지털 파일이라고 했는데, 이를 좀더 기술적으로 표현하자면 NFT는 '스마트 계약smart contract'이라고 할 수 있다. 스마트 계약이란 블록체인에서 실행되는 프로그램 코드로 특정 조건이 만족됐을 때 자동으로 계약 및 검증의 과정을 이행하는 스크립트를 말한다.

〈그림 1-1〉에서 알 수 있듯이, 스마트 계약은 NFT의 구성 요소 중 하나로 ERC-721과 같은 토큰 표준에 기반해 NFT를 고유 식별자의 형태로 발행한다. 〈그림 1-2〉를 보면 이러한 고유 식별자의 유무에 따라 NFT와 FT가 구분된다는 것을 알 수 있다. 대체불가토큰 NFT는 판매자와 구매자 간의 합의만 있으면 즉시 거래가 가능하고, 이런 거래 내역은 블록체인에 저장되므로 위·변조가 불가능하다. 그래서 NFT의 고유 식별자는 '소유권 증명서'라고도 불린다.

NFT의 또 다른 구성 요소로는 디지털 콘텐츠가 있고, 이는 텍스트, 이미지, 오디오, 비디오 등 다양한 형태의 미디어 파일로 존재한다. 마지막으

그림 1-1 | **NFT의 구성 요소들**

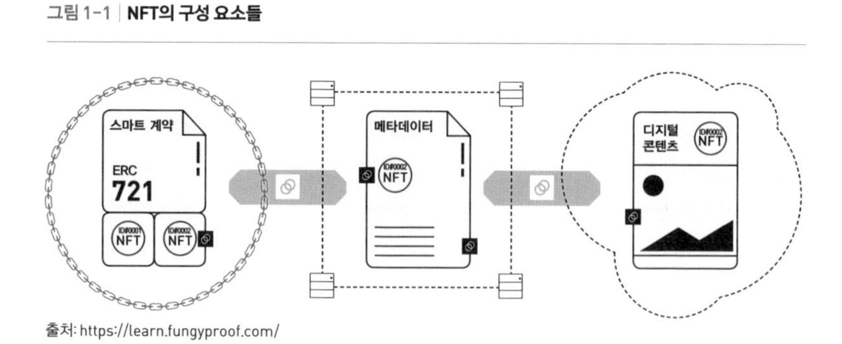

출처: https://learn.fungyproof.com/

그림 1-2 | NFT와 FT 비교

출처: https://learn.fungyproof.com/

로 NFT는 이런 디지털 콘텐츠(미디어 파일)의 속성에 대해 설명하는 메타데이터를 포함한다. 작품명, 작품 세부 내역, 계약 조건, 미디어 링크 등이 이에 포함된다.

어디에 저장할 것인가

여기서 한 가지 흥미로운 사실은 메타데이터나 디지털 콘텐츠의 경우 발행자의 결정에 따라 블록체인이 아닌 오프체인상에 저장되는 경우가 많다는 것이다. 대용량 파일을 이더리움과 같은 블록체인에 온체인으로 저장하는 것은 상당한 가스비를 유발할 수 있기 때문이다. NFT라 하면 메타데이터나 디지털 콘텐츠만을 떠올리는 경우가 많은데, 정작 이 요소들이 블록체인에 존재하지 않을 수도 있다니 아이러니하다. 오프체인 저장 장소로는 중앙집중식 서버나 아마존 웹 서비스AWS 같은 클라우드 스토리지 솔루션, 탈중앙화 분산형 저장 파일 시스템인 IPFSInterPlanetary File System

등이 있다.

NFT의 일부 요소가 중앙화된 방법으로 저장될 경우 위험이 따른다. 예를 들어 당신이 민팅한 NFT의 디지털 콘텐츠가 어느 회사의 서버에 저장됐다고 하자. 만약 이 회사가 망해 서버가 셧다운된다면 어떤 일이 벌어지겠는가. 당신의 NFT는 블록체인상에 고유 식별자의 형태로 여전히 존재하겠지만, 그 고유 식별자와 연결된 다른 모든 정보는 영원히 사라져버린다.

실제로 2020년 말에 이런 상황이 벌어졌다. 니프티모지Niftymoji라는 NFT 프로젝트의 개발자들이 '먹튀'를 하면서 웹사이트를 비롯한 모든 소셜미디어 계정을 닫았고, 그에 따라 관련 NFT들의 메타데이터와 디지털 콘텐츠 또한 모두 사라져버리고 말았다. 이것은 명백히 유감스러운 상황이며, 블록체인이 약속하는 가장 큰 강점인 영속성과 불변성을 상당 부분 무효화하는 일이기도 하다. 현재 이런 NFT의 저장 문제를 해결하기 위해 많은 전문가가 노력하고 있으며, 갈수록 NFT와 관련된 데이터가 IPFS와 같은 탈중앙화된 방법으로 더 많이 저장되고 있는 추세이다.

NFT와 창작자 경제 시대의 개막

CHAPTER 4

인터넷의 보급으로 누구나 자유자재로 자신의 디지털 작품을 업로드해 공유할 수 있고, 수천 개의 '좋아요'를 받을 수 있게 됐다. 하지만 그런 인기 있는 작품들에 대해 창작자들은 정당한 보상을 받고 있을까? 대답은 '아니요'다.

앞서 살펴본 것처럼, 디지털 작품은 아이러니하게도 더 많은 사람이 공짜로 해당 작품을 보고 공유할수록 그래서 복사본이 인터넷상에 더 많이 떠돌아다닐수록 원본의 희소성이 커진다. 물론 원본임을 인증할 방법이 있다면 말이다. NFT로 인증된 원본이 지닌 희소성을 소유한다는 특별함은 누구나 어디서나 공짜로 볼 수 있는 디지털 작품(혹은 그 복사본)을 NFT로 구매하고자 하는 욕구를 불러일으킨다. 즉, NFT는 현금화 혹은 수익화하기 힘들었던 디지털 세상의 작품들에 대해 관객과의 새로운 연결고리가 되어주고 있는 것이다. 특히 디지털 게임 아이템처럼 무언가에 대한 수단이 아닌, 감상이 목적 그 자체인 디지털 미술이나 음악 작품은 굉장히 쉽게 복제되고 공유될 수 있어 NFT가 선사하는 '정당한 보상'의 값어치가 더욱더 크게 느껴진다. NFT의 보급으로 창작자들은 자신의 디지털 작품이 인터넷상에서 유포되는 것을 막을 필요 없이 해당 작품을 유일무이한 작품으로 인정받으며 팔 수 있게 됐다. 작품이 인기가 있다면 그만큼의 정당한 보상이 따라야 마땅한바, NFT는 디지털 영역에서 이 당연한(하지만 오랫동안 실현되지 못했던) 일을 가능케 해주고 있다.

NFT의 기본이 되는 스마트 계약 기술은 창작자들에게 작품의 희소성 및 가치를 극대화할 수 있는 통제권을 주었다. 작품을 고유한 단일(1 of 1) NFT로 발행할 것인지, 아니면 1개 이상의 NFT 복사본, 즉 에디션editions으로 발행할 것인지를 정해 작품이 가지는 희소성의 정도를 조절할 수 있게 되었기 때문이다. 복사본이라고 다를 것은 없다. 각 에디션은 고유 식별자를 가진 NFT로 발행된다. 이렇게 판매 가능한 에디션 수가 미리 정해졌을 때 '리미티드 에디션limited edition'이라고 한다. NFT 마켓플레이스에 올라와 있는 작품에 '9/10'이라고 기재되어 있다면 해당 작품은 총 10개의 에디션으로 발행됐고, 지금 보고 있는 작품은 그중 아홉 번째 에디션이라는 뜻이다. 당연히 적은 에디션으로 발행할수록 작품의 희소성은 커지며, 주로 첫 번째 에디션이 가장 비싸게 거래되는 편이다.

창작자는 또한 제한된 시간 내에 수요가 있는 만큼 에디션을 무제한으로 공급하기도 하는데, 이를 '오픈 에디션open edition'이라고 한다. 예를 들어 350명의 컬렉터가 구매 버튼을 누르면 350개의 에디션이 발행되는 것이다. 〈그림 1-3〉에서처럼 오픈 에디션이지만 발행·판매 가능한 총 에디션 숫자가 제한된 경우도 있다. 오픈 에디션의 경우 시장의 수요와 공급이 같다 보니 공급량이 제한적인 리미티드 에디션보다 희소성의 가치가 떨어질 수도 있지만, 다른 한편으로는 컬렉터의 입장에서 굉장히 가치 있는 투자가 될 수도 있다. 예를 들어 해당 NFT 아티스트의 인기가 높아짐에 따라 그가 오픈 에디션으로 드롭했던 작품들에 대한 수요가 증가해 2

그림 1-3 | **9,999개까지 발행, 판매 가능한 오픈 에디션 컬렉션 예시**

Open collections currently allow for up to 9999 purchases of any nifty type while the collection is still open

Collection Closed

run

$5,000.00
281 editions minted

character X

$2,500.00
618 editions minted

출처: https://niftygateway.com/collections/aokitudiscoopens

차 시장에서 높은 가격에 재판매될 수 있다. 따라서 핫해질 NFT 작가 혹은 NFT 작품을 알아보는 안목이 있다면, 이런 오픈 에디션 드롭들을 주시하는 것도 괜찮은 투자 방법이다. 또한 오픈 에디션임에도 작품이 몇 개 팔리지 않은 경우, 의도치 않게 작품의 희소성이 증가하는 효과를 누릴 수 있다. 이렇게 창작자에게 에디션 수에 대한 통제권, 즉 디지털 희소성에 대한 통제권을 제공한다는 것이 NFT의 놀랍고도 흥미로운 역할이다.

NFT의 스마트 계약 기술은 또한 창작자들이 작품의 가치사슬에서 배제되지 않게 해준다. 자신의 NFT 작품이 2차 시장에서 재판매될 때마다 재판매 가격의 일정 부분을 로열티로 받을 수 있기 때문이다. 로열티는 주로 NFT가 발행될 때 창작자가 직접 설정하는데, 현재까지는 대부분의 경우 10%에 맞추고 있다. 로열티 수취는 자동으로 일어나기 때문에 창작자는 자신의 작품이 언제 어디서 어떻게 거래되는지 추적하지 않아도 된다. 이런 로열티 제도는 새로운 개념의 보상 제도로, 창작자들에게 큰 인센티브를 제공한다. 특히 창작자의 인기가 높아져 NFT 작품의 재판매 횟수와 가격이 오른다면, 꽤 짭짤하고도 지속적인 수익원이 생기는 셈이다.

창작자에게 힘을!

우리는 현재 창작자들이 '구독'이라는 매개체를 통해 광고에 의존하지 않고도 자신의 열정을 콘텐츠라는 형태로 제작·판매할 수 있는 체제, 이른바 '창작자 경제creator economy'의 시대를 살고 있다. 미술가, 음악가, 작가, 창업가 등 신분과 상관없이 창작 활동에 매진하는 사람은 누구나 창작자

경제의 주체가 될 수 있다.

2000년대 말에 케빈 켈리Kevin Kelly는 "자신이 제작하는 것이 무엇이든 구매해줄 1,000명의 열성팬true fans만 이 세상에 존재한다면, 누구나 창작 활동을 통해 생계를 이어갈 수 있을 것"이라고 예견했다. 인터넷의 발달로 등장한 P2P 커뮤니케이션과 거래 시스템이 창작자와 청중을 직접적으로 이어주기 때문에, 창작자의 창작 활동을 위해 1년에 100달러를 지불할 열성팬 1,000명만 있으면 10만 달러의 연 수입이 생기니 충분하다는 것이다.* 최근엔 열성팬 1,000명이 아니라 100명만 있어도 충분하다는 의견까지 나왔다.** 인스타그램·유튜브와 같은 소셜 플랫폼의 전 세계적 확산, 각 분야에서 인플루언서들의 영향력 확대, 각종 창작 도구의 발전 등으로 이젠 1년에 1,000달러를 지불할 의사가 있는 열성팬 100명만 있으면 된다는 주장이다.

NFT에 있어서는 창작자의 열성팬이 100명이든 1,000명이든 상관없다. 고유한 토큰값을 지닌 창작자의 NFT 작품을 소유할 수 있는 사람은 세상에 단 한 명뿐이기 때문이다. NFT는 창작자가 열성팬 한 명, 한 명과 조금 더 특별하고 직접적인 관계를 맺을 수 있도록 도와준다. 소유권에 대한 금전적 보상뿐만 아니라 차별화된 경험까지 부수적으로 나눌 기회를 선사한다는 얘기다. 예를 들어 NFT 미술 작품을 산 컬렉터에게 작가와의 1:1 만남을 선물한다든지, 음악 앨범 NFT를 구매한 열혈팬에게 가수의 다음 앨범 작업에 참여할 기회를 준다든지 등 가능한 경험의 종류는 무제

---

* https://kk.org/thetechnium/1000-true-fans/

** https://a16z.com/2020/02/06/100-true-fans/

한이다. 사실 NFT를 통해 접근 권한과 같은 효용utility을 제공하는 것은 요즘 가장 핫한 개념 중 하나로, 특정 경험에 대한 접근권 자체를 토큰화한 NFT들이 거래되기도 한다. 당신이 가장 좋아하는 아이돌 그룹의 코로나 이후 첫 오프라인 공연에서 함께 무대에 설 권한, 당신이 '애정하는' 디지털 아티스트와 다음번 전시회 때 컬래버레이션을 할 권한, 당신이 후원하는 로컬 커뮤니티 센터가 완공됐을 때 당신의 이름으로 기념 식수를 심을 권한 등. 토큰을 통해 예술 분야의 창작자들뿐만 아니라 다양한 시도를 꿈꾸는 각종 모험가들에게 힘을 실어주고, 그것을 통해 우리가 꿈꾸는 문화 사회적 공동체를 함께 구현할 수 있는 미래가 우리 곁에 성큼 다가왔다.

NFT의 역사

CHAPTER 5

2021년 5월, 9개의 크립토펑크로 이뤄진 NFT 컬렉션이 크리스티 경매소에서 1,690만 달러에 거래되어 화제가 됐다. 바로 다음 달인 6월엔 단일 크립토펑크 #7523이 소더비 경매소에서 1,180만 달러에 낙찰되며 NFT 시장이 여전히 핫함을 인증했다. 이처럼 엄청난 인기를 누리고 있는 크립토펑크가 마치 어느 날 갑자기 하늘에서 뚝 떨어진 '돈뭉치'처럼 보일 수도 있겠으나, 사실 역사의 한 획을 그은 NFT 초기 프로젝트 중 하나였다. 2017년 뉴욕 소프트웨어 회사인 라바랩스Larva Labs의 창시자 존 왓킨슨John Watkinson과 매트 홀Matt Hall이 알고리즘을 통해 1만 개의 고유한 '펑크'들을 탄생시켰다. 그들은 곧 엄청난 인기를 끌었고, 무엇보다도 디지털 희소성과 소유권에 관한 새로운 패러다임을 제시하며 진정한 의미의 NFT 시대의 개막을 알렸다.

이렇게 크립토펑크만 보더라도 NFT가 신기술이 아니라 시간의 검증을 받은 역사 속 산물임을 알 수 있다. NFT의 첫 출발은 어땠는지, 이후 어떻게 발전해왔는지 주요 사건들 위주로 살펴보자.

2012~2013: NFT의 태동, 컬러드코인

컬러드코인Colored Coins은 비트코인 블록체인을 통해 실물 자산을 디지털 형태로 표현하는 일종의 자산 발행 레이어layer다. 물론 지금의 NFT만큼 세련되진 못해도 블록체인 기술을 주식, 부동산, 암호화폐 발행권, 디지털 컬렉터블 등의 다양한 자산에 적용해보려고 했던 의미 있는 최초의 시도였다.

컬러드코인은 요니 아시아Yoni Assia의 2012년 기사 "비트코인 2.X[bitcoin 2.X(aka Colored Bitcoin)-initial specs]"* 에서 처음 언급된 것으로 알려져 있다. 그리고 그해 말 메니 로젠필드Meni Rosenfeld가 〈컬러드코인 개관Overview of Colored Coins〉**이라는 논문을 통해 새로운 자산 클래스로서의 부상을 예견해 세간의 관심을 끌게 된다. 어떻게 보면 우리가 흔히 NFT의 시초라고 말하는

* https://yoniassia.com/coloredbitcoin/

** https://bitcoil.co.il/BitcoinX.pdf

크립토펑크나 크립토키티의 조상 격인 셈이다. 물론 이더리움이 아닌 비트코인 블록체인상에서 실행됐다는 차이는 있지만 말이다(당시는 이더리움이 출시되기 전이었다).

컬러드코인에는 치명적인 단점이 하나 있었는데, 비트코인 블록체인의 설계 특성상 모든 참여자가 특정 가치의 값에 동의할 때만 그 가치를 나타낼 수 있다는 것이었다. 그럼에도 컬러드코인은 NFT 역사에서 중요한 부분을 차지한다. 우리에게 자산의 토큰화에 대한 가능성과 잠재력을 보여줬고, 또한 이를 위해선 좀더 '유연한' 블록체인이 필요하다는 점을 일깨워줬기 때문이다.

2014~2016: 카운터파티, 레어페페, 금전화된 그래픽

카운터파티Counterparty | 2014년 로버트 더모디Robert Dermody, 애덤 크렐렌스틴Adam Krellenstein, 에번 와그너Evan Wagner가 카운터파티를 론칭했다. 비트코인 블록체인 위에 세워진 P2P 금융 플랫폼이자 오픈 소스open source 인터넷 프로토콜이었다. 카운터파티는 밈 트레이딩 카드 게임 같은 수많은 프로젝트와 연계됐다. 한 가지 예를 들자면, 2015년 '스펠스 오브 제네시스Spells of Genesis'라는 모바일 게임이 카운터파티를 통해 최초로 게임 내 디지털 자산in-game assets을 블록체인상에 발행했다. 2016년에는 인기 트레이딩 카드 게임 '포스 오브 윌Force of Will'이 또 한 번 카운터파티에서 카드를 발행해 이목을 끌었다. 특히 이 회사가 블록체인이나 암호화폐에 대한 경험이 없는 주류 회사였다는 점에서 의미가 있다. 자산의 토큰화라는

개념이 굉장히 빠르게 보편화되고 있다는 신호였기 때문이다.

레어페페Rare Pepes | 뭐니 뭐니 해도, 가장 많은 사람의 입에 오르내린 프로젝트는 카운터파티를 통해 발행된 레어페페 밈 트레이딩 카드라고 할 수 있다. 2016년 10월에 첫선을 보인 레어페페 밈은 매트 퓨리Matt Furie라는 작가의 인기 만화 캐릭터 페페 더 프로그Pepe the Frog에 기반한 프로젝트로, 발행 이후 엄청난 인기를 누렸다. 밈의 희소성을 보증해주는 '레어페페 디렉터리'*까지 나올 정도였으니 말이다. 이는 사람들이 독창적인 디지털 아

그림 1-4 | **카운터파티를 통해 발행된 레어페페 밈 트레이딩 카드들**

출처: 레어페페 디렉터리

* 레어페페 디렉터리에는 독창적인 디자인과 색상의 레어페페 밈 카드들이 많이 올라와 있으니, 시간을 내어 꼭 한번 둘러보길 권한다. http://rarepepedirectory.com/

이템을 원한다는 것을 확실하게 보여줬다.

금전화된 그래픽 | 2014년, 케빈 매코이Kevin McCoy라는 아티스트가 비트코인 블록체인을 통해 창작자들에게 새로운 수입원을 찾아줄 수 있는 방안을 고민하면서 '크립토'라는 개념이 예술 세계로 전파되기 시작했다. 매코이는 특히 블록체인의 탈중앙화 성격에 매료됐다. 블록체인을 활용하면 아티스트가 아이튠즈iTunes 같은 중개인 없이도 관객과 소통하고 작품을 거래할 수 있으리라고 생각했다.

매코이는 먼저 엔지니어이자 사업가인 애닐 대시Anil Dash와 협력해 자신의 디지털 아트 작품인 〈Quantum〉을 가지고 실험적 토큰을 만들어봤다. 블록체인에 디지털 아트 작품을 올린다는 개념을 생각해내고 실행에 옮긴 첫 번째 인물들이다. 이들은 이 개념을 풍자적으로 '금전화된 그래픽' 또는 '모노그래프monograph'라고 불렀다(흥미롭게도 매코이의 〈Quantum〉은 2021년 6월 소더비 뉴욕에서 147만 달러에 낙찰되어 화제가 됐다*).

〈뉴욕타임스〉에 따르면, 이듬해인 2015년 매코이는 자신의 경험을 토대로 아티스트들이 작품을 토큰화해 거래할 수 있게 도와주는 스타트업을 시작했다. 전 세계적으로 NFT가 뜨거운 관심을 받고 있는 지금과는 사뭇 달랐던 시장의 분위기상 사람들에게 자신의 아이디어를 설득하기란 참 어려운 일이었다고 한다.

---

* https://www.sothebys.com/en/buy/auction/2021/natively-digital-a-curated-nft-sale-2/quantum

2017: 드디어 세상이 알아보다

2017년 3월 | 2017년에 들어서며 이더리움이 전 세계적으로 명성을 얻기 시작했다. 간단한 프로그래밍 언어로 '이더'라는 이더리움 네트워크의 기본 통화를 사용해 새 금융 상품들을 만들 수 있다는 점이 획기적이었다. 이런 이더리움 네트워크의 특성에 기반해 2017년 3월, 페퍼리움Peperium이라는 이름의 분산된 밈 마켓플레이스이자 트레이딩 카드 게임이 론칭됐다. 누구나 자유롭게 밈을 만들어 IPFS와 이더리움에 토큰화할 수 있는 프로젝트였다. 카운터파티와 비슷하게 페퍼리움에서도 'RARE'라는 종목코드ticker symbol를 가진 토큰이 발행되어 밈을 만들고 수수료를 내는 데 사용됐다. 이와 함께 그때까지 카운터파티를 통해 이뤄졌던 레어페페 밈 카드 트레이딩이 이더리움 기반의 페퍼리움으로 자리를 옮기기 시작했다.

NFT가 본격화된 요즘에는 레어페페가 예전만큼의 인기를 누리진 못하고 있다. 그래도 여전히 두터운 마니아층을 형성하고 있는데, 2021년 3월 가장 희귀한 페페로 일컬어지는 '호머페페Homer Pepe'가 205이더(미화 32만 달러 상당)에 거래되면서 그 명성을 다시 한번 입증했다(그림 1-4에서 윗줄 네 번째 밈 카드가 바로 이 '호머페페'이다).

2017년 6월 | 이더리움에서 레어페페 트레이딩이 어느 정도 자리를 잡자 존 왓킨슨과 매트 홀은 그들만의 NFT 프로젝트를 시도해보기로 했다. 당시 이들은 케빈 매코이와 애닐 대시의 2014년도 프로젝트에 대해 알지 못했다고 한다. 그들은 수천 개의 캐릭터를 생성하는 소프트웨어 프로그

램을 개발했고, 이를 통해 '펑크'라고 불리는 가로세로 24×8비트 픽셀 이미지의 캐릭터들을 탄생시켰다. 각 캐릭터는 성격, 의상, 헤어 스타일, 액세서리 등의 속성이 알고리즘을 통해 무작위로 조합되어 고유의 희소성을 가지고 있다. 대부분이 사람이고 드물게 좀비(88개), 원숭이(24개), 외계인(9개)도 있다. 왓킨슨과 홀은 희소성을 위해 딱 1만 개의 펑크들만 NFT로 발행하기로 했다(많은 이들이 크립토펑크가 ERC-721 표준을 따르는 NFT의 시초라고 하지만, 사실 이땐 아직 ERC-721이 개발되기 전이었다). 그들은 이더리움 지갑을 가진 사람이라면 누구나 펑크에 대한 소유권을 무료로 가질 수 있게 했다. 그렇게 9,000개의 펑크를 세상과 나누고 나머지 1,000개는 자신들이 '킵'했다(아, 또다시 타임머신을 타고 과거로 돌아가고 싶어진다).

사실 크립토펑크가 컬렉터블로서 처음부터 인기 있었던 것은 아니다. 무려 공짜인데도 9,000개의 펑크 중 몇 개밖에 '찜'되지 않은 것이다. 하지만 펑크들의 운명은 몇 주 후 미국의 IT 전문 매체 〈매셔블Mashable〉이 "크

그림 1-5 | 2021년 여름 '억' 소리 나는 가격으로 거래되고 있는 펑크들

CryptoPunks
C
1,500 ETH
$4,230,960.00

CryptoPunks
C
1,201.725 ETH
$3,389,633.60

CryptoPunks
C
420.69 ETH
$1,186,615.04

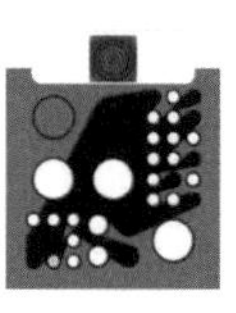

Art Blocks
BLOCKS
400 ETH
$1,128,256.00

CryptoPunks
C
375 ETH
$1,057,740.00

NFT 시장 모든 카테고리를 합쳐 주간 최고가 거래 톱5 중 4개가 크립토펑크에서 나와 그 인기를 증명하고 있다(2021년 8월 둘째주 기준).
출처: nonfungible.com

립토펑크가 디지털 아트에 대한 우리의 생각을 바꿀 것"이라고 선언하면서 180도 바뀌었다. 크립토펑크 웹사이트에는 방문자들이 쇄도했고, 불과 24시간도 지나지 않아 나머지 펑크들에 대한 소유권이 모두 찜됐다. 크립토펑크는 곧 2차 시장에서 거래되면서 처음에는 수백 달러에, 그리고 수천수만 달러에 팔리기 시작했다. 2021년 8월 초의 경우 1주일간 크립토펑크의 거래액이 2억 달러를 넘겼다고 하니, 그 식지 않는 인기가 우리의 상상을 가볍게 뛰어넘고 있다.

제한된 공급량과 크립토펑크라는 브랜드 파워를 생각하면 앞으로도 오랫동안 그 명성과 거래 가격이 유지되지 않을까 싶다. 특히 원조 NFT 프로젝트이지만 이더리움 네트워크에 기반하고 있어 다양한 NFT 마켓플레이스에서 자유롭게 거래될 수 있다는 점이 크립토펑크의 롱런을 기약한다.

2017년 10월 | 10월에는 크립토키티라는 또 다른 NFT 컬렉터블 웹사이트가 등장했다. 밴쿠버에 기반을 둔 엑시엄젠Axiom Zen이라는 회사가 론칭한 크립토키티는 ERC-721 기준을 따르는 이더리움 기반의 온라인 게임으로, 사용자들이 가상 고양이를 모으고 키우고 교배하고 교환할 수 있게 한다. 각각의 키티는 나이, 품종, 색깔 등에서 고유하고 따라서 서로 대체될 수 없는 NFT다. 또한 이들은 불가분적이라 하나의 크립토키티 토큰을 여러 개로 분할할 수 없다.

엑시엄젠은 몇 달 동안의 작업 끝에 '이더리움 워털루 해커톤'에서 크립토키티의 알파버전을 공개해 1등을 차지하는데, 이를 통해 크립토키티는 빠르게 이슈가 됐고 각종 미디어에 소개되면서 명성을 얻었다. 당시 기준으로는 디지털 세상에만 존재하는 고양이를 1,000달러가 넘는 가격에 산다는 것 자체가 훌륭한 입소문 거리였다. 게다가 소유한 키티를 적절히 교배해 희귀 품종으로 만들어내면 고수익 거래가 가능하다는 금전적인 어필도 있었다. 물론 키티들의 사랑스러움은 덤이고 말이다.

2017년 말이 되면서 이름도 비슷한 크립토펑크와 크립토키티는 '억' 소리 나는 거래가를 보이게 된다. 이들의 이런 엄청난 성공에는 '돈이 되는 장사'라는 이성적 판단과 '남들이 다 하니까 나도 한번?'이라는 군중 심리가 적절하게 섞여 있었다. 또한 이 시기에 비트코인과 이더의 가치가 치솟으면서 젊은 크립토 백만장자들이 등장했는데, 이들은 '우리가 가치 있다고 판단하니 가치 있는 것이다'라는 크립토 공식에 이미 익숙해진 사람들이었기에 아직 검증되지 않은 NFT들에 대해 더욱더 적극적으로 반응했다. 다시 말해 크립토의 '부富'가 크립토 컬렉터블 초기 시장 트렌드의 견인차 노릇을 한 것이다.

2018~2019: 급격한 성장의 시기

2018년 들어 NFT 생태계는 큰 성장을 이루게 된다. 2018년 2월, 크립토키티를 만들어낸 엑시엄젠이 대퍼랩스Dapper Labs라는 회사를 분리·신설했고, 안드레센 호로위츠Andreessen Horowitz, 유니언 스퀘어 벤처스Union Square Ventures, 구글 벤처스Google Ventures 등 벤처캐피털 업계에 정평이 난 투자처들로부터 투자를 받기 시작했다. 이렇게 NFT 시장으로 돈이 모여들고, 크립토키티 같은 원조 NFT 프로젝트에 대한 커뮤니티가 지속적으로 형성되자 세상이 NFT에 주목하게 됐다. 2018년 2월에 약 8,500개였던 NFT 활성 계정이 2019년 12월에는 2만 개를 넘겼으니 말이다. 시장이 활성화되자 논펀저블닷컴nonfungible.com 같은 NFT 데이터 플랫폼들도 등장해 정보의 공유를 도왔다.

이즈음 또 하나의 혁신 '제2 레이어layer two'가 등장했다. 크립토키티 팀과는 관계없는 제3자 개발자들이 크립토키티 위에 올려질 수 있는 각종 게임 상품을 개발하기 시작한 것이다. 이 개발자들은 별도의 '허가' 없이 크립토키티의 퍼블릭 스마트 계약 위에 자신들의 앱을 올릴 수 있었다. 그렇게 탄생한 키티햇Kitty Hats, 코토워즈KotoWars, 랩트키티Wrapped Kitties 등의 프로젝트 및 상품들은 대퍼랩스의 키티버스KittyVerse로 영입됐다.

NFT에 대한 긍정적인 시장 분위기와 함께 디지털 아티스트들 또한 NFT 기술에 큰 관심을 가지기 시작했다. 사실 디지털 아트만큼 NFT와 '합'이 맞는 분야도 없을 것이다. 미술 작품의 가치는 원본에 대한 희소성과 소유권이 있는데, NFT 등장 이전까지는 디지털 원본에 대한 인증을 하기가 거의 불가능했다. 따라서 소유권이라는 개념 자체가 무의미한 것이었다. 그러니 디지털 아트 작품에 '고유성'과 '희소성'의 가치를 부여해주는 NFT 기술이 얼마나 획기적으로 받아들여졌겠는가. 디지털 아트 시장은 한껏 고무됐다. 작가들은 다양한 실험적 시도를 했고, 자연스럽게 디지털 아트에 초점을 맞춘 NFT 플랫폼도 대거 등장했다. 지금은 우리에게도 익숙한 슈퍼레어, 노운오리진KnownOrigin, 메이커스플레이스MakersPlace, 레어아트랩스Rare Art Labs 등이 모두 디지털 아트에 '진심'인 NFT 마켓플레이스들이다.

2020~현재: 뜨거운 관심 속 NFT

2020년부터 NFT는 제대로 뜨거워지기 시작했다. 특히 NFT 아트는 거래가의 급상승이 가장 현저했던 시장인데, 대표적인 사례로 비플의 작품들을 들 수 있다. 2020년 10월, NFT에 관심을 가지게 된 비플이 자신의 작품 3개를 토큰화해 13만 달러가 조금 넘는 가격에 팔았다. 그런데 불과 두 달 뒤인 12월, 그의 'Everydays' 컬렉션에서 나온 몇 개의 한정판 NFT가 총 350만 달러 이상에 판매됐다고 하니 놀라운 상승세다.

2021년도에 들어서며 사람들의 NFT에 대한 관심이 정점을 찍게 된다. 그 이유로는 이젠 말하지 않아도 모두가 고개를 끄덕이는 비플의 6,930만 달러 크리스티 NFT 경매 결과가 있다. 오늘의 NFT 시장을 있게 한 바로 그 사건이다.

비플 외에도 2021년도 초반을 달군 가지각색의 NFT 아이템들이 있다. 니안 캣 탄생 10주기를 기념하는 NFT 밈이 58만 달러에 팔렸고, 유명한 싱어송 라이터이자 일론 머스크Elon Musk 테슬라 CEO의 여자친구로도 이름이 알려진 그라임스Grimes의 단편 비디오 컬렉션이 NFT로 발매되어 600만 달러에 거래됐다. NFT 카드 트레이딩 플랫폼 NBA 톱샷에서는 2월 한 달에만 2억 5,000만 달러의 거래가 진행되어 새롭고 확실한 수익 창출 모델을 제시해주었다. 이 모든 것이 2021년 초반 석 달 동안 이뤄진 일이라는 사실이 놀랍지 않은가.

그리고 5월 초, 전 세계 NFT 거래액이 1억 달러를 넘나들며 NFT는 다시 한번 주요 미디어의 1면을 장식했다(이 중 상당량이 NFT 컬렉터블 마켓에서 나왔다는 점이 흥미롭다). 5월 이후 잠시 주춤하는가 했던 NFT 시장은 그 후 7,8월을 지나며 미술, 컬렉터블, 음악, 게임, 디지털 부동산 등 광범위한 활용점을 기반으로 현재 역대급 고공행진 중이다. 이런 전 세계적인 NFT 열기가 단순히 일시적 유행으로 끝나게 될지, 아니면 지속적으로 성장 가능한 새로운 시장의 기회가 될지 의견이 분분한 가운데 국내외 굵직한 브랜드들은 수익 창출 및 마케팅 기회를 찾고자 NFT 세상으로 직진 중이다.

이베이는 현물 상품들과 함께 디지털 컬렉터블이 NFT로 거래될 수 있도록 플랫폼을 재단장했고, 명품 브랜드들도 NFT에 적극적이다.* LVMH, 까르띠에Cartier, 프라다Prada는 블록체인 컨소시엄인 '아우라Aura'를 설립하여 본격적으로 NFT 시장에 진입했고, 최근 8월에는 버버리Burberry가 블록체인 기반 게임 블랭코스 블록파티Blankos Block Party와 파트너십을 맺고 한정판, 한정 수량으로 NFT 캐릭터와 디지털 액세서리 컬렉션을 드롭하여 화제가 되었다. '샤키 BSharkey B'라고 이름 지어진 버버리의 NFT 캐릭터는 버버리의 새로운 TB썸머모노그램 무늬를 띄고 있고, 블랭코스 블록파티 마켓플레이스에서 매매 및 업그레이드가 가능하다고 한다.

맛있는 이야기로 넘어가자면 미국 레스토랑 체인점 타코벨Taco Bell이 타코를 테마로 한 NFT를 발매해 30분 만에 매진시켰고, 피자헛 캐나다는 픽셀화된 피자 조각들을 NFT로 팔았다. 큰 비용을 들이지 않고도 NFT의

---

* 슈퍼카의 상징 독일자동차 제조사 포르쉐(Porsche)는 디지털 부문 자회사 포워드31(Forward31)에서 론칭한 NFT 플랫폼 팬존(Fanzone)과 합작하여 자동차 디자인 스케치를 NFT로 경매에 부쳤다(https://superrare.com/artwork-v2/tradition—vision-26657). 경매 수익금은 비영리단체 비바콘아구아(Viva Con Agua)에 전액 기부된다.

그림 1-6 | **버버리의 NFT 상어 캐릭터 '샤키 B(Sharkey B)'**

출처: Mythical Games

화제성을 이용한 훌륭한 마케팅 전략이 아니겠는가!

NFT 아트와 컬렉터블 시장 번창의 일등 공신인 크리스티와 소더비는 지속적으로 다양한 아이템들을 NFT 경매에 올리면서 NFT의 사회문화적 상관성뿐만 아니라 제도적 정통성 또한 높이고 있다. 제도권의 주요 기관들로서 NFT 기술을 적극적으로 받아들이면서 NFT에 신뢰성과 위상을 부여하고 있는 것이다. 특히 6월에는 영국의 컴퓨터 과학자 팀 버너스-리Tim Berners-Lee가 1989년 개발한 월드와이드웹www의 원본 코드가 소더비에서 NFT로 경매되어 화제가 되었다. 본 NFT는 소더비 온라인 경매에서 540만 달러에 낙찰되었는데, 이는 단순한 컴퓨터 코드가 아닌 인류의 삶의 모습을 통째로 바꾸어버린 역사의 변곡점에 대한 소유권이 거래된 엄청난 사건이었다. 몇 년 전만 하더라도 상상 속에서나 존재했을 법한 이야기들이 현실화되고 있는 것이다.

왜 지금 NFT인가?

CHAPTER 6

2021년은 NFT의 해라고 해도 과언이 아닐 만큼 연초부터 NFT에 대한 전례 없는 관심과 투자 열풍이 전 세계를 강타했다. '비플 때문에?'라고 하기엔 꽤나 광범위하게 그 관심과 열풍이 지속되고 있고, 또 무엇보다도 우린 근본적으로 왜 비플 경매와 같은 블록버스터급 NFT 거래가 2021년에 집중되었는지 그 이유를 근본적으로 파헤쳐볼 필요가 있다. 왜 2021년 지금 NFT인가?

부의 효과

가장 먼저 '부의 효과wealth effect'를 꼽을 수 있겠다. 부의 효과란 개인의 자산 가치가 상승함에 따라 더 많은 지출을 한다는 뜻인데, 2021년 초 다시 강세를 보인 암호화폐 시장과 NFT 열풍의 연관성을 설명해준다. 2021년 1분기 말을 기준으로 이더의 가격이 전년 대비 1,000% 이상 증가했고, 비트코인 또한 같은 기간 가격이 600% 이상 증가하며 5만 달러를 돌파했다. 역대 최고치였다.

이것은 암호화폐 초기 투자자들에게 엄청난 희소식이었다. 한층 더 부유해진 '크립토 고래들crypto whales'에게 NFT는 새로운 놀이터가 되어주었다. 크립토 시장에 대한 절대적인 믿음으로 시세와 상관없이 암호화폐를 팔지 않고 장기보유('호들hodl'이라고도 한다)하고 싶어 하는 이들에게 NFT는 아주 매력적인 투자처로 다가왔다. 게다가 신기술에 능하고 관심도 많은 이들에게 블록체인 응용 기술인 NFT는 매우 흥미로운 놀잇거리이자, 드디어 세상에 자신의 크립토 부를 과시할 수 있는 가시적인 수단이 되어주었다. 이들은 곧 어마어마한 가격에 NFT를 구매하기 시작했다. 실제로 현재 가장 비싼 NFT들 중 대다수는 오래전부터 암호 세계에 깊이 관여하고 있던 사람들의 소유다. 예를 들어 비플의 가장 유명한 작품 〈Everydays: The First 5000 Days〉 또한 NFT 펀드운용사 창립자인 메타코반Metakovan이 소유하고 있다.

이런 '부의 효과' 트렌드는 요즘 왜 많은 사람들이 NFT를 수집하는지에 대한 이유와 일치한다. 바로, NFT가 가진 투자 가치다(시각에 따라 투기적 가

그림 1-7 | NFT 마켓의 거래량 추이(2020.6~2021.6)

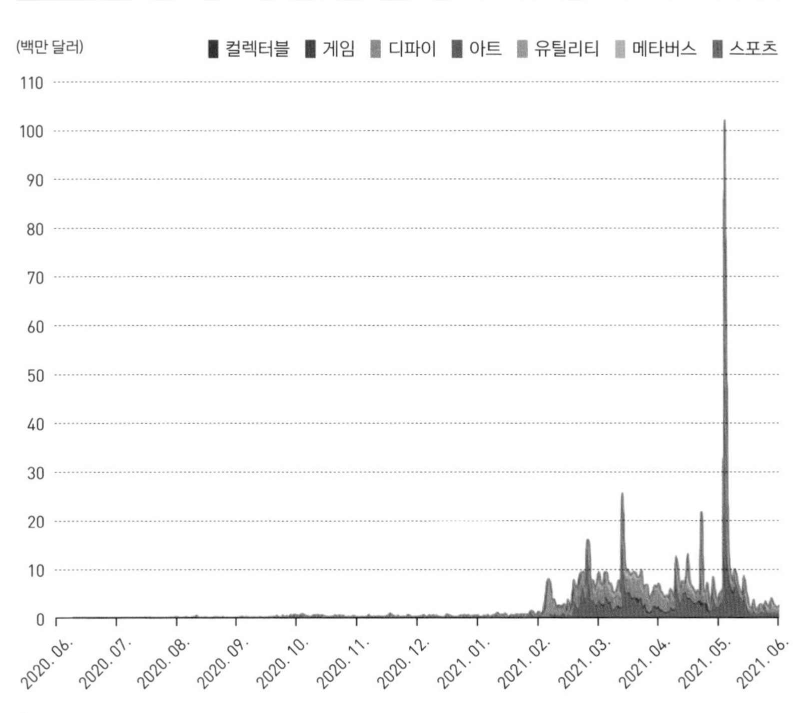

출처: nonfungible.com

치라고도 할 수 있을 것이다). 물론 사람들이 NFT를 수집하는 데에는 수많은 이유가 존재한다. 위에서 말한 것 처럼 희소성 있는(따라서 매우 '비싼') 무엇인가를 소유하고 인증할 수 있음에서 오는 만족감, 시대정신을 담고 있는 NFT를 소유한다는 사실에 대한 뿌듯함, 예상치 못한 작품을 발견하는 과정에서 오는 스릴과 설렘, 가능성 있는 크리에이터를 발견하고 후원한다는 기쁨 등, 아마 그 이유들을 나열하자면 끝이 없을 것이다. 하지만 현재로선 대부분 사람들이 향후 거둘 이익에 대한 기대감으로 NFT 시장에 들어온다. 미술, 음악, 게임, 스포츠 등 문화생활 전반적으로 활용점이 있는 NFT이기에 보유하는 것 자체만으로도 큰 의미가 있을 수 있겠으나, 만약 보유한 NFT를 되팔았을 때 더 큰 가치를 인정받을 수 있다면 꽤나 투자 가치가 높은 디지털 자산의 역할을 하게 된다.

특히 NFT가 여타 암호화폐 시장과 마찬가지로 사회에 반응하는 성격을 가지고 있어서 타이밍만 잘 맞추면 '부르는 게 값'이 될 수도 있다. 많은 이들이 가치가 있다고 생각할수록 시장에서의 실제 가치가 높아지기 때문이다. 트위터 창시자 잭 도시의 첫 트윗이 많은 이들에게 그 역사성을 인정받아 약 290만 달러에 팔린 것처럼 말이다.

고유의 스토리

NFT 시장이 이토록 참여자들의 심리적 반응과 행동에 큰 영향을 받는 것은 NFT가 가지고 있는 고유성과 희소성에 대한 '스토리'가 군중 심리를 자극하기 때문일 것이다. 이는 비트코인의 경우도 마찬가지다. 2008년 사토시 나카모토Satoshi Nakamoto라는 가명을 사용하는 익명의 개발자가 비트코인 백서를 발표하고 이듬해 첫 비트코인 블록을 생성한 이후, 10년이 넘는 시간 동안 비트코인은 돈과 금융에 관심 있는 사람들의 관심을 한 몸에 받고 있다. 그 관심이 긍정적이든 부정적이든 간에 말이다. '위조할 수 없는 희소성 있는 디지털 금'이라는 스토리가 군중을 들뜨게 했고, 실제로 전 세계 수백만 명의 사람들이 비트코인을 소유하고 있다. 비트코인은 내재한 가치가 없고 그저 투기의 수단일 뿐이라는 제도권의 전반적인 평가에도 이들은 비트코인이 가진 스토리에 열광했고, 비트코인은 제도권의 보증 없이 참여자들의 믿음을 통해 그 가치를 유지해오고 있다. NFT 또한 고유성과 희소성에 대한 매력적인 스토리가 군중 심리를 자극하기에 충분했다. 게다가 비트코인과 달리 NFT는 미술, 음악, 게임, 스포츠 등 우리 일상생활에 직접적으로 연계돼 대중에게 더 친근하게 다가올 수 있었다.

비대면 환경

시기가 시기인 만큼 NFT가 큰 관심을 받게 된 데에는 신종 코로나바이러스(코로나19)의 영향도 있을 것이다. 외출이 제한되면서 사람들이 집에서 보내는 시간이 많아졌고, 이에 따라 가상 공간에서 거래되는 디지털 상품과 서비스의 가치에 더욱 적극적으로 반응하게 되었다는 것이다. 암호화폐와 달리 NFT는 온라인상에서 친구 또는 지인들과 함께 서로의 컬렉션을 '감상'하거나 게임을 '플레이'할 수 있다는 것도 큰 매력이다. 이렇게 NFT를 매개체로 하는 비대면 소셜 활동들은 메타버스의 확장과 함께 앞으로 폭발적인 성장을 보일 것으로 예상된다. 한편 코로나19로 미술전, 뮤지컬, 공연 등의 오프라인 행사들이 대거 취소돼 예술가들의 수입원이 상당 부분 막힌 상황에서 NFT는 그들에게 훌륭한 대안이 되어주었다. NFT 마켓플레이스를 통해 중개인 없이 직접적으로 고객과 거래하고, 상품 거래의 일환으로 '저자와의 비대면 만남' 등의 특별한 경험을 제공할 수 있게 된 것이다.

디지털 지식재산권의 주체가 중개인 플랫폼에서 원작자로 옮겨가면서 예술가들은 환호했고, 이런 모멘텀을 타고 많은 이들이 다양한 창작 활동을 가능케 하는 NFT 시장으로 모여들었다. 현재 블록체인상에서 유기적으로 일어나고 있는 여러 예술적 시도들은 제도권에서 미처 생각하지 못했던(혹은 강력하게 저지했던) 가능성들을 실험적으로 보여주고 있다. NFT를 통해 사회 저변의 문화적 개혁이 이미 시작되었다는 것이다.

우려와 기대 속 NFT의 미래

기존 산업들에서 틀을 깨며 블루오션의 모습을 제시해주는 NFT이지만, 이와 동시에 NFT 시장을 둘러싼 투기와 거품에 대한 우려의 목소리 또한 무시할 수 없다. 투자자들이 NFT 시장에 너무 빠른 속도로 모여들었다는 것이다. 실제로 5월 초 전 세계 NFT 시장의 총 거래액이 당시 기준으로 역대 최고점을 찍었는데, 바로 얼마 후인 6월 초엔 그 수치가 대폭 감소하여 굉장히 빠른 속도로 NFT 거품이 빠지고 있다는 부정적인 의견이 대거 등장했다. 사회 전반적으로 NFT에 대한 회의적인 분위기가 감돌았고, 일회성으로 지나가는 열풍일 뿐이라는 시각이 힘을 얻었다. 하지만 또 일부에선 같은 기간 동안 NFT 거래 횟수나 거래에 사용된 암호지갑의 수가 소폭 감소했다가 다시 증가하는 추세를 보며 NFT 시장이 단순히 조정 상태에 들어간 것 아니냐는 긍정적인 해석도 나왔다. 비플의 크리스티 경매처럼 화제성 높은 블록버스터급 거래에만 의존하지 않고 다양한 형태의 크고 작은 거래가 이루어지는 건강한 NFT 생태계를 구축하기 위해 필요한 과정이란 것이다.

이렇게 전 세계적으로 설전이 펼쳐지는 동안 NFT 시장은 또 한번의 폭발적인 성장을 하게 된다. 8월 중순을 지나는 지금, 전 세계 NFT 시장 거래액이 다시 한번 가파른 상승선을 그리며 전례 없는 고점을 찍고 있다(〈그림 1-8〉). 꽤 활발한 움직임을 보여주었던 7월 중순과 비교해도 70% 이상 급등한 수치이다. NFT 거래에 사용된 암호지갑의 수도 놀라운 속도로 증가하고 있고(〈그림 1-9〉), 각종 NFT 플랫폼에서 일어나는 1차 및 2차 시장 거래 횟수 모두 상당한 성장 곡선을 보여주고 있다(〈그림 1-10〉, 〈그림 1-11〉). 여기서 분명한 것은 현재 NFT 성장을 이끄는 엔진이 아트뿐만 아니라 크립토펑크와 같은 컬렉터블, 엑시 인피니티Axie Infinity 같은 게임, 그리고 샌드박스The Sandbox처럼 메타버스 내에서 일어나는 부동산 거래 등 다양하다는 것이다. NFT 시장이 대중에게 보다 친숙한 거래 형태로 다각화 되어 활성화되고 있다는 사실이 고무적이다. 심지어 가상자산에 익숙하지 않은 일반인들도 신용카드를 이용해 토큰화된 상품을 손쉽게 사고

그림 1-8 | **NFT 거래액의 주간 변화(2021.1-2021.8)**

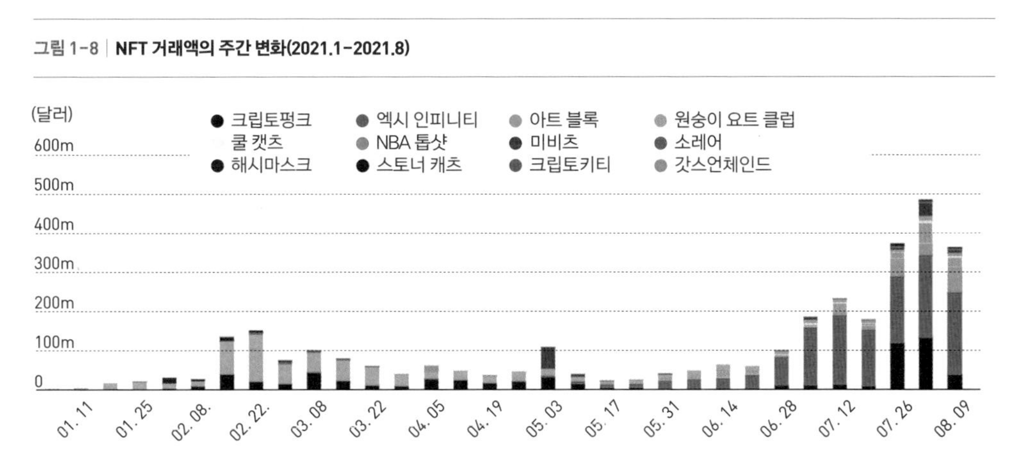

출처: www.theblockcrypto.com

그림 1-9 | NFT 거래에 사용된 암호지갑 수의 주간 변화(2020.8-2021.8)

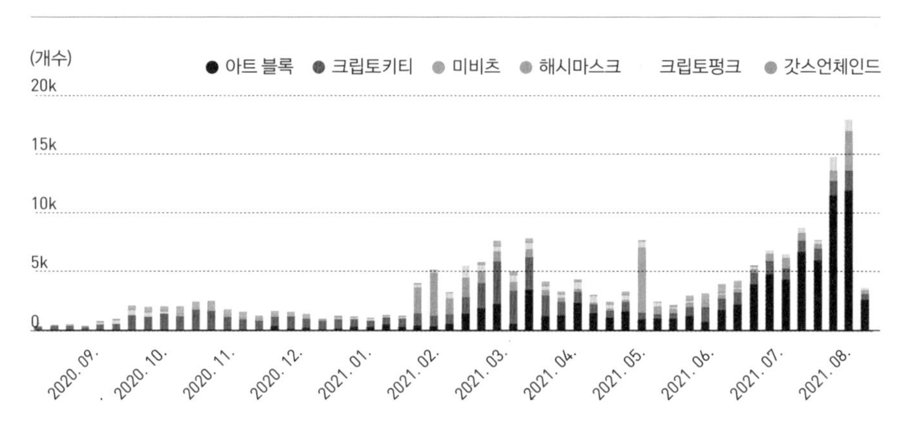

출처: www.theblockcrypto.com

그림 1-10 | NFT 1차시장 거래 횟수의 주간 변화(2020.8-2021.8)

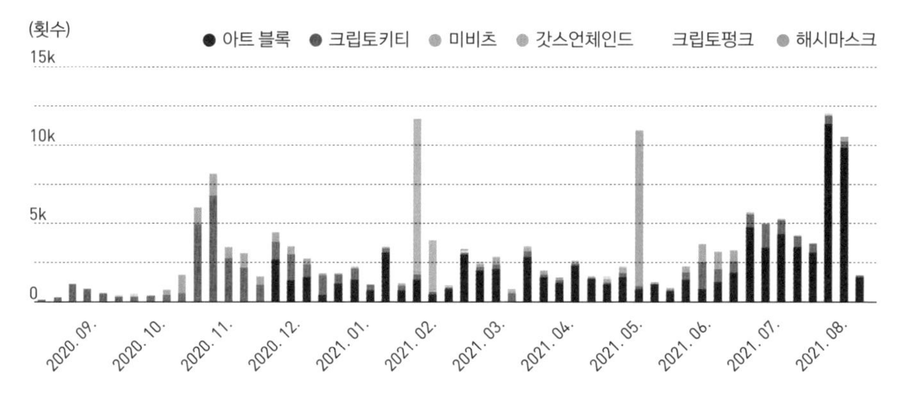

출처: www.theblockcrypto.com

파는 시대가 됐으니 말이다. NFT가 실험적인 틈새시장에서 우리 삶의 '루틴'으로 들어오고 있다는 신호다.

그림 1-11 | NFT 2차시장 거래 횟수의 주간 변화(2020.8-2021.8)

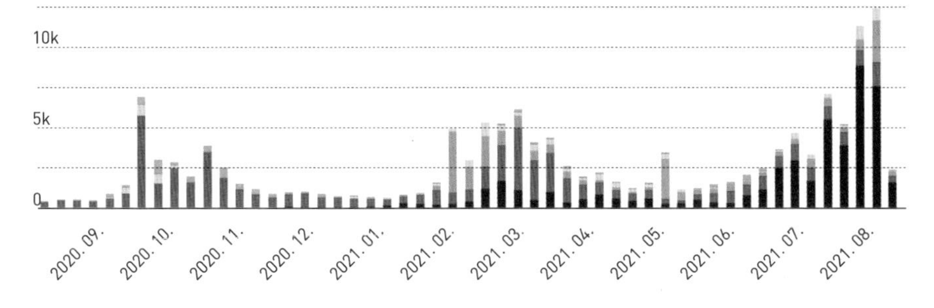

출처: www.theblockcrypto.com

실제로 시장의 역사를 돌아보면 시장의 과잉 기대가 어느 정도 수그러든 후에야 새로 등장한 기술과 기회에 대한 가치 평가가 제대로 이뤄지곤 했다. 많은 전문가가 1990년대 말 닷컴 버블과 함께 시장에 몰려든 수많은 스타트업을 대수롭지 않게 여겼지만, 결국 아마존과 같이 우리 삶의 모습을 통째로 바꾼 거대 혁신 기업들이 그 시기를 거쳐 탄생했다. IT 자문기관 가트너Gartner가 도식화한 '하이프 사이클hype cycle'로 이야기해보자면(그림 1-12), NFT는 올해 초 여러 긍정적인 사건들을 통해 '과잉 기대의 정점The Peak of Inflated Expectation' 단계로 급속히 진입했고, 그 후 실망과 비관론으로 가득 찬 '환멸의 계곡Trough of Disillusionment'을 건너며 모진 성장통을 겪었다. 물론 아직도 NFT에 대한 부정적인 시각이 사회 곳곳에 존재하지만 그 또한 필요악이 아니겠는가. 그리고 이제 NFT는 진정한 가치와 활용점이 구체화되는 '깨우침의 단계Shape of Enlightenment'의 초입에서 각종 실

그림 1-12 | 가트너의 신흥 기술에 대한 하이프 사이클*

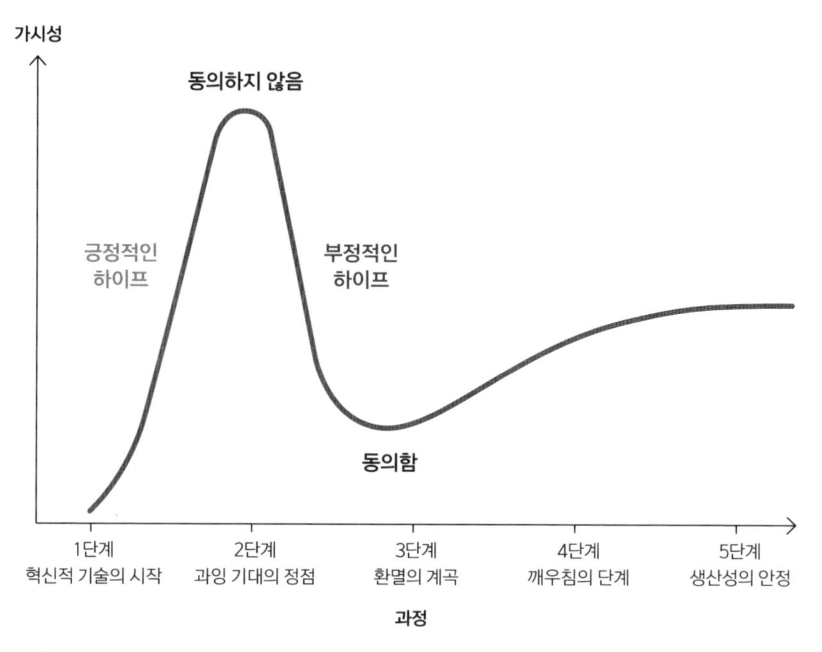

출처: https://www.gartner.com/en/documents/3887767

험적인 시도를 하고 있다. 전 세계의 이목이 쏠린 가운데 마지막 '생산성의 안정Plateau of Productivity'을 꿈꾸며 항해를 시작한 NFT. 그 미래가, 아니 우리 모두의 미래가 기대된다.

* 신기술의 등장과 함께 시장의 기대가 어떻게 변하는지를 도식화한 그래프다. 신기술의 성숙도와 수용도, 사업화 정도를 나타낸다. 과학적으로 증명된 것은 아니지만 경험상 합리적인 예측이라 신기술을 위주로 하는 시장에서 시장 분석과 기업 전략 수립에 자주 참고되는 자료다.

NFT의 특징 정리

쉽게 추적된다.	거래 내역이 블록체인에 공개적으로 기록되어 쉽게 추적할 수 있다.
소유권 증명이 용이하다.	누군가가 당신의 디지털 작품을 자신의 것이라고 주장한다면? 디지털 소유권 증명을 통해 주장의 진위를 쉽게 가려낼 수 있다.
희소성을 입증할 수 있다.	창작자가 원본에 대한 에디션을 정말 단 하나만 만들었을까? 창작자가 몇 개의 에디션을 발행했는지 누구나 쉽게 알 수 있다.
표준화되어 있다.	당신의 작품을 토큰화하면 포맷상의 차이로 발생할 수 있는 문제들을 방지할 수 있다. 더 이상 '.hwp' 파일을 열거나 오래된 '.MP3' 또는 '.doc' 파일을 열기 위해 고생할 필요가 없다.
쉽게 거래할 수 있다.	당신의 멋진 작품을 전 세계 대중을 상대로 하는 마켓플레이스를 통해 손쉽게 팔 수 있다. 공급량(에디션 수), 판매 방법은 물론 결제 방법까지 당신이 결정할 수 있다.
프로그래밍이 가능하다.	당신의 작품이 해가 뜨고 짐에 따라 자동으로 모습이 변하게 하고 싶은가? 프로그래밍 가능한 파일을 통해 충분히 실현할 수 있다. 에이싱크아트(Async.art)를 찾아보기 바란다.

상호운용적이다.	NFT는 기본적으로 상호운용 가능하게 설계됐기 때문에 여러 개의 생태계를 넘나들며 사용할 수 있다. 구매자는 당신의 작품을 워크래프트 같은 게임이나 〈스타워즈〉 같은 영화만이 아니라 전광판이나 옥외광고판에도 사용할 수 있다.
쉽게 분할할 수 있다.	예술 작품이 너무 비싸다면? 당신은 NFT 작품에 대한 소유권을 일정 수의 대체가능한 토큰(ERC-20)으로 나눠 일부만을 팔거나 살 수 있다. B20 프로젝트가 아주 좋은 예다. 니프텍스(NIFTEX)와 유니클리(Unicly) 플랫폼도 둘러보기 바란다.
(현금) 유동성이 있다.	토큰화된 파일은 그렇지 못한 파일과 비교해 비교적 수월하게 현금화할 수 있다. NFT를 분할하거나 빌려주는 방법 또는 비슷한 NFT들로 이뤄진 바스켓(basket)이나 인덱스(index)로 판매하는 방법들을 통해 당신의 작품이나 땅, 사업체의 전체나 일부를 훨씬 빠르고 쉽게 현금화할 수 있다.
사용자에 대한 보상이 용이하다.	NFT에 기반한 게임을 플레이한 것에 대해 보상을 받고 싶거나, NFT 플랫폼의 운영 방식에 대해 의견을 피력하고 싶다면? 플랫폼들은 종종 적극적인 초기 사용자들에게 해당 플랫폼 내에서 거래 가능한 토큰을 수여함으로써 보상을 해준다.

COLUMN

대체불가코인이 대체불가해질 때까지

장준영*
(주)벤디스 사업개발실 이사

"코인 하세요?"

요즘 20~30대 사이에서 새로운 사람을 만날 때마다 등장하는 아이스 브레이킹ice breaking 질문이다. 블록체인 기술, 가상화폐의 이념과 철학은 몰라도 우리 부모님 세대 중 이미 구매하신 분도 많다. 오피스 상권에 있는 음식점에서는 점심시간에 주식 다음으로 코인 이야기를 들을 수 있을 정도니 이제는 코인을 모르는 사람을 찾는 것이 빠르지 않을까. 암호화폐를

* 미국 펜실베이니아 대학교 경제학과를 졸업하고 금융권에서 커리어를 시작했으며 환율, 이자율 파생 판매를 담당했다. 그 후 주식회사 벤디스의 초장기 멤버로 참여해 현재는 500여 개 고객사, 12만 명 직장인에게 식대 관리 솔루션 〈식권대장〉 서비스를 제공하고 있다. 전략 및 사업개발을 담당하며 〈간식대장〉을 개발·론칭해 6개월 내 카카오 선물하기 전체 1위를 차지했고, 새우깡을 제치고 식품산업통계정보 통계 2020년 스낵 분야 네이버 검색량 5위를 차지했다. 현재는 〈식권대장〉과 〈간식대장〉을 넘어 새롭게 혁신할 방향을 모색하며 벤디스에서 사업 전략을 고민하고 있다.

정부가 강하게 규제하기도 했고 실제 상품 구매까지 원활하게 이어지지 않았지만, 그래도 가상화폐 세상은 우리의 일부가 됐다.

그리고 이제 그 열풍이 다음 영역으로 옮겨갔다. 가상화폐가 같은 가치를 지닌 다른 가상화폐와 교환할 수 있는 대체가능한 토큰이라면, 이제는 하나의 대상이 고윳값을 가지는 대체불가토큰NFT의 시대가 시작됐다. NFT는 특정 디지털 자산의 원본을 확인할 수 있는 고윳값이기에 해당 NFT는 개별로 고유 가치를 지닌다. 이 정의는 NFT를 통해 새로운 소유 개념을 세상에 소개한다. 누구나 쉽게 '복사+붙여넣기'가 가능하다고 생각했던 디지털 이미지와 영상이 이제는 특정 개인이 소유하고 타인에게 판매할 수도 있는 고유의 디지털 자산이 된 것이다.

아티스트들이 가장 먼저 반응했다. 디지털 저작권 관련 시장이 NFT를 적용하기에 가장 쉬운 분야이기 때문이다. 지금 인터넷에서 NFT만 검색해도 디지털 이미지와 영상이 NFT로 제작되어 몇십억 원에서 몇백억 원에 판매됐다는 뉴스를 볼 수 있다. 이런 자극적인 뉴스가 미디어를 통해 퍼지자, 대중은 본능에 따라 NFT를 큰돈을 벌 수 있는 투자 자산으로 바라보기 시작했다. 이는 NFT 시장의 크기가 2년 새에 8배나 커지고 시장 참여자가 급속도로 많아지는 계기가 됐다.

추가로, 메타버스와 NFT의 합작은 NFT 시장을 긍정적인 방향으로 견인한다(메타버스는 3차원 가상 세계를 의미한다). 20~30대는 이미 메타버스와 친숙하다. 30대인 필자는 싸이월드에서 미니미를 만들었고, 페이스북에서 프로필을 작성하고 관리했다. '메타버스'라는 단어를 쓰지 않았을 뿐이지, 이런 '사이버 스페이스'라는 가상 세계에서 자신을 표현하는 방법은 이미 오래전부터 우리 주위에 존재했다.

메타버스 안에서 NFT는 게임 아이템처럼 작동한다. NFT는 앞서 말한 대로 디지털 자산의 고윳값이기에 메타버스 내 특정 땅, 아이템, 자산을 유저의 캐릭터가 단독으로 소유할 수 있게 해준다. NFT 개념을 이용하면 여러 메타버스 간에 내 아이템과 자산을 옮길 수 있고, 타 유저에게 원본의 소유권을 넘기는 방식으로 사고팔 수도 있다. 결국 메타버스는 매개체가 되어 NFT 자산을 소유만 하지 않고 메타버스 내에서 활용할 수 있게 한다. 이미 친숙하고 전도유망한 메타버스가 NFT의 든든한 지원군이 되니 NFT의 미래가 기대될 수밖에 없다.

하지만 아직 NFT는 갈 길이 멀다. 우선 NFT는 독단적으로 활용되기에는 유저 친화적이지 않다. 유저가 쉽게 NFT 개념을 활용할 수 있도록 메타버스가 도와주긴 하지만, 아직은 둘 간 협업이 활발하지 않아 NFT 소유를 위해서 유저는 NFT 전용 제작 및 거래 플랫폼인 오픈시OpenSea와 라리블Rarible 등을 이용해야 한다. 따라서 친숙한 메타버스 없이 유저는 익숙하지 않은 NFT 개념을 따로 공부해야 하고, NFT 전용 플랫폼 사용 방법을 익혀야 한다. 메타버스를 벗어나면 NFT 개념은 여전히 대중에게 낯설고 복잡하기에 새로운 유저 유입, 곧 시장 확장의 허들로 작용한다.

추가로 대중은 NFT에 대해 디지털 소유권을 보호하는 긍정적인 면도 이해하지만, 많은 이들이 아직은 비트코인과 같이 큰돈을 벌 수 있는 새로운 투기판으로만 바라본다. 더 일찍 시작한 비트코인이 아직 디지털화폐로 완전히 자리 잡지 못하고 등락이 심한 투기 형태를 띠다 보니 비트코인 동생 격인 NFT가 그 틀을 먼저 깨고 나오긴 어려워 보인다. 이는 암호화폐와 블록체인 기술의 안정성과 신뢰성 부족 탓에 NFT가 하나의 자산으로서 대중의 인정을 받기가 어렵다는 점을 의미한다. 이 또한 NFT 시장이 확장하는 데 난관이 된다.

하지만 모든 새로운 시장이 그래왔듯, NFT 시장 또한 이런 의심스러운 시선과 한계점을 견디고 이겨내야 한다. 새로운 혁신에 '러다이트 운동'이나 '쇄국정책' 같은 움직임이 없을 순 없겠지만, '존버'가 필수다. NFT 시장에 도전하는 스타트업이 더욱더 많아져 디지털 자산 소유권이 실물 소유권처럼 인정받는, 온·오프라인의 결합이 이뤄지는 시대가 도래하길 기대한다.

NFT
Revolution

PART 2

NFT 신경제를 만드는 다양한 산업

미술

CHAPTER 1

대부분 사람은 NFT라는 단어를 들었을 때 NFT 미술 작품을 떠올린다. 실제로 2020년 말부터 뉴스 헤드라인을 장식했던 매머드급 NFT 거래들이 상당 부분 미술 작품이었고, NFT를 통해 부채를 청산하고 아들 치료비를 해결하고 인생역전을 했다는 등의 해외 기사들 또한 미술 작품과 관련이 있었다.* 뭐니 뭐니 해도 세상을 발칵 뒤집어놓았던 2021년 3월의 사

* https://www.bbc.com/korean/international-56397918

그림 2-1 | 크립토 아트 월간 거래액 추이(2018.7~2021.7)

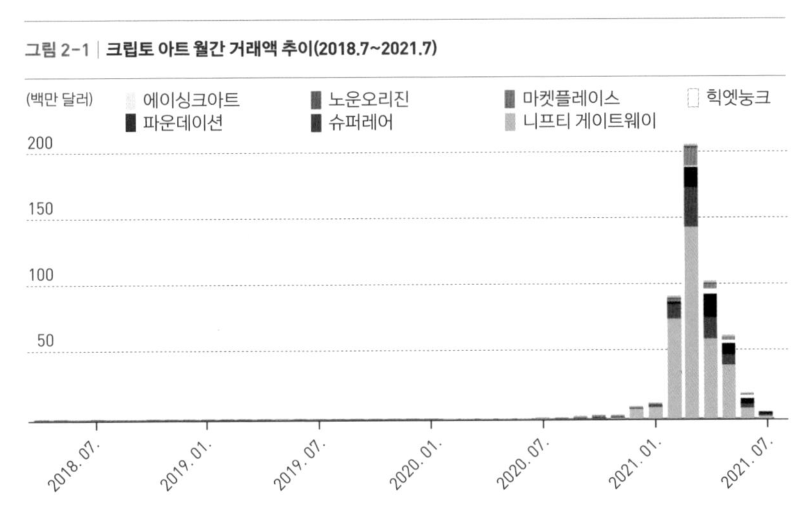

출처: Cryptoart.io

건을 빼놓을 수 없다. 비플의 NFT 〈Everydays: The First 5000 Days〉가 크리스티 경매에서 6,930만 달러라는 역사상 세 번째로 높은 가격에 낙찰되면서 NFT는 세계적인 '인기 검색어'로 떠오르게 됐다.

작품의 제목처럼 비플은 2007년부터 5,000여 일 동안 하루도 쉬지 않고 하루에 하나씩 디지털 미술 작품을 탄생시켰는데, 이번에 낙찰된 작품은 그동안 탄생한 창작물 5,000개를 조합한 단일 NFT였다. 이 작품의 예술성에 대해선 다양한 의견이 있을 테고, 또 일부에선 경매 낙찰자가 NFT 펀드운용사 메타퍼스Metapurse의 창립자 메타코반임을 놓고 NFT 가격을 띄우기 위한 작전이라는 음모론적 시각도 있다. 하지만 확실한 것은 많은 사람이 비플의 'Everydays' 작품을 통해 NFT 아트 관심 열차에 탑승하게 됐다는 것이다.

새로운 예술 장르로 부상한 크립토 아트

NFT 아트는 '크립토 아트crypto art'라고도 불린다. 크립토 아트는 아직 완전하게 정립되지 않은 개념이지만 기본적으로 블록체인 태생의 희귀한 디지털 아트라고 볼 수 있다.* 성별 · 인종 · 교육수준 · 스킬 등 배경이나 경력과 상관없이 누구나 참여할 수 있는 크립토 아트는 특유의 심미성을 갖췄으며, 주로 인터넷 문화를 정의하는 인물들과 사건들을 표현한다는 특징이 있다. 레어페페 밈 트레이딩 카드, 크립토펑크 컬렉터블, 트위터 창시자 잭 도시의 첫 트윗 NFT, 비플의 사회 풍자적 3D 그래픽 NFT 등 다양한 형식의 작품들이 모두 크립토 아트에 포함된다.

NFT 아트와 크립토 아트는 밀접한 관계가 있다. NFT 아트가 NFT라는 매개체를 통해 미술 작품이 거래되는 하나의 시장을 지칭한다면, 크립토 아트는 하나의 새로운 예술 장르 혹은 예술 운동을 지칭하는 느낌이 강하다. 대부분의 크립토 아트가 처음부터 디지털상에서 제작·편집되지만, 최근엔 실물 작품을 디지털화해 토큰으로 민팅하는 경우도 늘어났다. 이에 크립토 아트의 정의에 대한 재정립이 필요한 시점이다. 또한 NFT로 제작·발행된 모든 작품을 크립토 아트라고 할 수 있는지에 대한 논의도 흥미롭다.**

---

* https://www.artnome.com/news/2018/1/14/what-is-cryptoart

** 실제로 많은 경우 NFT 아드와 크립토 아트가 혼용되어 쓰이고 있지만, 본 책에서는 독자들의 혼선을 막기 위해 조금 더 상위 개념이라 볼 수 있는 'NFT 아트'로 용어를 통일한다. 단, 파트 4의 셀럽과의 인터뷰에서는 대화 도중 '크립토 아트'가 언급된 경우 대화의 결을 헤치지 않기 위해 그대로 두었음을 알린다.

NFT와 아트의 만남

먼저 태생이 '디지털'인 NFT 아트부터 살펴보자. 디지털 아트는 포토샵Photoshop, 블렌더Blender, 시네마4DCinema4D, 언리얼엔진Unreal Engine 등의 전문적인 모델링, 애니메이션, 시뮬레이션, 렌더링 소프트웨어를 통해서 탄생한다. 작품이 완성되면 소프트웨어를 통해 파일로 출력되고, 이 파일은 블록체인에 NFT로 저장된다. 고유 식별자와 작품의 속성에 대한 정보를 담은 메타데이터의 모습으로 말이다.

NFT와 아트의 만남으로 이뤄진 변화 중 가장 긍정적인 평가를 받는 부분이 바로 이런 디지털 작품들을 위한 판로가 생겼다는 것이다. NFT를 통해 디지털 원본에 대한 인증과 소유에 대한 증명이 가능해지다 보니 미술 작품 거래의 범위가 디지털 아트로 빠르게 확산되고 있다. 예를 들어 올해 7월 말에 론칭한 카카오 그라운드X의 '클립 드롭스Klip Drops'는 디지털 아티스트의 작품을 전시하고 유통하는 플랫폼이다. 현재(8월 중순 기준) 24명의 선발된 국내 작가들의 작품이 하루에 하나씩 소개되고, 경매나 한정판 에디션 방식으로 작품을 판매하고 있다. 희소성을 극대화하는 '1day 1drop'이라는 방식과 일반 대중을 고려한 에디션 가격 책정으로 작가와 사용자 양측으로부터 좋은 반응을 얻고 있다. 특히 첫째 날 소개되었던 우리나라 대표 NFT 작가 미스터 미상은 한정판 에디션 판매가 시작된 지 27분 만에 'Crevasse #1'이라는 작품의 999개 에디션이 완판되어 그의 작가로서의 인기뿐만 아니라 대중들의 디지털 아트에 대한 관심과 소유에 대한 니즈를 확인시켜주었다. 이런 현상들은 소유권을 중시하는 기존 미술 시장에서 디지털 아트의 입지가 커지고 있음을 시사한다. 또한 NFT 아트가 더 이상 크립토 고래들만의 놀이터가 아니라 우리 일상 속에 스며든 라이프 스타일임을 말해준다.

파트 1에서도 언급했듯이 유형 자산 또한 토큰화될 수 있기 때문에 실물로 존재하는 미술 작품도 NFT 아트가 될 수 있다. 예를 들어 수채화 물감, 찰흙, 붓과 캔버스 등의 물리적 재료와 도구를 사용해 완성한 실물 작품을 사진으로 찍어 사진 파일을 블록체인에 업로드하면 NFT로 민팅된다. 아날로그 세상에 실물로 존재하는 작품이 블록체인상에 토큰화된 디지털 파일로 존재하게 되는 것이다. 이때 창작자는 NFT 디지털 파일에 대한 소유권만 판매할 수도, 아니면 실물 작품까지 페어링pairing해 판매할 수도 있다. 흥미롭게도 컬렉터들이 대부분 투자 목적으로 NFT 아트를 구매하기 때문에, 또 가끔은 공간의 제약이 있어 실물 작품을 보관하기 어렵다는 이유로 NFT를 통한 디지털 버전의 소유권만을 원한다고 한다. 그래서 전문가들이 굳이 페어링을 권하지는 않는다. 물론 절대적인 의견은 아니다. NFT 작가가 시도할 수 있는 또 하나의 방법은 처음부터 페어링은 하지 않되 NFT 구매자가 추후에 실물 작품을 원할 경우 NFT와 실물 작품을 맞바꿔줄 수 있다는 조항을 넣는 것이다. 마치 실물 자산에 대한 '상품권'처럼 다룬다는 것, 참 재미있는 발상 아닌가.

미술 작품이 관객을 만나는 새로운 방법

세상은 이제 NFT 아트의 새로움을 즐기는 수준을 넘어서서, NFT를 통해 미술 작품이 어떻게 새롭게 관객을 만나고 평가받는지에 주목하고 있다. 비플을 통해 NFT에 대한 관심이 폭주했던 2021년 초부터 불과 몇 달 되지 않는 시간 동안 NFT 아트 시장과 우리가 함께 성숙한 것이다. 물론 일각에선 NFT 아트에 대한 시니컬한 반응도 나오고 있다. 예술 평론가들은 대다수의 NFT 디지털 작품이 인스타그램에서 퍼 온 이미지를 토큰화한 것에 불과하다며, 과연 이것을 예술이라고 칭할 수 있느냐고 묻는다.

실물 작품의 NFT 전환에 대해서도 의견이 분분하다. 실물 작품이 주는 아우라가 제거된 상태에서 진본성, 희소성을 논하는 것이 무슨 의미가 있겠냐는 것이다. 물론 이 질문에 '퀵'한 답은 있다. 앞서 언급한 것처럼 NFT와 실물 작품이 페어링되어 거래될 경우엔 실물이 주는 고유의 아우라에 블록체인이 제공하는 원본 및 소유권 인증까지 보너스로 더해지니 이보다 좋을 수는 없다고. 또한 무수히 많은 군중을 타깃으로 하는 NFT 거래의 활성화를 통해 해당 실물 작품에 대한 담론을 증폭시키고, 시장에서 그 가치를 올릴 수 있다면 그 자체로만으로도 의미있는 것 아니겠냐고 말이다. 하지만 우리는 이 질문이 NFT와 예술의 만남에서 좀더 본질적인 이슈를 건드리고 있다는 것을 안다. 예술을 그 자체로서 감상하고 이해하려는 마음 없이, NFT를 앞세운 투기와 욕망만이 남으면 어쩌나 하는 걱정이라는 것 말이다.

필자는 NFT 아트의 역할을 긍정적으로 바라본다. 미술 작품은 감상하고 이해하는 소비재인 동시에 자본이득이 가능한 훌륭한 투자재이기도 하다. 결국 컬렉터들은 미술 작품을 소유함으로써 가지게 되는 심미적인 즐거움뿐만 아니라 사회적인 위상 그리고 수익률에 매료되어 지속적으로 투자하게 된다. 그리고 이러한 자본의 유입은 (모든 산업과 마찬가지로) 미술 시장의 성장 발전을 위해 꼭 필요한 요소이다. 따라서 원본 인증과 소유권 증명을 필두로 하는 NFT 기술의 도입은 앞서 언급한 크립토 아트라는 새로운 장르를 탄생시켰다는 역사적 의미가 있을 뿐 아니라, 작품 거래에 있어 전례 없는 투명성과 혁신의 기회를 가져와 자본이 뒷받침되는 건강한 미술 생태계를 구축하는 데 의미 있는 역할을 하게 될 것이라 믿는다.

음악

CHAPTER 2

NFT는 음악 업계에도 큰 반향을 일으키고 있다. 2020년 6월부터 2021년 3월까지 거의 3만 개의 음악 관련 NFT가 판매됐으며, 그 규모가 자그마치 4,250만 달러에 달한다. 소유권과 로열티가 생명인 음악 산업에 NFT가 기여할 방법은 무궁무진한데, 모든 활용점에는 NFT를 통한 임파워먼트empowerment가 있다. 무엇보다도 NFT는 아티스트들에겐 자신의 창작물에 대한 정당한 보상을 받을 권리, 그리고 팬들에겐 자신이 사랑하는 아티스트들과 특별한 관계를 형성할 기회를 제공한다.

아티스트들은 정당한 대가를 받고 있는가?

과거에 CD 앨범이나 디지털 음원 다운로드 방식을 통해 앨범과 곡을 판매하던 아티스트들은 음악 산업이 창출하는 수익의 꽤 큰 부분을 가져갈 수 있었다. 하지만 전 세계 음악 소비자들의 청취 방식이 스트리밍 서비스로 바뀌면서 아티스트에게 돌아오는 수익이 크게 줄어들었다.

2021년 4월 폴 매카트니Paul McCartney, 케이트 부시Kate Bush, 샤이 에프엑스Shy FX, 카노Kano 등 150명이 넘는 영국의 대표적 음악 아티스트들이 보리스 존슨Boris Johnson 영국 총리에게 성명서를 전달했다. 성명서의 내용은 스트리밍 서비스 위주로 빠르게 변화하는 음악 시장에서 음악 아티스트들이 설 자리가 줄어들고 있으며, 이들이 받게 되는 액수가 터무니없이 적기에 정부 차원에서 법적으로 아티스트들을 보호해주어야 한다는 것이었다. 스트리밍 서비스가 창출한 매출에서 아티스트에게 돌아가는 비중은 15% 정도에 불과한데, 이는 라디오를 통해 새로운 음악을 대중에게 선보일 때 라디오 매출의 50%가 아티스트에게 돌아가는 것을 생각해보면 비합리적으로 낮은 수준이라는 것이다.

수년 전인 2014년, 미국 펑크 밴드인 볼프펙Vulfpeck은 이런 구조적 불합리성에 대항한다는 의미로(또 밴드가 당시 준비하고 있던 투어에 필요한 돈을 모으기 위해) 팬들에게 한 가지 부탁을 했다. 아무런 음악이 나오지 않고 오로지 침묵만이 흐르는 10개의 곡이 수록된 자신들의 앨범 〈슬리피파이Sleepify〉를 밤에 잘 때 무한 반복해서 재생해달라고 한 것이다. 가장 인기 있는 스트리밍 서비스 스포티파이Spotify에서 말이다. 당시 스포티파이에선 소비자가 한 곡을 30초 이상 들은 경우에만 그 곡이 스트리밍된 것으로 간주했기 때문에 앨범의 각 곡은 31초로 이뤄졌다. 한 곡당 볼프펙이 스포티파이로부터 0.007달러의 로열티를 받는다고 계산하면, 한 명의 팬이 밤에 7시간 동안 슬리피파이를 스트리밍할 경우 볼프펙에겐 5.88달러 정도가 돌아간다.

볼프펙의 이런 요청을 사람들의 관심을 끌기 위한 노이즈 마케팅 또는 웃지 못할 해프닝 정도로 볼 수도 있을 것이다. 하지만 메이저 스트리밍 회사와 대형 레코드 레이블label(음반 매니지먼트 회사) 같은 몇몇 큰손에 의해 점점 더 정형화되고 통합되어가는 음악 산업 내에서 아티스트와 팬들의 입지가 줄어들고 있음을 단적으로 보여주는 스토리이기도 하다.

3LAU의 창의적 시도

NFT는 이런 시장 구조에서 아티스트와 팬들에게 힘과 권한을 돌려줄 수 있다고 말한다. 말 그대로 블록체인의 탈중앙화 원리를 음악 시장에도 적용할 수 있다는 것이다. 음악 산업이 창출하는 한정된 경제적 파이에서 상당한 부분을 가져가고 있는 스트리밍 회사와 레코드 레이블을 거치지 않고, 음악의 궁극적인 창작자와 소비자인 아티스트와 팬들에게 힘을 실어주면서 음악 시장의 두 당사자 간 관계를 더 특별하고 끈끈하게 해줄 수 있다고 말이다.

음악 NFT 분야를 선도하고 있는 아티스트는 단연 세계적인 뮤지션이자 DJ인 3LAU다. 그는 로열티 문제가 복잡하게 얽혀 있는 음악 시장에서 블록체인이 해결할 수 있는 문제점들이 많다고 보고, 자신의 곡과 앨범을 토큰화해 판매했다. 특히 그는 음악을 NFT로 판매할 경우 본인이 판매 방식 및 보상 체제를 자유롭게 설정할 수 있다는 점을 활용해 입찰자들의 입찰 가격 순위에 따라 여러 가지 리워드 상품을 준비했다. 기존 중앙집권적 음악 산업에서는 생각하기 힘들었던 창의적인 방식이다. 특히 베스트셀러 앨범 〈울트라바이올렛Ultraviolet〉을 토큰화해 경매로 팔았을 때는 하룻밤 사이에 1,168만 달러 이상의 수익을 올리는 경이로운 결과를 기록하기도 했다.

3LAU와 NFT의 만남은 레코드 레이블이나 스트리밍 플랫폼 같은 전문 중개인들이 배제된 친아티스트 환경에서의 음악 활동이 아티스트들에게 얼마나 더 많은 의사결정권과 경제적 보상을 줄 수 있는지를 단적으로 보여준다. 즉, NFT는 아티스트가 음악 산업의 중심에 다시 설 수 있도록 도와줄 수 있음을 시사한다(3LAU에 대한 이야기는 파트 3에서 계속된다).

아티스트와 팬의 경계를 허물다

아티스트 임파워먼트와 함께 NFT가 음악 업계에서 할 수 있는 또 다른 역할은 아티스트와 팬들의 관계를 더욱더 친밀하게 할 기회를 제공하는 것이다. NFT 음악계의 유명 인사로는 3LAU 외에도 RAC라는 프로듀서이자 작곡가가 있다. 미국 그래미상 수상자로도 유명한 RAC는 오래전부터 블록체인에 관심을 가지고 음악과 NFT의 접점을 찾아왔다.

2020년 10월, RAC는 ERC-20 표준을 따르는 $RAC*라는 자신만의 커뮤니티 토큰을 발행해 팬들과 좀더 친밀한 경험을 공유하고자 했다(커뮤니티 토큰에 대해서는 파트 5에서 자세히 다룬다). 그는 패트리온Patreon과 트위치Twitch상에 존재하는 가장 가까운 팬들을 비롯해 충성스러운 팬들에게 $RAC를 배포했다. $RAC 소유자에게는 그의 프라이빗 디스코드Discord 채널에 대한 접근권, RAC와 관련된 상품 및 제품들에 대한 할인권 등이 주어졌다. 다시 말해 $RAC 토큰은 RAC가 현재 혹은 미래의 팬들과 보다 직접적인 관계로 이뤄진 커뮤니티를 형성할 기회를 제공한다. RAC는 $RAC를 통해 아티스트와 팬 사이의 경계를 허물고, 함께 더 나은 시스템을 구축해 모두가 혜택을 볼 수 있는 세상을 만들 것이라고 말한다.

물론 NFT와 음악의 만남에 긍정적인 시각만 있는 것은 아니다. NFT에 대한 정확한 이해 없이 시장에 뛰어들 경우 의도치 않은 사회적·법적 문제가 일어날 수 있다. 예컨대 토큰화된 음악과 관련 경험들이 투기성 자산으로 인식될 경우 아티스트가 의도했던 창작과 소통의 장이 아닌 욕망의 늪으로 전락할 수도 있는 것이다. 또한 유튜브나 스포티파이처럼 음악 관련 콘텐츠를 쉽고 저렴한 가격에 스트리밍할 수 있는 환경이 조성된 지금과 같은 상황에서 다소 복잡성이 수반되는 NFT를 통한 음악 콘텐츠의 유통이 얼마나 현실성 있는지에 대한 문제도 진지하게 생각해봐야 할 부분이다.

어찌 보면 NFT는 별것 없다. 새로운 기술-문화의 시대, 즉 기술 주도의

---

* https://blog.ourzora.com/home/introducing-rac

르네상스 시대를 가능케 하는 디지털 도구 중 하나일 뿐이다. 이를 어떻게 활용하느냐는 우리에게 달려 있다. 아티스트들이 보다 자기 주도적인 작품 활동을 하고 정당한 금전적 보상을 받으며 원하는 방식에 따라 팬들과 관계를 형성할 수 있는 시대, 그리고 팬들이 아티스트에게 직접 투자하고 성공을 공유하는 시대. 결국 이런 21세기형 르네상스 또한 블록체인 같은 신기술에 대한 맹신이 아닌 우리 자신의 문화예술에 대한 이해와 판단력, 비전에 달려 있다. 그런 의미에서 NFT는 단순한 기술혁명이 아닌 일종의 시대정신이자 사람이 중심이 되는 시대적 정신 운동이 아닐까.

컬렉터블

CHAPTER 3

자신이 수집하고자 하는 물건이 세상에 유일하게 혹은 한정된 수로 존재할 때, 우린 그 희소성에 열광하며 더 큰 열정을 가지고 투자하게 된다. 예술, 게임, 스포츠 기념품 등과 같은 수집품(컬렉터블)에 대한 투자를 '열정 투자'라고 부르는 이유도 여기에 있다. 하지만 4,500억 달러 규모의 전 세계 컬렉터블 시장의 인기 이면엔 인증 문제, 사기, 금융 통제 이슈와 같은 다양한 고질병이 존재하는 것도 사실이다. 이에 상대방(예컨대 서비스 공급자)에 대한 신뢰가 없어도 스마트 계약을 통해 성공적인 거래가 이루어지는 '무신뢰trustless' 기반의 블록체인 기술이 이런 문제점들을 해결해줄 수 있으리라는 기대감이 커지고 있다. NFT의 기반이 되는 블록체인 기술과 희소성을 소유하고자 하는 인간 본성의 만남, 즉 NFT 컬렉터블 시장이 매우 빠른 속도로 성장하고 있는 이유 중 하나다.

시장을 주도하는 컬렉터블 NFT

NFT는 2021년 5월 초에 1억 200만 달러의 일간 거래액을 기록하며 전 세계적으로 화제가 되었는데, 이 중 1억 달러 상당의 거래가 NFT 컬렉터블 마켓에서 이뤄졌다. 2021년 1분기엔 비플과 같은 블록버스터급 거래들 덕분에 NFT 아트가 NFT 시장의 총거래액에서 가장 큰 비중을 차지하며 언론의 관심을 독차지했다면, 2021년 6월 기준으론 NFT 컬렉터블이 전체 NFT 거래액의 75%를 차지하며 시장 판도를 변화시켰다. 또한 NFT 주간 거래액이 3억4천만 달러에 육박했던 8월 초엔 그중 무려 2억 달러 상당의 거래가 크립토펑크를 통해 이루어져 NFT 컬렉터블의 치솟는 인기를 실감케 했다. 2021년 중반을 지나고 있는 현재 NFT 시장을 이끌고 있는 것은 (NFT 게임과 함께) NFT 컬렉터블이라고 해도 과언이 아닐 것이다(여기서 하나 일러둘 것은, 개념상 NFT 아트와 NFT 컬렉터블이 상호배타적일 필요는 없다는 것이다. 예를 들어 크립토펑크는 사회 통념상 NFT 컬렉터블로 분류되지만, 그 예술성을 중시하며 NFT 아트로 보는 시각도 존재하기 때문이다).

〈그림 2-2〉에서 보이듯 NFT 컬렉터블이 특히 높은 거래량을 기록하는 이유는 무엇일까? 일단 한번 판매가 일어나면 그다음 판매가 일어날 때까

그림 2-2 | 2021년 상반기 NFT 시장을 견인한 컬렉터블 NFT의 거래 횟수

출처: nonfungible.com

지 일반적으로 긴 시간이 소요되는 NFT 아트에 비해, NFT 컬렉터블은 대체로 해당 수집품에 대한 논의가 활발하게 이뤄지는 커뮤니티가 형성되어 있어 유동성이 좋은 편이다. 크립토펑크 컬렉션에서 마음에 드는 펑크를 하나 소유하게 되었다면 더 많은 펑크를 가지고 싶어지듯, 한 컬렉터가 같은 컬렉션의 컬렉터블을 1개 이상 소유하고자 하는 경우가 적지 않기 때문이다.

NFT 컬렉터가가 그렇게 하는 데에는 여러 가지 이유가 있다. 일테면 컬렉션 내 특수한 속성을 가진 컬렉터블을 종류별로 모으고자 하거나, 해당 컬렉션의 미래가치가 올라갈 것으로 판단하여 비슷한 컬렉터블을 다수 구매할 수도 있다. 이런 수집 유인은 현물 야구 카드나 농구 카드를 수집하는 사람들의 유인과 크게 다르지 않다.

스포츠 분야의 인기 컬렉터블

현재 가장 인기 있는 NFT 컬렉터블은 스포츠나 크립토 같은 특정 문화를 주제로 한다. 예를 들면 크립토펑크는 예전부터 블록체인과 가상자산에 관심이 많던 크립토-네이티브 층에 특히 어필하는 컬렉터블이다. 크립토펑크나 크립토키티 같은 크립토 컬렉터블에 대해서는 이 책의 다른 챕터에서 자세히 다루기 때문에 여기서는 스포츠와 관련된 인기 있는 컬렉터블 종류에 대해 이야기해보고자 한다.

요즘 특히 인기를 끌고 있는 NFT 컬렉터블 프로젝트로는 '소레어Sorare'가 있다. 특정 시즌 축구 선수들의 공인된 컬렉터블 카드를 교환할 수 있는 플랫폼으로, 사용자들은 각 카드 고유의 수집할 만한 매력, 'SO5'라고 불리는 소레어의 판타지 축구 게임 내에서의 가치, 그리고 제3자 게임 내에서의 가치를 기준으로 카드를 수집한다. 여기서 각 카드 고유의 수집할 만한 매력이란 각 카드가 고유의 매력 수준을 갖고 있기 때문에(예: 해당 선수, 시리얼 넘버, 국적, 클럽 등) 다른 사람들에게도 수집할 만한 가치를 줄 것임을 의미한다. 두 번째로 카드의 SO5 게임 내에서의 가치는 각 소레어 카드가 가진 고유한 매력 외에도 수집가가 카드를 이용하여 SO5 게임에 참가할 수 있고, 그것을 통해 매주 리워드를 받을 수 있음을 의미한다. 마지막으로 카드의 제3자 게임 내 가치란 소레어 카드의 가치가 SO5에 한정된 것이 아니라 여러 다양한 플랫폼 및 게임을 넘나들 수 있음을 의미한다.

하지만 뭐니 뭐니 해도, 현재 가장 인기 있는 스포츠 NFT 컬렉터블 프

그림 2-3 | **NBA 톱샷 마켓플레이스에서 재거래되고 있는 트레이딩 카드들**

출처: NBA 톱샷 공식페이지

로젝트는 NBA 톱샷이다. NBA 톱샷은 크립토키티 제작사로 유명한 대퍼랩스가 2019년 7월 NBA와 협력해 론칭한 NFT 카드 트레이딩 플랫폼으로, 실물 농구 카드 트레이딩에서 영감을 얻어 NBA 선수들의 경이로운 플레이 모습이나 게임 하이라이트와 같은 다양한 NBA의 '순간들moments'을 15초 비디오 영상으로 담아 NFT 트레이딩 카드로 제작한다(카드 트레이딩은 매년 5~6조 원의 시장 가치를 갖고 있는 컬렉터블 시장의 한 부분이다). 실물 농구 카드가 움직이지 않는 이미지로 한정되어 있다면, 디지털 농구 카드는 풍성하고 역동적인 미디어를 담을 수 있다는 점에 착안한 것이다.

NBA 톱샷 카드들은 '플로Flow'라고 하는 대퍼랩스 자체 블록체인을 통해 발행되는데, 각 NFT에는 '순간들'에 대한 비디오 영상뿐만 아니라 해당 선수의 경기 통계나 플레이 분석, 하이라이트 설명, 코트 내 촬영 영상 등 각종 관련 정보를 담은 메타데이터가 포함되어 있다.

순간들은 몇 가지 단계로 분류된다. 커먼common, 레어rare, 레전드리 legendary, 플래티넘 아이스 얼티미트platinum ice ultimate, 그리고 제네시스 얼티미트genesis ultimate다. 단계가 높아질수록 희소성과 가치가 증가하며, 역사적인 게임 내 하이라이트나 최고의 선수·전설적인 선수 등 팬들이 선호하는 특징을 가진다. 또한 단계별로 발행되는 에디션 수의 한계치가 다른데, 이는 한정판 카드들을 보장하고 NFT 마켓플레이스상에서 상대적인 희소성을 갖게 하기 위해서다. 하지만 같은 한정판이라고 해도 모든 카드가 같은 가격에 거래되는 것은 아니다. 그 이유는 '숫자'에 있다. 예를 들어 코비 브라이언트 한정판 NFT 중 에디션 넘버 #24/50은 같은 한정판 내 다른 에디션들보다 훨씬 더 큰 가치를 가지는데, 이는 코비 브라이언트의 유니폼 숫자가 늘 24번이었기 때문이다.

2020년 5월, 제한된 베타 버전의 NBA 톱샷이 30명의 수집가들에게 선공개되었고, 10월에 오픈 베타로 전환되었다. 그 후 다섯 달도 채 지나지 않아 전 세계적으로 10만 명이 넘는 수집가들이 모여들어 총 230만번 가량의 거래가 이루어졌으니, 그 인기는 가히 하늘을 찌른다. 스포츠 팬들로 하여금 자신이 사랑하는 NBA 선수의 특별한 '순간'을 영원히 소유하게 해준다는 점이 큰 메리트로 작용한 듯하다. NFT로 저장된 찰나의 순간들을 통해 감성적·상업적 가치를 모두 잡을 수 있는 컬렉션을 꾸린다는 것은 참 매력적인 콘셉트이다. 유명 연예인과 인플루언서들, 주요 미디어, 심지어 NBA 프로 선수들도 모두가 NBA 톱샷의 열성팬이다. 현재까지 가장 비싸게 거래된 NBA 톱샷 '순간'은 르브론 제임스의 슬램덩크 장면으로, 무려 20만 8,000달러에 팔렸다.

당신은 오늘 세상의 어떤 일면을, 혹은 삶의 어떠한 순간들을 수집하고 싶은가?

게임 아이템

CHAPTER 4

현재 게임 시장에서 가장 핫한 토픽은 '게임 아이템'일 것이다. 게임 아이템은 전 세계 1,500억 달러 규모의 디지털 게임 시장에서 500억 달러를 차지할 정도로 매우 비중이 크다. 게임 아이템에는 게임에서 사용되는 스킨, 장비, 소모품 그리고 게이머의 캐릭터나 아바타를 꾸미기 위해 사용되는 애니메이션 등이 포함된다. 이 시장은 앞으로도 계속해서 빠르게 성장할 것으로 예상되며, 2025년에는 지금의 2배 수준인 3,000억 달러 규모에 이를 것으로 보인다.

최근 게임 산업의 동향 중 가장 흥미로운 사실은 회사 차원에서 봤을 때 수입원이 바뀌고 있다는 점이다. 과거에는 대부분의 매출이 게임을 하는 권한을 판매하는 데에서 발생했다. 예를 들어 소비자가 '스타크래프트StarCraft'라는 게임을 하고 싶다면, 게임 스토어에서 스타크래프트 CD-ROM을 구매해야 했다. 하지만 최근에는 게임을 하는 권한 자체는 무료로 제공하는 모델로 빠르게 바뀌고 있다. 이제는 게임을 시작하기 위해 예전처럼 몇만 원을 낼 필요가 없어진 것이다. '포트나이트Fortnite', '리그 오브 레전드League of Legends', '하스스톤Hearthstone' 같은 '프리투플레이free-to-play(부분 유료화 게임)' 온라인 게임은 사용자들이 무료로 다운로드할 수 있거나 간단한 가입 절차를 거친 후 인터넷 브라우저에서 무료로 게임을 시작할 수 있다. 이들 게임은 지난 몇 년간 게임 산업을 선도할 정도로 큰 성공을 거뒀다. 예를 들어 포크나이트는 게임 내 아이템 판매로 매년 수십억 달러의 매출을 올리고 있다고 한다.

프리투플레이 게임 모델은 어떻게 성공을 거둘 수 있었을까?

프리투플레이 게임 모델

초기의 프리투플레이 게임 모델은 게임 내 광고 수입에 대한 의존도가 높았다. 하지만 이런 수입 모델은 다소 제한된 성장성을 드러내기 시작했는데, 사용자들을 타깃으로 하는 지속적인 광고 노출이 훌륭한 게임 경험과 근본적으로 상충하기 때문이었다. 이런 상황에서 프리투플레이 게임 모델이 눈을 돌린 곳이 게임 아이템 분야였다. 개발자들이 게임 내에서 게임과 관련된 아이템을 직접 팔거나, 게임 제작사가 운영하는 마켓플레이스에서 사용자들이 게임 화폐로 아이템을 거래할 때 일정한 커미션을 받는 수익 창출 모델을 도입한 것이다.

사실 게임 아이템은 매우 효과적인 수입원이다. 사용자들은 게임에서 본인이 기르는(혹은 본인 자신인) 캐릭터의 모습을 바꾸거나 능력치를 조절해 자기만의 특별한 아이덴티티를 형성하고, 게임 커뮤니티 내에서 신분 상승을 도모하기도 하며, 더 어려운 미션을 효과적으로 수행하기도 한다. 이를 통해 사용자들은 게임 아이템을 더욱더 중요하게 생각하게 되고, 이는 곧 구매로 이어지는 선순환이 시작된다.

하지만 게임 개발자 입장에서 사용자들에게 아이템 구입에 대해 지속적인 인센티브를 제공하고 건강한 게임 아이템 경제를 만든다는 것은 쉬운 일이 아니다. 일반적인 경우 게임 내에서 판매하는 아이템은 그 소유권이 게임 회사에 있다. 즉, 게이머가 게임 아이템을 구매한다는 것은 회사가 소유한 게임 아이템에 대한 사용권을 구매하는 것이다. 따라서 (회사의 방침이나 국가별 법에 따라 다르긴 하지만) 일반적으로 게임 아이템을 다른 사용자에게 현금을 받고 파는 것은 금지되어 있다. 또한 대부분의 경우 구매한 게임 아이템을 팔아서 현금화할 수 있는 마켓플레이스가 없기 때문에, 사용자가 게임 아이템에 지속적으로 흥미를 느끼게 해 건강한 게임 아이템 경제를 형성한다는 것은 매우 어려운 일이다.

블록체인 기술은 게임 아이템 경제의 운영 방식을 바꿈으로써 이런 어려움을 해결해준다. 스마트 계약에 기반한 NFT의 등장으로 사용자들은 게임 아이템을 토큰 형태로 구매해 본인의 디지털 지갑에 담아 소유함으로써 자신이 구매한 아이템에 대한 지배권을 갖게 됐다. 이는 게임 아이템 구매에 대한 심리적·경제적 장벽을 낮추는 획기적인 변화다. 토큰화된 게임 아이템을 소유할 경우, 이를 마켓플레이스를 통해 손쉽게 판매할 수 있을뿐더러 해당 NFT가 호환될 경우 다양한 게임 혹은 메타버스 플랫폼에서 사용할 수 있어 효용성이 높아지기 때문이다.*

프리투플레이 게임에 점차 NFT가 도입되면서 거대 게임 제작사의 개발자들뿐만 아니라 영세한 게임 개발자들도 엔진Enjin 플랫폼 등을 통해 쉽고 저렴하게 게임 경제 형성에 뛰어들었다. 특히 토큰화된 게임 아이템이 사용자들 간에 재판매될 경우 자동으로 거래 금액의 일부분이 수수료로 들어오는 시스템은 개발자들에게 참으로 매력적인 인센티브였다. NFT가 활용되고 있는 프리투플레이 모델 게임으로는 '나인 크로니클Nine Chronicles', '로스트 렐릭스Lost Relics', '타운스타Town Star', '스플린터랜드Splinterlands' 그리고 '리그오브킹덤Leauge of Kingdoms' 등이 있다.

여기서 잠깐, 앞서 언급한 엔진에 대해 좀더 알아보자. 엔진은 최근 NFT 게임 아이템 분야에서 가장 중요한 역할을 담당하고 있는 플랫폼이라고 봐도 무방하다. 엔진 팀은 NFT를 이용해 누구나 쉽게 게임 아이템을 개발하고 매매하고 광고할 수 있는 도구, 마켓플레이스 또는 커뮤니티를 제공한다. 그래서 일반적으로 엔진은 회사라기보다 이런 복합적인 서비스를 제공하고 공유하는 거대한 생태계를 지칭한다.

---

* 이처럼 게임 아이템을 토큰 형태로 직접 소유하게 됨으로써 이를 자유롭게 거래하고 다양한 플랫폼에서 사용할 수 있게 하는 속성을 '오픈 에코시스템(Open Ecosystem)'이라고 한다. 이는 기존의 게임 개발사가 게임 아이템에 대한 독점권을 원하는 '클로즈드 가든(Closed Garden)'과 반대되는 개념이다.

엔진은 2009년 게이머들을 위한 플랫폼으로 싱가포르에서 설립됐으며, 처음에는 블록체인이나 NFT와는 전혀 관계가 없는 엔진 네트워크Enjin Network를 제공했다. 개인 사용자가 게임 관련 웹사이트, 포럼, 게이머 앱을 만들 수 있도록 돕는 서비스였다. 엔진은 2017년에 NFT 시장에 진출했다. 엔진의 공동 창업자이자 최고기술경영자인 비텍 라돔스키Witek Radomski는 NFT를 이더리움 블록체인에 탑재하는 것에 관한 기술적 구조를 만들었으며, 이는 오늘날 NFT를 발행할 때 가장 많이 사용되는 ERC-721 표준을 확립하는 데 크게 기여했다. 이후 비텍은 NFT를 훨씬 더 다목적으로 또 저렴한 가격에 발행하는 방법을 개발하는 데 앞장섰고, 결과적으로 ERC-1155와 같은 새로운 NFT 기준을 구축하는 데 핵심적인 역할을 했다.

플레이투언 게임 모델

앞으로 게임 산업은 어떤 방향으로 나아갈까? 그리고 그 안에서 NFT는 어떤 역할을 할까? 물론 쉽게 예단할 수는 없겠지만 필자는 NFT가 새롭게 탄생시킨 '플레이투언play-to-earn(게임을 하면서 돈을 벌 수 있는 게임)'이라는 새로운 개념의 모델이 게임판을 바꾸게 되리라고 확신한다.

플레이투언 모델은 예전 페이투플레이 모델에서 오늘날의 프리투플레이 모델로 발전한 게임의 형태가 한 번 더 진화한 것으로, 게임의 가치를 높이는 데 이바지한 모든 참여자가 이득을 보게 해야 한다는 민주주의적 철학에 기반한다. 어떤 게임이 인기를 얻고 사용자들에게 놀기 좋은 환경을 제공함으로써 가치를 높이기 위해선 게임을 직접적으로 사용하는 사람들의 절대적인 시간과 노력을 필요로 하는 만큼, 이런 사용자들의 시간과 노력을 적절히 보상해줌으로써 건강한 게임 경제를 형성해야 한다는 것이다.

물론 대부분의 사용자가 성취감이나 즐거움 같은 긍정적인 효용을 얻기 위해 자발적으로 게임을 할 것이다. 하지만 이들이 게임의 성공에 공헌하는 부분이 크니 게임을 통해 발생하는 수익을 게임 제작자와 사용자가 나누어 가져 모두가 윈-윈할 수 있다면 좋지 않을까? 특히 정치적으로나 경제적으로 공정하고 민주적인 분배가 중시되는 오늘날의 상황을 생각해봤을 때, 게임의 가치를 올리는 데 중요한 역할을 한 사용자들에게 더 많은 보상이 돌아가도록 해야 한다는 주장이 갈수록 더 큰 호응을 얻을 것이다.

그렇다면 오늘날 플레이투언 모델을 잘 구현하고 있는 게임이 있을까?

사실 NFT 기반의 게임을 프리투플레이와 플레이투언 게임으로 명확히 나누기는 쉽지 않다(솔직하게 말하자면, 딱히 나눌 필요도 없다). 프리투플레이에 기반한 많은 게임이 어느 정도 플레이투언 요소들을 가지고 있기 때문이다. 예를 들어 사용자가 게임 내에서 특정한 미션을 성공적으로 수행해 받은 NFT 게임 아이템을 마켓플레이스를 통해 다른 사용자에게 판매한다면, 이는 '언earn'의 목적을 충족한다. 그중에서도 플레이투언 게임 경제를 수립하는 데 선구적인 역할을 했다고 평가받는 게임은 2021년 여름 NFT 시장을 뜨겁게 달구고 있는 '엑시 인피니티Axie Infinity'일 것이다. 최근 NFT 시장의 동향을 논할 때마다 블록버스터급 NFT 미술 작품의 거래량은 줄었지만 엑시 인피니티와 같은 플랫폼들의 주간 사용자 숫자는 연일 최고 기록을 경신하고 있다는 내용이 언급되면서 우리에게 더 익숙해진 이름이다.

이 게임에 대해서는 파트 3에서 더 자세히 다루겠지만, 짧게 한 가지 예를 소개하고자 한다. 엑시 인피니티 사용자들은 엑시Axie라는 펫 몬스터를 키워서 이들을 전투에 참여시켜 승리를 거두게 할 경우 스무스 러브 포션Smooth Love Portion, SLP이라는 ERC-20 기반의 토큰을 얻는다. 참고로 SLP를 얻는 방법은 이 외에도 여러 가지가 있다. 사용자들은 SLP를 사용해 엑시를 교배하거나 바이낸스Binance 같은 거래소에서 거래할 수도 있다. 이렇게 사용자들이 게임에 투자한 시간과 노력에 대한 금전적 보상을 받게 하는 시스템은 중장기적으로 봤을 때 더 많은 사용자를 불러와 게임을 더욱 활성화하고 게임의 가치를 지속적으로 높이는 방향임을 알 수 있다.

전통적인 페이투플레이 모델에서 프리투플레이로 바뀌고 있는 오늘날, NFT는 국경을 넘어서 좀더 창의적이고 자율적인 방법으로 게임 경제의 형성을 돕고 있다. 많은 이들이 게임을 NFT 시장의 미래로 보는 이유가 이것이다.

디지털 부동산

CHAPTER 5

NFT는 디지털 부동산과 밀접한 관련이 있는데, 이는 우리가 생각하는 것보다 훨씬 더 큰 시장이다. NFT 디지털 부동산 앱으로 가장 유명한 디센트럴랜드Decentraland는 메타버스 플랫폼으로, 2017년 이더리움에서 시작됐다. 크립토펑크, 크립토키티와 함께 원조 NFT 앱으로 분류되는 플랫폼이다.

대표적인 NFT 디지털 부동산 앱, 디센트럴랜드

사용자에겐 아바타가 주어져서 디센트럴랜드의 가상 3D 세계를 마음껏 돌아다닐 수 있고, MANA라는 ERC-20 기반의 토큰을 이용해 LAND라고 하는 NFT 디지털 땅을 구매할 수 있다. LAND에 대한 소유권은 따라서 블록체인상에 기록 및 저장되고, 소유한 땅 위엔 원하는 건물을 올릴 수 있고 다른 사용자들과 거래할 수도 있다. 2021년 6월 기준, 디센트럴랜드를 통한 디지털 땅 매매 규모가 총 6,300만 달러를 넘어섰다고 하니, 그 인기의 규모가 어마어마하다.

MANA는 바이낸스, 크라켄Kraken, 게이트아이오Gate.io 등의 일반적인 암호화폐 거래소에서 매매할 수 있다. 2020년 초만 하더라도 MANA 토큰 1개의 가격이 2~4센트에 불과했으나, 2021년 4월에는 1.5달러까지 치솟았다가 가격 조정을 거쳐 2021년 8월 현재 70~85센트 정도에 거래되고 있다. MANA 화폐의 가치가 오를수록 디센트럴랜드에서 더 일찍 거래에 참여한 사람들, 즉 MANA를 일찌감치 보유한 사람들이 이득을 보게 되는 구조라고 할 수 있다.

지난 2년여 동안 MANA 토큰 가격이 수십 배 상승했다는 사실은 디센트럴랜드 커뮤니티에 이용자들이 끊임없이 몰리고 있으며, 앞으로 디센트럴랜드가 NFT 및 메타버스 커뮤니티에서 큰 역할을 맡게 되리라는 것을 시사한다. 실제로 MANA와 교환해주는 조건으로 디센트럴랜드 팀이 모금 운동을 했을 때, 1분도 채 되지 않아 2,600만 달러가 들어왔다고 한다.

디센트럴랜드 안엔 미술관, 카지노 등의 다양한 건물이 존재할 뿐만 아니라 패션쇼와 같은 이벤트, 보물찾기와 같은 각종 커뮤니티 이벤트가 열린다. 그렇다면 누가 이 가상의 세계를 관리할까? 바로 커뮤니티다. 다시 말해 디센트럴랜드는 하나의 중앙 조직이 아닌 디센트럴랜드에 적극적으로 참여해온 사용자 '누구나'가 소유한다. 사용자들은 탈중앙화된 자율 조직Decentralized Autonomous Organization, DAO 스마트 계약을 활용해 디센트럴랜드를 어떻게 통치하고 발전시킬지 함께 결정한다. 예를 들어 땅 거래 또는 특정한 콘텐츠 허용 여부에 관한 정책에 대해 제안서를 내고 투표를 하는데, 이때 스팸 및 무작위 투표 방지를 위해 MANA 소유자들만이 참여할 수 있다.

디지털 부동산이 NFT 세상에서 중요한 역할을 담당하는 이유는 무엇일까? 아티스트, 컬렉터, 크립토 전문가들이 디센트럴랜드와 같은 NFT 디지털 부동산 플랫폼을 통해 NFT에 관한 각종 정보를 공유하고, NFT를 거래하며, 메타버스가 나아가야 할 방향을 논하기 때문이다.

슈퍼레어, 메이커스플레이스, 노운오리진과 같은 굴지의 NFT 아트 마켓플레이스들이 디센트럴랜드에 갤러리를 열어 미술 작품을 판매·전시하고, 수많은 크립토 아티스트가 다양한 형태의 가상 갤러리를 통해 작품을 홍보한다. 또한 NFT 음악을 제작하는 아티스트들은 디센트럴랜드에서 뮤직페스티벌이나 작품발표회 등을 열어 자신들의 음악을 알린다. 사용자들은 또한 자신이 구매한 디지털 땅 위에 건설한 자신만의 집에 친구들을 초대해 다양한 주제에 대해 토론하고 이야기하며 즐거운 시간을 보낼 수도 있다.

그림 2-4 | **디센트럴랜드 안에 세워진 가상 갤러리들**

위: 디센트럴랜드 안에 세워진 유명 NFT 마켓플레이스 노운오리진과 메이커스플레이스의 가상 갤러리들
아래: 디센트럴랜드 안에서 'The Artist is Online'이라는 그룹전을 연 쾨니히 갤러리(König Galerie)
출처: 디센트럴랜드

만약 당신이 크립토키티나 미비츠Meebits 같은 NFT 컬렉터블들을 소유하고 있다면 굿 뉴스가 있다! 이런 컬렉터블들도 디센트럴랜드와 호환되어 당신의 멋지고 유니크한 캐릭터들을 메타버스상에서 좀더 많은 사람에게 선보일 수 있게 된 것이다. 이렇게 NFT 디지털 부동산은 가상의 세상에서 거래되는 다양한 NFT와 관심 있는 컬렉터·참여자들을 이어주고, 여러 종류의 NFT가 새로운 형태로 발전하도록 돕는 윤활유 같은 역할을 한다.

경계가 허물어져 가는 메타버스 세상과 현실 세상

디센트럴랜드와 함께 시작된 NFT 부동산이지만 그 이후 다양한 메타버스 플랫폼이 등장해 이젠 다 함께 하나의 거대한 메타버스 세상을 이루고 있다. 미국의 대표 NFT 디지털 부동산 플랫폼인 샌드박스Sandbox에서는 땅 거래 액수가 총 2,300만 달러를 넘어섰고, 크립토복셀CryptoVoxel과 솜니움 스페이스Somnium Space 또한 각각 1,100만 달러와 1,000만 달러를 넘어섰다. 사용자들은 모든 디지털 세계에서 땅을 살 수 있고, 현실에서처럼 소유한 땅을 개발하거나 미개발 지역으로 남겨놓을 수도 있다. 자신이 소유한 빌딩에 누구나 들어올 수 있도록 열어놓거나 접근을 제한할 수도 있고 말이다. 메타버스 안의 세상이 현실의 세계와 그리 다르지 않아 보이는 이유다.

메타버스 내 세상이 현실의 세계와 점점 가까워지고 있음은 디지털 부동산 투자에 투자 전문 회사도 참여하기 시작했다는 사실을 통해서도 알 수 있다. 실물 부동산 프로젝트와 IT 스타트업에 투자하는 회사인 리퍼블릭Republic은 리퍼블릭 렐름Republic Realm이라는 디지털 부동산 전문 펀드를 조성해 그 자금을 디센트럴랜드와 샌드박스 등의 메타버스 플랫폼 부동산에 투자하고 있다. 흥미로운 점은 일반적인 실물 부동산 개발 업체와 비슷한 형태로 메타버스 세상에서 디지털 부동산 개발 프로젝트를 진행하고 있다는 점이다. 넓은 (디지털) 땅을 매입해 쇼핑몰을 짓고, 그 쇼핑몰에 패션·요식 업체, 게임 개발사 및 아티스트들에게 상점이나 디지털 광고판 등을 분양해 실제로 임차료를 받는 프로젝트를 진행 중이다. 파트너 업체들은 자신의 상품 및 서비스를 쇼핑몰 내에 있는 상점이나 광고판을 통해 홍보할 수 있는데, 홍보 대상이 꼭 NFT 상품일 필요도 없고 온라인상에서만 판매되는 제품일 필요도 없다. 예컨대 도미노피자와 같이 말이다. 리퍼

그림 2-5 | **도미노피자의 키오스크와 리퍼블릭 렐름의 쇼핑 지구**

왼쪽: 도미노피자는 디센트럴랜드 안에서 가상 키오스크를 운영함으로써 손님들이 MANA를 이용하여 피자를 주문하고 오프라인으로 배달받을 수 있게 한다.
오른쪽: 리퍼블릭 렐름은 최근 디센트럴랜드에서 구입한 땅을 '메타주쿠(Metajuku)'라는 이름의 쇼핑 지구로 개발했다. 스트리트 패션으로 유명한 일본의 '하라주쿠'에서 따온 이름이며, 현재 '드레스X(DressX)'와 '트리뷰트 브랜드(Tribute Brand)' 같은 디지털 패션 아이템만을 파는 상점들이 들어서 있다.
출처: 디센트럴랜드

블릭 렐름은 2021년 6월에 90만 달러를 들여 디센트럴랜드에서 259파셀parcels(디지털랜드에서 땅을 거래할 때 사용하는 기본 단위)의 디지털 땅을 구매했는데, 이는 단일 디지털 부동산 거래로는 역대 최대 규모다.

메타버스와 현실 세계의 벽이 허물어지고 있음은 소더비가 2021년 6월 디센트럴랜드에 가상 갤러리를 오픈한 것을 통해서도 확인할 수 있다. 소더비는 디센트럴랜드 내 예술 활동의 메카로 알려진 볼테르 예술구역Voltaire Art District에 영국 런던 뉴본드 거리New Bond Street에 있는 소더비 갤러리의 모양을 그대로 본떠서 가상 갤러리를 설립했다. 7,523번째 크립토펑크가 1,180만 달러라는 기록적인 가격에 낙찰되면서 많은 이들의 관심을 끌었던 소더비의 2021년 6월 NFT 경매, 'Natively Digital: A Curated NFT Sale'을 홍보하기 위해 오픈한 갤러리다.

소더비는 이 가상의 갤러리가 일시적인 이벤트가 아니라 앞으로 다양한

그림 2-6 | 소더비의 가상 갤러리

소더비는 2021년 6월 열렸던 NFT 경매를 홍보하기 위해 디센트럴랜드 안에 가상 갤러리를 설립했다.
출처: 디센트럴랜드

아티스트 및 컬렉터들과 협력할 수 있는 통로가 될 것으로 기대한다. 소더비를 통해 경매될 디지털 아트 작품의 홍보는 물론 다양한 메타버스 참여자들과 함께 크립토 아트의 발전 방향을 모색하고 그들의 의견을 듣는 대화의 장으로 말이다.

한국의 상황은 어떨까?

그렇다면 한국은 어떨까? 디센트럴랜드와 같이 디지털 부동산을 NFT화해 서비스를 제공하는 플랫폼은 아직 없지만, 메타버스와 NFT가 밀접한 관계가 있음을 인지하고 이를 궁극적으로 융합하려는 시도가 다양하게 이뤄지고 있다.

네이버제트의 제페토 | 우리에게도 잘 알려진 '제페토ZEPETO'는 네이버 계열사인 네이버제트Naver Z가 개발한 전 세계를 대표하는 메타버스 플랫폼이다. 제페토가 제공하는 메타버스 세상에서 사용자들은 자신의 아바타를 이용해 각종 게임, 소셜 네트워크 및 증강현실AR 콘텐츠를 즐길 수 있다. 2021년 현재 2억 명 이상의 이용자를 보유하고 있다고 하니, 그 위용이 세계적이다. 특히 자신의 얼굴을 AR 및 3D 기술을 이용해 3D 아바타로 만들어 나이·성별·인종·지역을 초월해 전 세계 다양한 이용자와 소통하고, 제페토가 제공하는 여러 장소를 방문해 다양한 콘텐츠를 즐길 수 있다는 점이 이 플랫폼의 큰 매력으로 꼽힌다.

제페토는 2021년 5월엔 샌드박스와 파트너십을 맺고 NFT 분야로의 도약을 준비하고 있다. 이번 협업을 통해 두 플랫폼은 상호운영성interoperability을 높이고자 한다. 제페토 메타버스 내에 샌드박스를 테마로 한 지역이 생기고, 마찬가지로 샌드박스에 '제페토 세상Zepeto World'이라는 곳을 만들어 제페토 플랫폼의 면모를 샌드박스에서 느낄 수 있도록 한다는 방침이다. 또한 각 플랫폼 고유의 아이템 및 재화가 상대방의 플랫폼에 제공되어 사용자들에게 각자의 플랫폼을 소개하고 친숙하게 만들기로 했다.

재미있는 것은 이번 파트너십을 통해서 첫 제페토 NFT가 출시되고, 이를 샌드박스 화폐인 SAND로 구매해 샌드박스 내에서 사용할 수 있게 한다는 점이다. 아직 제페토 메타버스 안에서 NFT가 활용되도록 한 것은 아니지만, 네이버가 메타버스에 블록체인 기술을 접목하는 첫걸음을 떼었다는 데 큰 의미가 있다. 이런 목표는 이번 파트너십과 관련해 언론에 소개된 네이버제트 관계자의 다음과 같은 말에서도 확인할 수 있다.

"이번 협업은 제페토의 상호운용성을 높이기 위해 다양한 플랫폼과 협업하는 첫 단계이며, 샌드박스와 함께 메타버스와 블록체인의 융합 가능성을 지속적으로 탐구할 계획이다."*

카카오의 클레이튼 | 네이버와 함께 우리나라의 양대 인터넷 플랫폼으로 꼽히는 카카오는 어떨까?

흥미롭게도 카카오는 네이버와 반대로 우선 블록체인 및 NFT 시장에 진출해 관련된 전문성을 확보한 뒤, 이를 메타버스에 접목한다는 그림을 그리고 있는 듯하다. 카카오의 블록체인 계열사 그라운드X Ground X는 자체적으로 퍼블릭 블록체인 네트워크인 클레이튼을 개발해 클레이튼 토큰 KLAY을 발행했는데, 수수료가 낮고 처리 속도가 빨라 앞으로 다양한 분야에서 사용될 것으로 기대된다. 실제로 유수의 기업들이 클레이튼 거버넌스 카운슬 Governance Counsel에 참여해 차후 클레이튼 도입 방안을 타진하고 있는 것으로 알려졌다. 이 카운슬에 참여하고 있는 회사들은 클레이튼 플랫폼의 기술과 사업 등에 대한 방향 및 안건을 결정하고 조언하는 역할을 한다. 클레이튼 토큰은 2021년 7월 현재 3조 원 정도의 시가총액을 기록할 정도로 시장 참여자들의 긍정적인 평가를 받고 있다.

그라운드X의 또 다른 블록체인 관련 서비스인 '클립'은 2020년 6월 출시된 디지털 자산관리 지갑 서비스다. 카카오톡 모바일 앱과 연동되어 별도의 앱 설치 없이 이용할 수 있다는 장점이 있어 이용자 수가 빠른 속도

---

* https://www.sedaily.com/NewsVIew/22M8A5XEGC

로 증가하고 있으며, 2021년 7월 기준 100만 명 이상의 가입자를 기록한 것으로 알려졌다.

블록체인 인프라를 구축한 그라운드X는 이를 발판 삼아 NFT 시장에도 본격적으로 뛰어들었다. 그 시작을 알린 것이 2021년 5월 출시된 '크래프터스페이스'다. 이 서비스는 누구라도 이미지나 동영상 등의 디지털 콘텐츠를 업로드하면, 이를 클레이튼 기반의 NFT 표준인 KIP-17 토큰으로 즉시 발행할 수 있게 한 것이다. 이를 통해 세계 최대 NFT 마켓플레이스인 '오픈시'에서 해당 NFT를 거래할 수도 있게 했다.

여기에서 한 걸음 더 나아간 것이 앞서도 언급했던 2021년 7월 출시된 '클립 드롭스'다. 클립 드롭스는 다양한 디지털 작품을 토큰화하는 데 그치지 않고 이를 광고하고 유통하는 것까지 그라운드X에서 지원한다는 개념이다. 그라운드X가 내부 심사를 통해 아티스트와 크리에이터들을 선정하고, 이들의 작업물을 클레이튼에 기록해 한정판 디지털 작품으로 만들어 클립 드롭스라는 플랫폼에서 유통하고 판매할 수 있게 한 것이다. 클립 드롭스는 카카오톡을 통해 쉽게 접근할 수 있는 만큼 이용자들의 작품에 대한 이해도를 높이고 구매를 유도하는 데 용이하다는 것이 그라운드X 측의 설명이다. 크래프터스페이스가 클레이튼 기반으로 누구나 NFT를 만들 수 있는 서비스라면, 클립 드롭스는 그라운드X와 사전 협의해 초청받은 작가들만 작품 발행 기회를 제공받는다는 점에서 차이가 있다.

카카오는 아직까지 메타버스에 대한 명확한 로드맵을 제시하고 있지는 않다. 그렇지만 블록체인과 NFT 시장에서 기술력을 다지고 있는 만큼, 향후 메타버스 세상으로 진출해 이런 기술력을 접목하리라는 것이 전문가들의 공통된 의견이다. 메타버스 시장에선 이미 두각을 나타내고 있지만 블록체인 기반 시스템으로는 아직 전환하지 않은 네이버와는 반대되는 행보라고 할 수 있다. 하지만 단지 순서가 다를 뿐 블록체인에 기반한 메타버스, 또 그런 공간을 구축하는 데 필요한 구성 요소에 대한 토큰화(NFT 부동산 앱 혹은 이와 유사한 형태의 소유권 체제)는 국내 양대 인터넷 플랫폼인 카카오와 네이버가 지향하는 방향임에는 틀림이 없는 듯하다.

COLUMN

메타버스 속 NFT 문화융합 현상

민문호
(주)오썸피아 CEO / 성균관대 미디어 문화융합대학원 겸임교수
한국인공지능윤리협회 상임이사, 한국매거진미디어융합학회 이사

기발한 상상 속 세계를 현실로 만들어온 문화계 거장 스티븐 스필버그 감독의 영화 〈레디 플레이어 원〉! 암울한 2045년, 실제 현실과는 다른 메타버스 공간 오아시스OASIS에서 누구든 자신만의 아바타를 통해 과거·현재·미래를 넘나들며 예술 작품 속 인물들을 만나고 그들과 소통한다. 영화 속 오아시스가 현재 메타버스라는 이름으로 미국 주요 빅테크big tech 기업들(구글, 애플, 마이크로소프트, 아마존, 페이스북 등)의 주도하에 C(콘텐츠), P(플랫폼), N(네트워크), D(디바이스) 생태계로 만들어지고 있다.

메타버스는 현재 게임과 엔터테인먼트 산업을 중심으로 이른바 MZ세대가 시장의 중심축을 이루고 있으나, 앞으로는 제조·의료·건설·교육·

유통 등 전 산업으로 확산될 것으로 전망된다. 즉, 가까운 미래에는 MZ세대를 넘어 전 세대가 메타버스 안에서 사회, 경제, 문화 활동을 하게 될 것이란 얘기다. 세계적 컨설팅 회사 PwC에 따르면, 2030년엔 메타버스 시장이 1,700조 원 규모에 이를 것이라고 한다. 이미 우리 곁에 훌쩍 다가온 메타버스에서 우리의 역할, 또 우리가 지금 하고 있는 일들을 어떻게 메타버스 시대에 맞춰 발전시켜나갈 것인가에 대해 깊이 고민해야 할 때가 온 것이다.

메타버스 관련 산업이 지속적으로 성장하기 위해서 제일 필요한 요소는 무엇일까? 단연 온전한 경제활동일 것이다. 즉, 가상 세상에서 활동한 나의 노력에 대한 대가가 나만의 소유권으로 인정되어야 함은 기본이고, 가상 세상 속 나의 자산이 현실 세계에서도 통용되는 화폐로 전환될 수 있어야 한다는 전제 조건이 깔려 있다. 그래야만 메타버스 생태계가 확장될 수 있고 인터넷의 뒤를 이을 진정한 최강자가 될 것이다. 이런 환경을 충족시켜줄 기술이 블록체인 기반의 NFT이며, 현재 추세로 봤을 때 메타버스의 핵심이 될 것으로 보인다.

NFT의 발전으로 혜택을 볼 수 있는 산업군으로는 단연 문화예술을 꼽을 수 있다. 특히 최근엔 미술품 쪽에서 그 영향력을 보이는데, 일론 머스크의 연인 그라임스의 디지털 아트 작품이 60억 원 이상에 판매됐으며, 비플이라는 예명으로 활동하는 작가의 304MB 용량의 작품이 크리스티 뉴욕 경매 시장에서 770억 원에 낙찰되어 화제가 됐다. 물론 이런 일련의 사례들로 봤을 때, 현재 NFT 시장의 상황이 정상적이지만은 않다. 일부 재력가와 관련자들에 의해 거품이 생겼을 수도 있으며, 일반인들에게 위

화감을 조성할 수 있다는 측면에서 앞으로 NFT가 산업으로 정착하기 위해선 수많은 시행착오를 겪어야 할 것으로 예상된다.

하지만 2020년부터 이어진 코로나19의 영향으로 관광문화예술계의 수많은 종사자가 경제적 어려움을 겪고 있는 지금, 메타버스의 가능성과 잠재력은 마치 구원투수와 같이 느껴진다. 그 메타버스 안에서의 경제활동을 원활히 해줄 수 있는 매개체가 바로 NFT다. 영화 〈레디 플레이어 원〉에서처럼, 우리도 조만간 XR 디바이스를 착용하고 예술 작품 속으로 들어가 디지털 휴먼으로 변신한 작가에게서 작품 설명도 듣고 작품 속 주인공들과 충분한 교감을 나눈 후 디지털 아트 NFT를 구매하게 되지 않을까.

시간, 공간, 인간을 디자인하며 함께 진화하고 있는 메타버스와 NFT! 이제 이 둘은 떼려야 뗄 수 없는 공생 관계가 됐다. 이 둘의 합을 좀더 의미 있는 방향으로 영향력 있게 발전시키기 위해선 민간 기업뿐만 아니라 정부의 관심과 후원 또한 절실히 요구되는 시점이다. 2030년까지 전 세계 1,700조 원 시장으로 떠오를 메타버스. 이 떠오르는 시장의 주인공이 누가 될진 아직 모르겠지만, IT 강국 대한민국이 그 발전의 축이 됐으면 하는 바람이다.

PART 3

NFT 제작의 모든 것

NFT 마켓플레이스 비교

CHAPTER 1

NFT 시장에는 다양한 종류의 마켓플레이스가 존재한다. 본 챕터에서는 효과적인 설명을 위해 가장 기본적이고 클래식한 이더리움 기반의 마켓플레이스에서 NFT가 어떤 식으로 거래되는지 살펴보고자 한다. 실제로 오늘날 대부분의 NFT가 이더리움 기반의 ERC-721 토큰으로 거래되기 때문에 비교 분석을 하는 데 훌륭한 출발점이다.

이더리움 기반의 NFT 마켓플레이스를 분류하는 기준에는 여러 가지가 있겠지만, 크게는 사용자가 플랫폼을 통해 직접 NFT를 제작·판매할 수 있느냐 아니냐에 따라 사용자 제작user-generated 마켓플레이스와 비非사용자 제작 마켓플레이스로 나눌 수 있다. 각 마켓플레이스에서 거래되는 항목으로는 미술품, 컬렉터블, 게임, 분산형 금융 상품, 유틸리티 토큰utility token(어떤 서비스에 대해 이용 권한을 갖는 토큰), 메타버스, 스포츠 등이 있는데, 이런 항목 구분은 어느 정도 임의성을 띤다. 예를 들어 앞에서 잠시 언급했듯이 크립토펑크를 컬렉터블로 분류할 것인지, 예술품으로 분류할 것인지에 대한 의견이 분분한 것처럼 말이다. 이 책에선 편의를 위해 현재 사회적으로 통용되는 구분법을 따르기로 한다. 예컨대 크립토펑크를 예술품보다는 컬렉터블, 즉 수집품으로 보는 시각이다.

사용자 제작 NFT 마켓플레이스

사용자 제작 NFT 마켓플레이스에서는 주로 이미지, 오디오, 비디오 형태의 작품들이 거래된다. '오픈'된 정도에 따라 무허가형permissionless, 부분선별형semi-curated, 완전선별형fully-curated 등 세 종류로 나뉜다.

무허가형 NFT 마켓플레이스 | 먼저 무허가형 NFT 마켓플레이스는 누구나 손쉽게 미디어 파일을 업로드해 ERC-721 혹은 ERC-1155 형태의 토큰으로 발행할 수 있게 해준다. 대표적인 예로는 라리블, 오픈시, 조라Zora 등이 있으며 토큰화된 미술품, 가상 토지virtual land, 컬렉터블, 게임 및 노래 등을 거래할 수 있다. 마켓플레이스마다 거래되는 항목이나 사용자 인터페이스user interface가 조금씩 다르기 때문에 사용자들은 관람이나 거래를 원

하는 항목에 따라 적합한 플랫폼을 찾아가면 된다. 이렇게 다양하게 골라 먹는 맛이 있다는 것이 무허가형 마켓플레이스의 장점이다.

이들은 각종 프로모션을 진행하는 것으로도 유명한데, 예를 들어 라리블은 매주 거래에 참여한 사용자들에게 $RARI라는 자체 거버넌스 토큰을 배부해 플랫폼 이용을 독려하고 거버넌스 결정에 참여하게 한다. 사용자들은 배당받은 $RARI 토큰으로 NFT를 구매하거나 탈중앙화 암호화폐 거래소로 유명한 유니스왑Uniswap 같은 사이트에서 이더로 교환할 수 있다. 이런 점에서 꽤 성공적인 프로모션으로 평가받고 있다.

부분선별형 NFT 마켓플레이스 | 부분선별형 NFT 마켓플레이스에선 주로 미술품 NFT가 거래되는데, 누군가에게 초대를 받거나 허가가 있어야 작품을 올릴 수 있다는 특징이 있다. 이런 마켓플레이스의 대표적인 예로는 파운데이션Foundation과 블록파티Blockparty가 있다. 파운데이션에서 작품을 판매한 창작자는 다른 창작자를 초대할 수 있는 초대 코드를 받게 되고, 이를 통해 파운데이션에 대한 참여의 문이 조금씩 확장된다. 블록파티는 창작자들이 자신만의 상점storefront을 온라인상에 만들 수 있다는 점이 특징이다. 일정한 가입 및 본인 증명 절차를 거친 창작자들은 자신의 상점을 통해 NFT 작품을 전시·판매할 수 있다. 허가형 마켓플레이스에 비해 다소 제한된 플레이어들의 작품을 취급하므로 컬렉터 입장에선 보다 수준 높은 예술적 경험을 할 수 있다는 장점이 있다.

완전선별형 NFT 마켓플레이스 | 완전선별형 NFT 마켓플레이스의 대표적

인 예로는 슈퍼레어, 니프티 게이트웨이Nifty Gateway, 메이커스플레이스, 노운오리진, 크립토닷컴Crpyto.com 등이 있다. 이 플랫폼들은 미술 작품 NFT 거래에 특화되어 있고, 선발된 창작자들에게만 작품을 올릴 권한을 부여하기 때문에 작품 수준이 전반적으로 높다. 다만, 지원자 수가 많아 선발 과정에 많은 시간이 소요되는 편이다. 특정 그룹의 창작자들과 컬렉터들만을 대상으로 운영된다는 점에서 전통 미술 시장의 아트 갤러리와 흡사하다고 할 수 있다.

비사용자 제작 NFT 마켓플레이스

비사용자 제작 NFT 마켓플레이스는 말 그대로 사용자들이 특정 블록체인 회사가 제작하고 발행한 NFT만을 구매할 수 있도록 설계된 플랫폼이다. 주로 회사에서 매매 가능한 NFT 숫자를 미리 정해놓는다는 특징이 있고, 활발한 디스코드 커뮤니티와 트위터 팔로워들을 보유하고 있다. 회사가 중심이 되다 보니 주로 NFT 컬렉터블이 거래되는데, 특히 크립토펑크와 같이 NFT 시장의 탄생과 발전의 발자취를 그대로 담고 있는 원조 NFT 프로젝트들은 그들만이 가진 고유한 특징, 비주얼, 희소성으로 컬렉터들을 열광케 한다. 현재 가장 인기 있는 NFT 컬렉터블로는 크립토펑크, 크립토키티, 미비츠, 아바스타Avastars 등이 있다.

토큰화된 스포츠 컬렉터블 또한 요즘 비사용자 제작 NFT 마켓플레이스에서 가장 성황리에 거래되는 항목 중 하나인데, 대표적인 마켓플레이스로는 NBA 톱샷과 소레어가 있다. 2021년 초 미디어의 관심을 한 몸에 받았고, 8월 중순을 지나는 지금도 여전히 엄청난 거래량을 보여주는 NBA 톱샷은 NBA와 대퍼랩스가 함께 론칭한 플랫폼으로, NBA 팬들이 NBA 하이라이트 영상을 수집하고 거래할 수 있게 해준다. 특정 수의 하이라이트 영상을 모았을 때 그에 맞는 보상을 받는 게임적 요소를 가지고 있어 사용자들이 반복적으로 거래하게 한다. 소레어는 축구 팬들이 공식 라이선스가 부여된 축구선수 카드를 NFT 형태로 거래할 수 있도록 설계된 플랫폼인데, 사용자들이 일정한 수의 카드를 모으면 리워드를 받게된다. SO5라고 하는 판타지 축구 게임을 지원하여 사용자가 가상의 축구 팀 매니저로서 팀을 운영하게 한다. NBA 톱샷과 소레어, 이 두 플랫폼을 필두로 한 NFT 스포츠 컬렉터블 시장에 세계의 이목이 쏠려 있다.

또 하나 빠뜨릴 수 없는 것이 게임이다. 특히 '갓스언체인드Gods Unchained', '엑시 인피니티', 'F1델타타임F1 Delta Time' 같은 플레이투언 게임들은 요즘 NFT 시장을 달구고 있는 뜨거운 감자다. 플레이투언은 말 그대로 '벌기 위해 하는 게임'으로, 게임 속 자산을 현실 자산으로 바꿀 수 있는 마켓플레이스다. 사용자(게임 유저)들은 NFT 형태의 게임 속 아이템을 오픈시와 같은 무허가형 NFT 마켓플레이스로 가져가 암호화폐와 교환할 수 있는데, 이렇게 외부 거래소를 통해 게임 내 아이템을 암호화폐로 바꾸고, 궁극적으로 현금화할 수 있다는 점이 기존 온라인 게임과의 가장 큰 차이점이다. 특히 요즘 선풍적인 인기를 끌고 있는 엑시 인피니티는 '엑시'라고 불리는 캐릭터를 통해 게임을 하는데, 코로나19로 큰 경제적 어려움을 겪고 있는 전 세계 수많은 사람에게 중요한(때로는 유일한) 수입원이 되어준다고 한다. NFT가 국경을 너머 문화적 공동체를 필두로 하는 거대한 생태계가 되어가는 지금 우리는 그 사회적 영향력을 어떻게 하면 더욱 선한 방향으로 확장시킬 수 있을지를 고민해봐야 한다. 아주 단기간에 NFT는 틈새시장에서 주류로, 그리고 무엇보다도 시대정신을 반영하고 이끄는 디지털 마이크로코즘으로 성장한 것이다.

메타버스 NFT 마켓플레이스

메타버스 NFT 마켓플레이스에선 사용자들이 주로 아바타를 생성해 교류하고, 디지털 지갑을 연동해 디지털 미술품, 음악, 의류, 가상 토지 등의 다양한 NFT를 사고판다. 이때 사용자들은 직접 제작한 콘텐츠User Generated Content, UGC를 통해 경제활동에 참가할 수도 있으며, SNS를 연동해 좀더 친밀한 소셜 활동도 할 수 있다. NFT와 메타버스의 만남을 많은 이들이 관심을 갖고 지켜보는 이유다.

주요 플랫폼으로는 디센트럴랜드, 크립토복셀, 솜니움 스페이스, 샌드박스 등이 있으며 특히 최고의 아트 갤러리들은 디센트럴랜드와 크립토복셀에 포진하고 있다. 이들은 디지털 아티스트들에게 좀더 자유롭게 작품을 전시할 수 있는 가상의 공간을 마련해준다는 점에서 중요성이 크다. 매일 수십 명의 컬렉터가 최고의 크립토 아티스트들의 미술 작품을 선보이는 디센트럴랜드의 '100x아트 디스트릭트100xArt District' 갤러리*는 꼭 한번 방문해보길 권한다.

* https://100x.art/

CHAPTER 2

NFT 직접 민팅해보기

대표적인 NFT 마켓플레이스 중 하나인 라리블에서 직접 NFT 민팅을 해보자. 이해를 돕기 위한 다음 이미지들은 라리블 한글 버전 웹사이트rarible.com에서 가져왔음을 밝힌다. 샘플 이미지로 사용한 작품은 필자가 소싯적 작업했던 페인팅인데, 혹시 소유권을 원하는 독자가 있다면 말씀만 하시라. 필자는 언제든 토큰화할 준비가 되어 있다.

자, 민팅하고 싶은 작품이 준비됐다면 신나는 여정을 시작해보자!

그림 3-1 | 라리블 사이트의 메인 화면

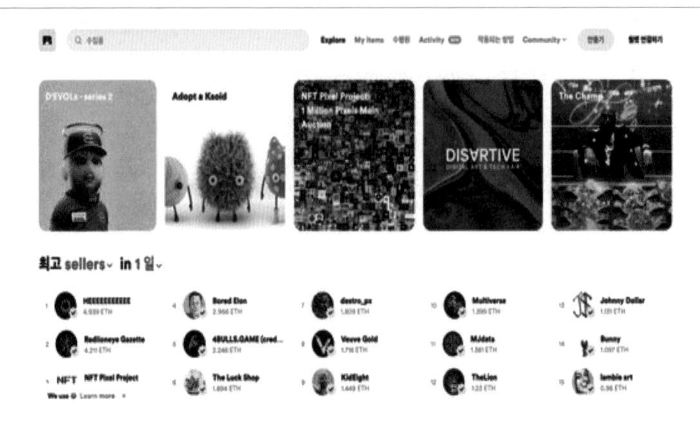

• **Step 1**: 라리블 웹사이트에서 월렛 연결하기를 누른다. 당신의 디지털 지갑을 연동하는 과정이다. 기존에 사용 중인 디지털 지갑이 없더라도 걱정하지 마시라. 새로 하나 만들면 된다. 참고로, '여우지갑'으로도 유명한 메타마스크Metamask는 현재 NFT 마켓플레이스상에서 가장 널리 사용되는 디지털 지갑이다.

그림 3-2 | NFT 민팅하기-①

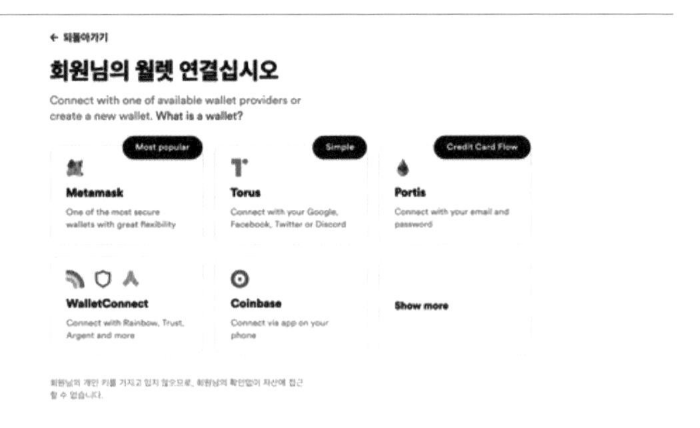

• **Step 2:** 디지털 지갑이 준비됐다면, 페이지 오른쪽 상단 코너에 있는 만들기 버튼을 누른다.

그림 3-3 | **NFT 민팅하기-②**

• **Step 3:** '싱글' 또는 '다수'를 선택하라는 질문이 뜬다. '싱글'은 작품에 대해 1개의 NFT가 생성되어 한 명의 컬렉터에게만 판매할 수 있고, '다수'는 1개 이상의 복사본이 생성돼 각각 고유의 NFT로 민팅되어 다수의 컬렉터에게 판매할 수 있는 메뉴다. 이때 복사본을 '에디션'이라고 부른다. 일단 우리는 편의를 위해 '싱글'을 선택해보기로 한다.

그림 3-4 | **NFT 민팅하기-③**

- **Step 4:** 이제 당신의 파일을 업로드할 차례다. 30Mb의 한도 내에서 PNG, GIF, WEBP, MP4, MP3 등 다양한 형태의 파일을 업로드할 수 있다. MP4 파일을 업로드할 때는 표지 이미지를 따로 업로드해야 한다. 이 과정을 건너뛰면 작품에 대한 미리보기가 공백으로 표시되니 유의하자. 한 가지 팁은 MP4 파일을 GIF로 변환해 움직이는 미리보기를 생성하는 것이다.

- **Step 5:** 이제 판매 방법과 가격을 정해보자. 라리블은 고정 가격fixed price, 시간제한 경매timed auction, 무제한 경매unlimited auction라는 세 가지 판매 방법을 제공한다. 한 번에 1개의 판매 방법만 선택할 수 있으니 잘 생각해보자.

그림 3-5 | **NFT 민팅하기-④**

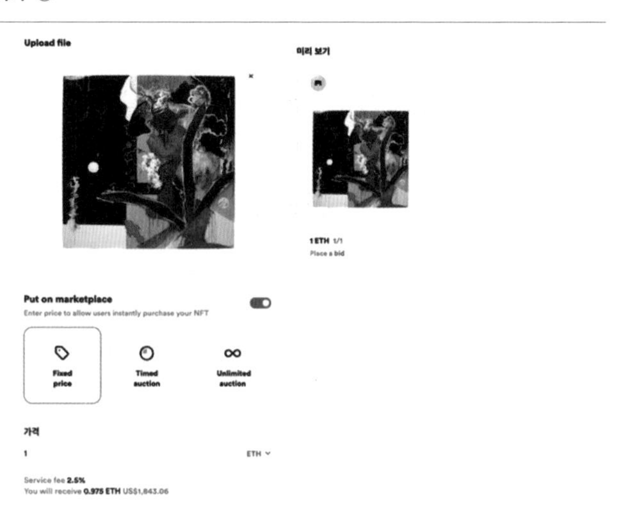

- **고정 가격:** 말 그대로 당신이 '고정'해놓은 가격에만 컬렉터가 작품을 구매할 수 있다. 혹시 실수로 가격을 써넣지 않으면 컬렉터가 이더리움상의 거래 수수료인 가스비만 내고도 당신의 작품을 구매할 수 있으니 주의하자. 여기서 컬렉터로부터 받고 싶은 암호화폐의 종류를 고를 수 있는데, 현시점에서 선택 가능한 암호화폐는 $ETH, $DAI, $USDC, $RARI, $ASH, $ATRI 등 종류가 다양하다.

그림 3-6 | **NFT 민팅하기-⑤**

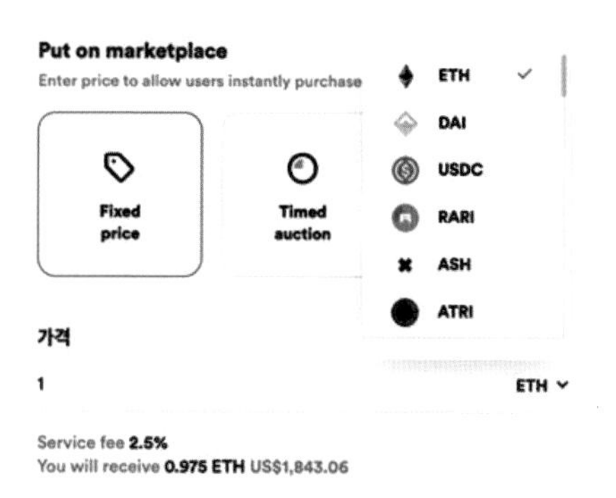

- **시간제한 경매:** 경매의 시작과 마감 시간이 고정되어 있음을 의미한다. 당신은 판매자이자 경매 개시자로서 경매에 사용될 암호화폐와 최소 경매 가격 및 경매 기간을 설정해야 한다. 참고로 경매가 시작되고 한 명이라도 입찰을 한 뒤에는 경매를 취소할 수 없으니 유의하자.

그림 3-7 | NFT 민팅하기-⑥

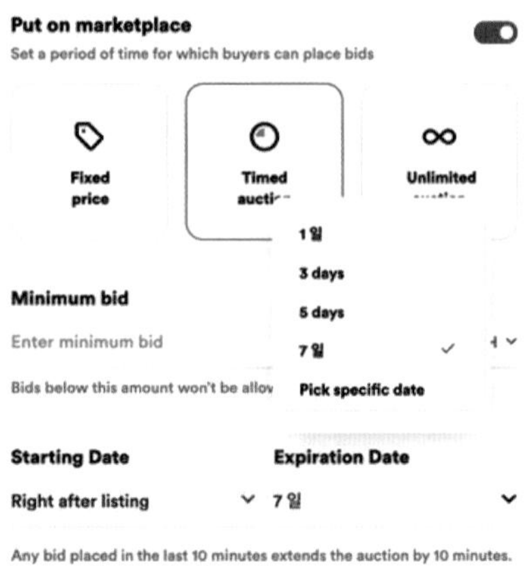

구매자는 다음 두 가지 조건을 충족해야 입찰을 할 수 있다. 첫째, 입찰하려는 가격이 판매자가 정해놓은 최소 경매 가격 이상이어야 한다. 둘째, 입찰하려는 가격이 그 시각 최고 입찰 가격보다 적어도 5% 높거나 0.1이더 높아야 한다.

여기서 재미있는 사실은 경매 마감을 앞두고 마지막 10분간 새로운 입찰이 들어올 경우, 경매 종료 시각이 자동으로 10분 연장된다는 것이다. 그러면 이른바 '입찰 전쟁bidding war'이라고 하는 입찰자들 간의 경쟁이 시작돼 당신을 비롯한 모든 관전자에게 흥미로운 볼거리를 선사할 것이다.

판매자가 최고 입찰 가격을 수용할지 말지는 경매 마감 이후 48시간 이내에 결정되어야 한다. 최고 입찰 가격이 최소 경매 가격을 넘겼다면 입찰 수용을 권장하는데, 이는 컬렉터들에게 당신이 경매 시스템을 존중한다는 인상을 줄 수 있기 때문이다. 결국 NFT 세상에서 당신의 평판을 높이는 일이다. 최고 입찰자에게 낙찰 가격을 전달받을 때 발생하는 가스비는 판매자인 당신이 부담해야 한다는 사실을 기억하자.

- 무제한 경매: 판매자이자 경매 개시자인 당신이 적절한 가격이 입찰됐다고 생각할 때 그 가격을 수용함으로써 경매를 끝내는 방법이다. 당신이 원하는 시점에, 원하는 가격에 낙찰시키기 때문에 애초에 최소 경매 가격을 지정할 필요가 없다. 이 방법은 판매자가 시장이 정하는 가격에 작품을 팔고 싶을 때 적합하다. 예를 들어 당신이 작품을 올리고 첫 입찰가를 수용하는 방법을 몇 번 반복하다 보면 컬렉터들 사이에 당신의 작품들에 대한 적절한 가격대가 형성될 것이고, 이는 추후 작품을 판매하는 데 도움이 될 수 있다. 여기서도 역시 입찰자에게 낙찰 가격을 암호화폐로 전달받을 때 발생하는 가스비는 당신이 부담해야 한다.

그림 3-8 | NFT 민팅하기-⑦

• **Step 6:** 그다음 단계는 당신만의 컬렉션을 따로 만들 것인지, 아니면 라리블에서 제공하는 디폴트 컬렉션을 사용할 것인지에 대한 결정이다(라리블 한글 웹사이트를 보면 '수집을 선택하기'라는 다소 뜻을 알 수 없는 한글 번역이 나와 있

는데, 영문 버전엔 'choose collection'으로 표기되어 있으니 참고하기 바란다). 이는 당신이 ERC-721 기반으로 NFT를 생성하고 싶은지, 아니면 라리블이 제공하는 다중 토큰 표준 ERC-1155 환경에서 NFT를 생성하고 싶은지에 달려 있다. 전자, 즉 '만들기'를 클릭할 경우 판매자는 더 많은 정보를 기입해야 하고 NFT를 만드는 데에도 더 많은 이더가 필요하다. 따라서 NFT 제작이 처음이라면 라리블 컬렉션을 선택하길 추천한다. 실제로 라리블 이용자 대부분이 이 옵션을 채택한다.

그림 3-9 | **NFT 민팅하기-⑧**

수집을 선택하기

- **Step 7:** '구매 후 잠금 해제'는 선택사항으로, 구매자에게만 공개되는 정보를 기입하는 칸이다. 당신과 구매자를 이어주는 특별한 소통 공간인 셈이다. 예를 들어 당신의 비공개 홈페이지 주소와 패스워드를 제공해 추가적인 경험을 선사할 수도 있고, 당신의 NFT 작품이 실물 버전으로도 존재한다면 그것을 할인가에 구매할 수 있다는 정보를 실을 수도 있다.

그림 3-10 | **NFT 민팅하기-⑨**

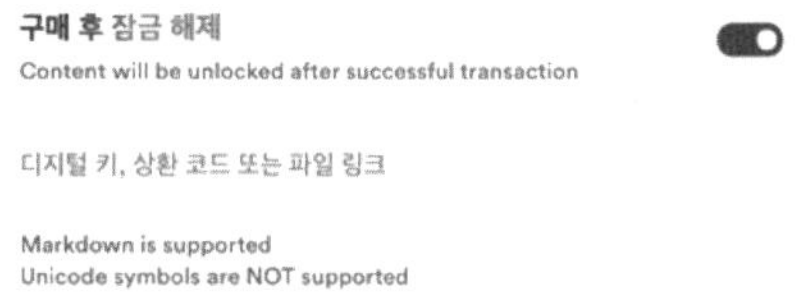

구매 후 잠금 해제
Content will be unlocked after successful transaction

디지털 키, 상환 코드 또는 파일 링크

Markdown is supported
Unicode symbols are NOT supported

그다음엔 당신의 작품 제목과 설명을 기입한다. 설명은 선택사항이다. 작품이 일단 민팅된 후에는 관련 정보를 바꿀 수 없으므로, 철자 및 문법을 잘 확인하자. 작품에 대한 로열티(인세) 또한 이곳에서 정할 수 있다. 당신의 NFT가 2차 시장에서 판매될 때마다 그 판매 가격의 일부분을 원작자인 당신이 정해놓은 비율(%)의 로열티로 챙길 수 있는 제도다. 한마디로 당신의 NFT가 이 세상에 존재하는 한 소유권이 이전될 때마다 당신에게 영구적으로 로열티가 지불되는 것이다. 원작자에게 힘을 실어주는 혁신적인 시스템이다.

그림 3-11 | **NFT 민팅하기-⑩**

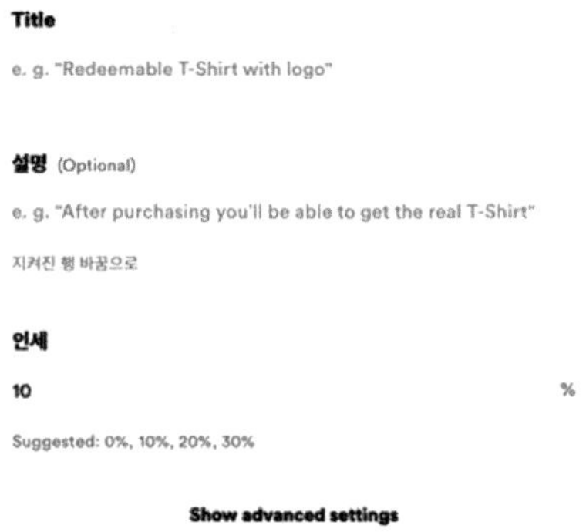

Title
e. g. "Redeemable T-Shirt with logo"

설명 (Optional)
e. g. "After purchasing you'll be able to get the real T-Shirt"
지켜진 행 바꿈으로

인세
10 %
Suggested: 0%, 10%, 20%, 30%

Show advanced settings

로열티는 보통 10% 정도로 책정하는 것이 일반적이지만, 원할 경우 더 높게 또는 낮게 책정할 수도 있다. 당신의 NFT가 언제, 어디서, 어떻게 거래되는지 추적할 필요 없이 영구적으로 로열티를 받을 수 있다는 점은 블록체인을 통한 토큰화의 가장 큰 장점 중 하나다.

여기서 'Show advanced settings' 버튼을 클릭하면 파일의 종류와 크기 및 작품에 대한 추가 설명을 기입할 수 있는 칸이 뜬다. 물론 선택사항이지만 컬렉터에게겐 귀중한 정보가 될 수 있으니 잘 활용해보자.

그림 3-12 | NFT 민팅하기-⑪

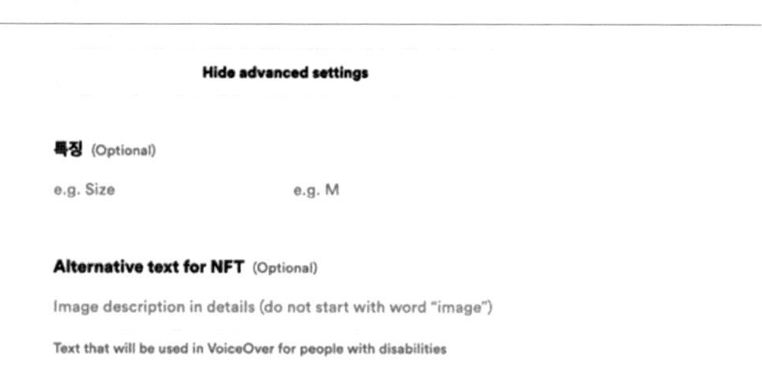

만약 앞의 Step 3에서 '싱글'이 아닌 '다수'를 선택했다면, 즉 당신의 원본에 대해 1개 이상의 에디션을 발행하기로 했다면, 이곳에서 원하는 만큼의 복사본 수를 기입할 수 있다(만약 Step 3에서 '싱글'을 택했다면 '복사의 수' 항목은 나타나지 않는다). 원본에 대한 에디션의 수는 희소성과 직결되고, 희소성은 시장에서 작품의 가격을 결정하는 가장 큰 요소 중 하나이므로 신중히 결정하자.

그림 3-13 | **NFT 민팅하기-⑫**

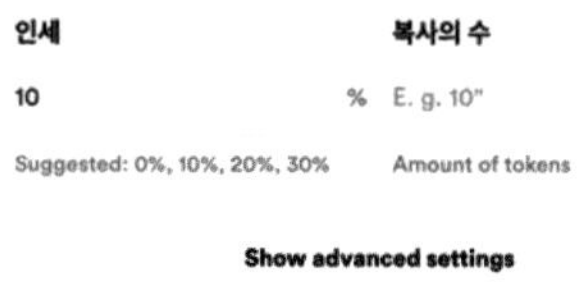

인세
10 %
Suggested: 0%, 10%, 20%, 30%

복사의 수
E. g. 10"
Amount of tokens

Show advanced settings

- **Step 8:** 준비가 됐다면 'Create item(아이템 생성)' 버튼을 클릭한다.

그림 3-14 | **NFT 민팅하기-⑬**

Create item

당신의 브라우저에 설치되어 있는 디지털 지갑이 팝업 창으로 뜰 것이다. 업로드한 파일을 NFT로 전환하기 위해서는 가스비를 지불해야 하는데, 실시간 블록체인 네트워크의 트래픽 정도에 따라 그 값이 달라진다. 수요가 많을수록, 즉 거래 처리를 기다리는 사용자가 많을수록 채굴자는 더 까다롭게 자신의 블록에 포함시킬 거래를 선택할 수 있기 때문이다. 채굴자는 철저한 시장 논리에 따라 가스비가 비싸게 책정된 거래를 우선하여 처리해주기 때문에 NFT의 민팅 속도를 높이고 싶다면 디지털 지갑이 추천하는 가스비 옵션 중 높은 쪽으로 선택하면 된다.

그림 3-15 | **NFT 민팅하기-⑭**

만약 상급자라면, 웹사이트 EthGasStation(https://ethgasstation.info)을 방문해 당신이 원하는 민팅 속도와 가스비에 따라 실시간 추천되는 가스 가격gas price을 확인해보자. 가스 가격은 '기위gwei'라고 하는 이더의 하위 단위로 표시되는데, 1gwei는 1이더의 10억 분의 1 또는 0.000000001이더다. 가스비는 '가스 한도(예상되는 작업량)×가스 가격'으로 계산되므로, gwei 값을 높게 잡을수록 가스비가 증가하고 거래 속도가 빨라진다.

그림 3-16 | NFT 민팅하기-⑮

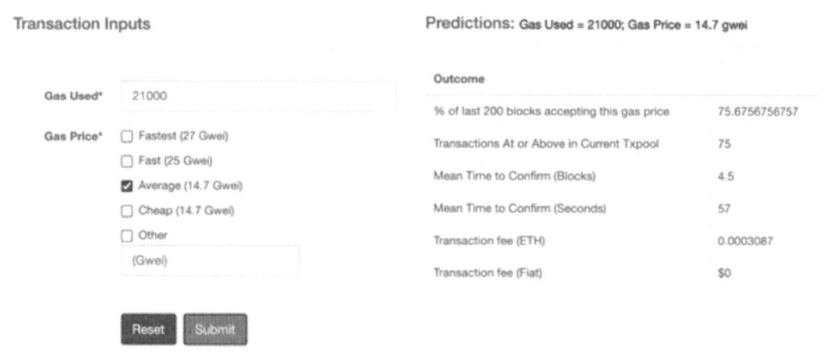

Transaction Inputs

Gas Used* 21000

Gas Price*
- ☐ Fastest (27 Gwei)
- ☐ Fast (25 Gwei)
- ☑ Average (14.7 Gwei)
- ☐ Cheap (14.7 Gwei)
- ☐ Other

(Gwei)

Reset Submit

Predictions: Gas Used = 21000; Gas Price = 14.7 gwei

Outcome	
% of last 200 blocks accepting this gas price	75.6756756757
Transactions At or Above in Current Txpool	75
Mean Time to Confirm (Blocks)	4.5
Mean Time to Confirm (Seconds)	57
Transaction fee (ETH)	0.0003087
Transaction fee (Fiat)	$0

출처: https://ethgasstation.info/calculatorTxV.php

자, 이제 모든 준비가 끝났다. 마지막으로 'Next' 버튼을 클릭하라. 당신의 첫 NFT가 탄생하는 순간이다. 이제 소셜미디어에서 당신의 NFT를 홍보하는 일만 남았다. Have fun!

※ 2021년 10월 말, 라리블은 라리블 디폴트 컬렉션을 사용하는 경우에 한해 '레이지 민팅lazy minting'이라는 새로운 기능을 도입하였다. 레이지 민팅은 NFT를 발행하는 시점이 아닌, 거래하는 시점에 민팅이 이뤄지는 것으로 본다. 따라서 제작자가 가스비를 내지 않고도 작품(파일)을 플랫폼에 올릴 수 있다. 즉, 거래가 이뤄지기 전까지 작품에 관한 데이터는 IPFS상에 안전하게 저장이 되고, 거래 시점에 작품이 블록체인상에서 민팅되어 구매자가 가스비를 지불하게 되는 것이다. 한편 오픈시 또한 레이지 민팅 기능을 도입하여 창작자들의 진입 장벽을 낮추고 있다.

NFT 제작 성공 사례

CHAPTER 3

비플: NFT × 3D 그래픽 아트

NFT와 함께 떠오른 크립토 아트 열풍 한가운데엔 비플이 있다. 2021년 3월에 일어난, 이젠 너무나도 유명한 한 사건이 그의 삶을 180도 바꾸어놓았다. 5,000개의 3D 디지털 이미지들로 이뤄진 그의 〈Everydays: The First 5000 Days〉란 작품이 단일 NFT로 크리스티 옥션에서 경매됐고, 무려 6,930만 달러에 낙찰된 것이다. 역대 디지털 아트 작품 판매가

그림 3-17 | **비플의 〈Everydays: The First 5000 Days〉**

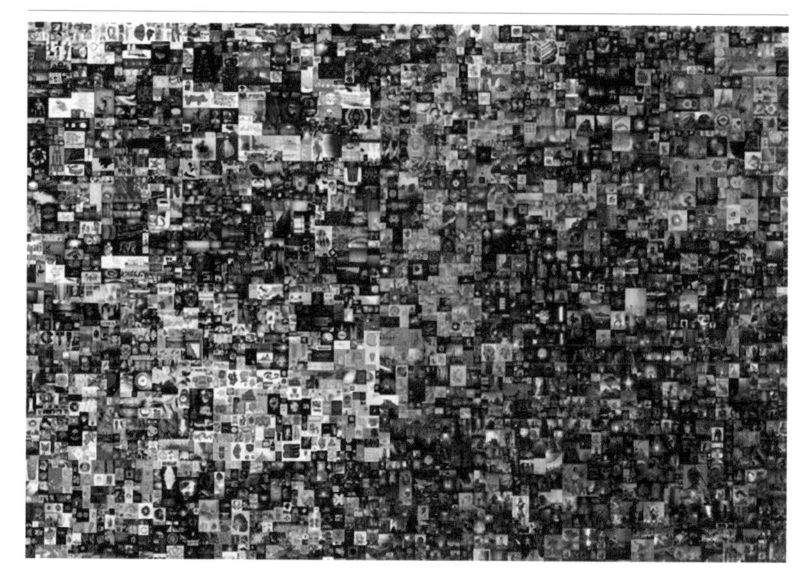

출처: 크리스티 경매 공식 홈페이지

중 가장 높은 가격이었다.

실력파 그래픽 디자이너 | 비플의 본명은 마이크 윈켈만으로, 미국 사우스캐롤라이나주 찰스턴 출신의 그래픽 디자이너다. 단편영화, VJ 루프VJ Loop(짧은 비디오 클립이 끊임없이 재생되는 예술의 형태), VR·AR(가상현실·증강현실) 작품 등을 주로 만들고, 애플·스페이스엑스·나이키·코카콜라 같은 굵직한 회사들의 광고 제작에도 참여한 경력이 있는 실력파다.

2007년에 비플은 기발한 생각을 하게 되는데, 매일 1개씩 온라인상에 작품을 올리기로 한 것이다. 'Everydays'라는 제목을 갖게 된 이 프로젝트는 처음엔 심플하게 종이에 스케치를 한 형태로 시작했지만 점차 3-D 모델링 소프트웨어를 사용한 디지털 작품들로 채워졌다. 초현실적이면서도 때로는 유머러스하고 기괴한 그의 작품들은 화제성 있는 팝 문화를 표현하거나 부조리한 사회의 일면들을 풍자했고, 곧 그는 만인의 연인이 됐다. 루이비통 같은 세계적 럭셔리 브랜드들부터 저스틴 비버Justin Bieber, 케이티 페리Katy Perry, 에미넴Eminem 등 핫한 스타 연예인들까지 비플과의 컬래버레이션을 원했으니 말이다.

비플은 2020년 가을쯤 NFT 아트에 대해 처음 듣게 됐다. 이미 상당수의 디지털 아티스트가 NFT를 통해 수익을 창출하고 있다는 사실에, 특히 거의 무명에 가까운 아티스트들이 NFT라는 매개체를 통해 전 세계 관객들과 소통하고 수천 달러를 벌고 있다는 사실이 그에겐 충격이었다.

비플, NFT 세계에 첫발을 내딛다 | 마침내 2020년 10월, 비플은 니프티 게이트웨이 마켓플레이스를 통해 NFT 세계에 발을 들였다. 그의 첫 NFT 드롭은 3개의 신랄한 사회적 메시지를 담고 있는 작품이었다.* 첫 번째 NFT는 〈POLITICS IS BULLSHIT〉이라는 작품으로 100개의 복사본, 즉 100개의 에디션으로 발행되어 각 1달러에 판매됐다. 현재 이 에디션들은 2차 시장에서 거래되고 있다. 두 번째와 세 번째 작품은 각각 단일 NFT로 발행되어 경매에 부쳐졌고, $66,666.66에 낙찰됐다. 비플은 이 작품들을 판매함으로써 13만 달러 이상을 벌었는데, 디지털 아트 작품을 실물 예술품

* https://niftygateway.com/collections/beeple

처럼 거래할 수 있다는 사실이 그에겐 큰 의미로 다가왔다.

〈그림 3-18〉은 2021년 7월 초를 기준으로 니프티 게이트웨이 2차 시장에서 재거래되고 있는 비플의 〈POLITICS IS BULLSHIT〉 에디션들이다. 예를 들어 #52/100이라면 발행된 100개의 에디션 중 52번째라는 뜻이다. 에디션별로 명시되어 있는 가격은 현 소유자가 판매가로 내놓은 가격이다.

두 달 후인 2020년 12월, 비플은 'Everydays' 프로젝트 작품 중 일부를 이번에도 역시 니프티 게이트웨이에서 다양한 방법으로 판매했다. 21개의

그림 3-18 | 비플의 〈POLITICS IS BULLSHIT〉 에디션

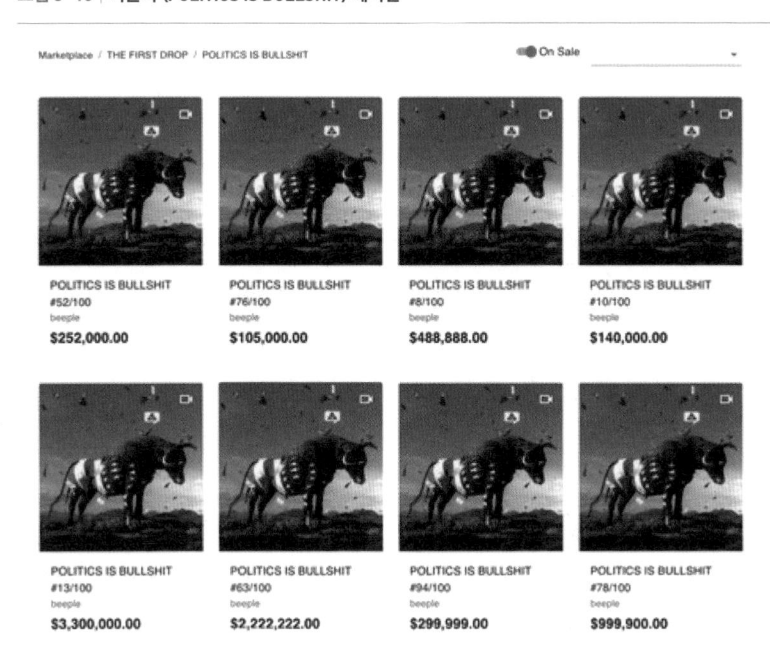

출처: 니프티 게이트웨이

단일 NFT 작품이 시차를 두고 경매에 부쳐졌고, 3개의 오픈 에디션 NFT 작품이 (수요가 있는 만큼 에디션은 무한정 발행할 수 있다는 전제하에) 각각 5분 동안 969달러에 판매됐다. 그리고 1개의 리미티드 에디션 NFT 작품이 100개의 에디션으로 발행되어 각각 1달러에 판매됐다. 이를 통해 비플은 12월 11일부터 13일까지 단 한 번의 주말을 거치는 동안 총 350만 달러 이상의 수익을 거뒀다.

그는 NFT 구매자들에게 좀더 풍부하고 가치 있는 경험을 선사하기 위해 판매된 NFT 작품들을 고유의 QR코드가 입력된 디지털 액자 형식으로도 제작·배달해 화제가 됐다. 비플은 아직은 대부분 사람이 메타버스상의 갤러리보단 이렇게 오프라인상에서 실물 장식장 위에 전시해놓을 수 있는 아름다운 물건을 갖기 원한다며, 이는 우리가 아직 온전한 메타버스 세계에 살고 있지 않기 때문이라고 했다(관심 있는 사람은 유튜브에 올라와 있는 구매자들의 언박싱 영상들을 찾아보시길*).

크리스티 경매의 쾌거 | 비플의 치솟는 인기에 2021년 1월, 세계적인 미술품 경매 회사인 크리스티는 그에게 더 큰 규모의 경매를 제안했다. 비플은 이를 받아들여 'Everydays' 프로젝트의 대부분인 5,000개의 작품을 단일 NFT로 만들어 경매에 부쳤다. 세상 어딘가엔 자신의 단일 NFT를 위해 거액을 지불할 사람이 있을 거란 기대와 함께. 경매는 2020년 3월 11일에 열렸는데, 경매가 진행되는 동안 비플은 소셜미디어 플랫폼인 클럽

---

* 예컨대 다음 주소가 그중 하나다. https://www.youtube.com/watch?v=PSm1rdd1ywc

하우스Clubhouse에서 실시간으로 대화를 나누며 박진감을 더했다. 경매가 진행되면서 작품 가격이 5,000만 달러까지 치솟자 사람들은 동요했고, 비플은 결국 클럽하우스 대화방에서 나와 가족들과 함께 입찰 상황을 지켜보기 시작했다.

1,500만 달러 선에서 시작됐던 입찰가는 경매 마감을 30분 남겨놓고 6,930만 달러로 껑충 뛰었다. 경매 마감과 함께 비플은 소파에서 뛰쳐 일어나며 외쳤다. "I'm going to Disney World!(디즈니 월드 가자!)"(이 감격스러운 장면은 크리스티의 공식 유튜브 채널에 올라와 있다.*)

비플의 작품이 높은 가격을 받은 데에는 몇 가지 요인이 작용한 것으로 보인다. 첫째는 그가 여러 소셜미디어 채널에 250만 명 이상의 구독자를 거느린 인플루언서였다는 점이다, 둘째는 'Everydays' 프로젝트를 통해 그의 창작성뿐만 아니라 열의와 끈질김을 세상에 보여주며 많은 이들을 감동시켰다는 점이다. 그리고 마지막으로 NFT 시장이 빠르게 성장하면서 많은 사람이 디지털 아트의 미래를 긍정적으로 바라보게 됐다는 점이다. NFT의 가치 체계가 지속적으로 더 많은 사람에게 받아들여진다면 시장에서 거래되는 NFT 작품들의 가격 또한 계속해서 높아질 것이고, 그렇다면 현재에 투자에 대해 미래에 얻게 될 수익은 어마어마할 것이라는 생각이다.

NFT 작품과 암호화폐 부호들 | 비플 작품의 크리스티 경매는 암호화폐 부

* https://www.youtube.com/watch?v=S8p1B8NHLFQ

호들과 NFT 거래가 얼마나 밀접한 관계인지도 보여준다. 6,930만 달러로 입찰에 성공한 서른두 살의 암호화폐 사업가 메타코반도 그런 성격의 투자자였다. 낙찰일로부터 7일 후 자신의 정체를 밝힌 메타코반은 싱가포르 기반의 메타버스라는 NFT 펀드의 창업자로, 비플의 12월 NFT 드롭 기간에도 220만 달러 상당의 NFT 작품을 구매한 것으로 알려졌다. 그는 지난 수년간 암호화폐에 투자해왔고, 자산의 99.9%를 암호화폐 형태로 보유하고 있다고 한다. 심지어 그가 집이나 차도 가지고 있지 않다고 하니, 크립토 시장에 대한 그의 믿음이 어느 정도인지 알 수 있다.

최근 한 언론 인터뷰에서 메타코반은 비플의 작품이 미술사에 한 획을 긋는 작품이라고 언급해 많은 이들의 주목을 받았다. '예술이란 무엇인가'라는 질문에 대한 사람들의 인식이 빠르게 변하고 있는 이 시대에 비플의 작품은 그 변화의 시발점을 상징하고, 따라서 미래엔 이 작품이 지금보다 더 큰 가치를 지니게 되리라는 예상이다. 그는 그런 의미에서 6,930만 달러가 합리적인 가격이라고 주장한다.

메타코반은 앞으로 많은 아티스트가 NFT를 활용해 수익 창출을 할 것으로 내다보고, 이에 따라 NFT 경제가 점점 커질 것으로 전망한다. 물론 완벽한 수준의 NFT 경제에 도달하기까지는 상당한 시간이 걸리겠지만, 기다림의 시간 또한 흥미롭지 않은가.

팩: NFT × 애니메이티드 아트워크

2021년 3월 크리스티 경매소에서 비플의 작품이 무려 6,930만 달러에 낙찰돼 세상을 충격에 빠뜨린 지 얼마 되지 않아, 소더비에서도 첫 번째 NFT 경매에 대한 소식을 전해왔다. 4월 12일부터 14일까지 3일에 걸쳐 신원 미상의 디지털 아티스트 팩Pak과 협업해 NFT 경매를 진행한다는 것이었다. 세계 경매 시장의 양대 산맥을 이루는 두 경매소가 NFT 미술 시장을 놓고 주도권 싸움에 들어간 것이다.

얼굴 없는 예술가, 팩 | 팩은 디지털 아트 세계에서 20년 넘게 활발하게 활동해온 예술가다. 그의 정체는 지금까지도 철저하게 베일에 싸여 있는데 심지어 '팩'이라는 필명 뒤에 한 명이 아닌 여러 명의 크리에이터가 있다는 설도 있다. 일단 여기선 편의를 위해 1인으로 지칭하겠다.

사실 팩은 전통 미술 시장에서 잘 알려진 인물이 아니었다. 그가 언드림 스튜디오Undream Studio의 창업자이자 대표 디자이너라는 사실과 아킬렉트Archillect*라는 인공지능AI 프로그램의 개발자라는 사실 정도가 알려졌을 뿐이다. 아킬렉트는 소셜미디어상에서 흥미롭고 자극적인 비주얼 콘텐츠를 발굴하고 공유하는 인공지능으로, 특정한 키워드만 있으면 차가운 톤의 미니멀한 이미지를 사람의 감정이나 다른 형태의 개입 없이도 자율적으로 찾아내는 디지털 큐레이터curator(다른 사람의 미술 작품을 목적에 따라 분류하고 배포 및 전시하는 일을 하는 사람) 역할을 한다. 예술의 디지털 혁명 시도인 것이다.

이처럼 팩은 테크놀로지와 미디어를 통해 실험적인 예술 활동을 해온

---

* https://archillect.com/

수수께끼의 인물로, 2020년 12월에는 NFT 컬렉션으로 100만 달러를 벌어들인 최초의 NFT 아티스트로 등극하기도 했다. 디지털 및 크립토 아트 커뮤니티에서 오랫동안 추앙받아온 인물을 제도권의 소더비가 첫 번째 NFT 경매를 함께할 단독 아티스트로 선정한 것은 기존 미술 시장에 다가올 지각 변동을 암시하기도 한다.

팩 작품의 소더비 경매 | 2021년 4월, 드디어 소더비의 첫 번째 NFT 경매가 열렸다.* 경매는 3개의 독특한 파트로 구성됐다. 우선 첫 번째 파트는 오픈 에디션으로 고정가에 올려진 〈The Fungible〉이라는 NFT 컬렉션이었다. 특정 숫자만큼의 대체가능한 '큐브cubes', 즉 정육면체들이 모여서 함께 돌아가는 형태의 디지털 작품이었는데 큐브 1개당 가격은 첫날엔 500달러, 이튿날엔 1,000달러, 셋째 날엔 1,500달러로 증가했다. 구매자는 원하는 날 원하는 만큼의 큐브에 대해 가격을 지불하고, 경매가 끝난 후 구매한 숫자만큼의 큐브가 담긴 NFT 세트를 받는 형식이었다. 설명이 좀 복잡하긴 하지만 예를 들어 당신이 큐브 1개에 대한 돈을 지불했다면, 'A Cube'라는 1개의 큐브가 담긴 NFT 작품을 받게 된다. 만약 당신이 178개의 큐브에 대한 돈을 지불했다면 '1+1+1+5+20+50+100=178'이므로, 큐브 1개짜리 NFT 3개, 큐브 5개짜리 NFT 1개, 큐브 20개짜리 NFT 1개, 큐브 50개짜리 NFT 1개, 그리고 큐브 100개짜리 NFT 1개 등 총 7개의 NFT를 받게 된다.

---

* https://www.sothebys.com/en/digital-catalogues/the-fungible-collection-by-pak

그림 3-19 | 〈The Fungible〉 오픈 에디션

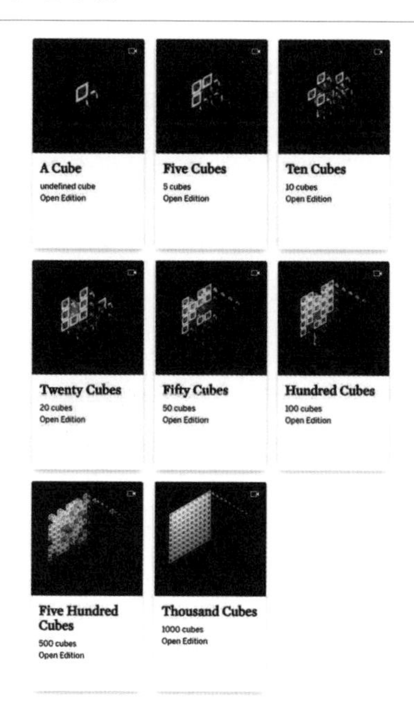

출처: 소더비 공식 웹사이트

〈The Fungible〉은 언뜻 보기엔 단순한 형태의 흑백 렌더링rendering일 뿐이지만 관객이 '대체가능fungible'과 '대체불가non-fungible'의 상호교환을 직접적으로 경험하게 함으로써 NFT의 본질에 대해 다시 한번 생각해보게 한다. 팩은 또한 판매하는 큐브의 숫자에 제한을 두지 않음으로써 작품의 희소성과 가치에 대한 미술 시장의 통념에 도전했다.

〈The Fungible〉 오픈 에디션 판매는 3일간 매일 15분씩 진행됐다. 첫날 1만 9,737개의 큐브가 판매되어 990만 달러가량의 판매고를 기록했고, 3일간 총 3,080명의 구매자로부터 1,400만 달러 상당의 판매 기록을

그림 3-20 | **NFT 경매에 부쳐진 팩의 작품들: 〈The Switch〉, 〈The Cube〉**

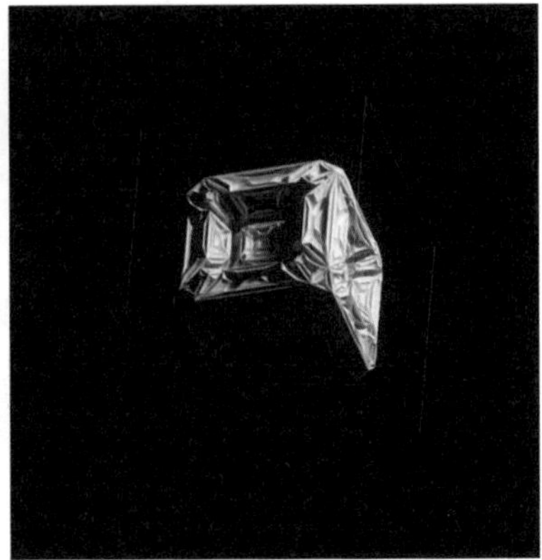

출처: 소더비 공식 웹사이트

올렸다.

같은 기간 오픈 에디션 이외에도 2개의 개별 NFT 작품에 대한 경매가 진행됐다. 바로 〈The Switch〉와 〈The Pixel〉이다. 〈The Switch〉는 〈The Fungible〉처럼 끊임없이 돌아가는 기하학적인 형상을 담고 있는데, 10명의 입찰자가 경쟁한 끝에 140만 달러에 낙찰됐다. 〈The Pixel〉은 1×1픽셀의 이미지로 회색빛을 띠는 1×1 네모가 전부인 작품으로, 90분간의 입찰 경쟁 이후 136만 달러에 낙찰됐다.

이렇게 소더비와 팩의 만남은 총 1,683만 달러의 판매 기록을 세웠다. 이를 두고 항간에선 비플의 6,930만 달러와 비교하며 크리스티(혹은 비플)의 승리라고 하는 이들도 있다. 그렇지만 팩의 오픈 에디션 NFT 작품은 관객들이 우리 사회의 가치를 이해하고, 사람들과 가치의 근본적인 관계에 대해 생각해보게 했다는 점에서 중요성이 크다. 블록체인 환경에서

NFT라는 매개체를 통해 새로운 가치 창출의 기회들이 열렸고, 그로 인해 변화하는 우리의 행동 양식과 인식을 오픈 에디션이라는 하나의 퍼포먼스를 통해 표현한 것이다. 팩은 이렇게 말한다.

"사람들이 디지털 작품을 손쉽게 JPEG로 저장할 수 있을진 몰라도, 그것을 '디지털 퍼포먼스'로 저장할 수는 없지 않은가?"

팩의 선물 | 이 외에도 팩은 특별한 조건에 부합하는 컬렉터들에게 선물하기 위해 네 종류의 NFT 작품을 다양한 에디션 수로 준비해놓았다. 〈The Cube〉, 〈Complexity〉, 〈Equilibrium〉, 〈The Builder〉가 그것이다. 예를 들어 단일 NFT인 〈The Cube〉는 가장 많은 수의 오픈 에디션 큐브를 구입한 컬렉터에게 주었고, 100개의 에디션으로 발행된 〈Complexity〉는 가장 많은 오픈 에디션 큐브를 구입한 '상위 100' 컬렉터들에게 선물했다. 그리고 〈Equilibrium〉은 4개의 에디션으로 발행되어 다음 조건 중 하나를 만족하는 컬렉터에게 하나씩 선물했다.

- 팩이 트위터에 개시한 퍼즐을 맞춘 컬렉터
- 팩의 초창기 작품 중 2차 시장에서 가장 높은 가격으로 재거래된 작품을 소유한 컬렉터
- 가장 많은 소셜미디어 청중에게 '#PakWasHere'를 포스팅한 컬렉터
- 경매의 총판매량을 가장 정확하게 예측한 컬렉터

마지막으로 〈The Builder〉는 30개의 에디션으로 발행됐는데, 미디어

그림 3-21 | 팩이 컬렉터들을 위해 준비한 선물들: 〈Complexity〉, 〈Equilibrium〉

출처: 소더비 공식 웹사이트

와 아트 세계에서 NFT 아티스트들을 위해 기반을 닦아준 30명의 고마운 분들을 팩이 직접 선정해 1개씩 선물했다.

팩은 소더비 측에서 경매 진행을 위해 개인 신상정보를 부탁했을 때도 자신을 'they/them'(성별의 구별 없이 본인을 지칭해줄 것을 원할 때 자주 사용되는 대명사)으로 불러달라고 요구했다고 한다. 그만큼 비밀스러운 페르소나를 유지하는 팩이지만 컬렉터들을 비롯해 NFT 커뮤니티를 위해 힘써주는 다양한 '빌더'들에 대한 고마움을 창의적으로 표현하고자 한 인물이기도 하다. 팩은 이번 소더비 경매를 통해 NFT 작품이 판매되는 방식과 관련하여 새로운 대안을 제시했고, 그 과정에서 많은 이들에게 디지털-크립토 아트 고유의 내러티브narrative를 전해주었다. 이 기회를 통해 기존의 미술 시장에서 디지털 및 크립토 아티스트들의 입지가 올라간 것은 고무적인 일이며, 그들이 함께 창조해나갈 대체불가능한 미래가 기대된다.

3LAU: NFT×음악

코로나바이러스 확산으로 라이브 공연이 거의 사라지다시피 한 2020년과 2021년, 음악가들은 팬들과의 소통을 위해 그리고 줄어든 수입을 메우기 위해 블록체인 세상으로 들어오기 시작했다. 바로 NFT를 통해서 말이다. 음악과 NFT의 만남에 대해 좀더 자세히 알아보기 위해 그쪽 분야의 선구자라고 할 수 있는 세계적인 뮤지션이자 DJ인 3LAU를 만나보자.

블록체인의 가능성에 눈뜨다 | 3LAU는 2014년 아비치Avicii 공연의 오프닝을 하기 위해 멕시코에 갔을 때 윙클보스Winklevoss 쌍둥이 형제를 만나면서 블록체인 세상에 관심을 갖게 됐다. 페이스북의 탄생 실화를 바탕으로 만들어진 영화 〈소셜 네트워크〉(2010)를 통해 우리에게도 익숙한 윙클보스 형제는 3LAU에게 암호화폐에 관심을 가져야 한다고 알려주었고, 그는 곧 쌍둥이 형제가 만들고 있던 제미니Gemini 암호화폐 거래소를 보면서 암호화폐의 힘을 처음으로 느끼게 됐다. 특히 그는 로열티 논쟁이 끊임없이 일어나는 음악 시장에 블록체인을 통한 변화가 시급하다고 생각했다. 주소 기입상의 오류로 유니버설Universal로부터 2년 동안이나 돈을 받지 못한 상황이었기 때문에 더욱더 절실했다. 복잡하고 때론 불필요한 서류 작업을 요하는 로열티 등록 및 취득 과정 없이 블록체인상에 계약 내용을 기입해놓기만 하면 자동으로 해당 음악의 스트리밍과 함께 모든 로열티 관련 결제가 자동으로 이뤄질 수 있다는 사실은 가히 충격이었다.

NFT와 음악의 만남 | 그로부터 몇 년이 지난 2018년, 3LAU는 〈폭스 비즈니스Fox Business〉와 암호화폐에 대한 인터뷰를 하게 됐는데 마지막에 NFT에 관한 이야기를 조금 더 하려고 할 때 인터뷰 시간이 끝나버렸다. 하지만 그가 분명하게 전달한 한마디, '음악 팬들은 NFT를 통해 자신이 좋아하는 아티스트를 백스테이지에서 만날 수 있게 될 것'이라는 말은 놀랍게도 곧 현실이 됐다. NFT가 급격히 인기를 얻게 되면서 그가 꿈꾸던 NFT와 음악의 만남을 현실화할 수 있게 된 것이다.

우선 2021년 1월, 3LAU는 니프티 게이트웨이 마켓플레이스를 통해 처음으로 곡 전체를 NFT화해 판매했고, 17만 5,000달러 상당의 수입을 얻었다. 이는 기존 레이블과 일할 경우 수십억 번의 스트리밍 횟수가 받쳐줘야만 로열티로 받을 수 있는 액수였다.

첫 번째 NFT 앨범 드롭의 성공에 힘입어 3LAU는 바로 다음 달인 2021년 2월, 자신의 웹사이트를 통해 베스트셀러 앨범 〈울트라바이올렛〉을 토큰화해 경매로 올렸다. 그는 자신이 직접 설계한 경매 방법에 따라 상위 33명의 입찰자에게 토큰화된 앨범뿐만 아니라 팬들에게 제공하는 특별한 경험 교환권redeemable 리워드를 분배했는데, 플래티넘(1위 입찰자), 골드(2~6위 입찰자), 실버(7~33위 입찰자)로 리워드 수준에 차등을 두었다. 예를 들어 플래티넘 NFT '겟'에 성공한 1위 입찰자에게는 〈울트라바이올렛〉 한정판 LP판과 3LAU의 미공개 곡에 대한 접근권, 그리고 무엇보다도 3LAU와 함께 신곡을 제작할 수 있는 음악적 기회가 주어졌다. 골드 NFT를 '겟'한 다섯 명의 입찰자에게는 〈울트라바이올렛〉 한정판 LP판과 3LAU의 미공개 곡에 대한 접근권, 그리고 커스텀 믹스custom mix의 방향을 함께 결정하며 제작할 기회가 주어졌다. 마지막으로 실버 등급 NFT 소유자들에겐 〈울트라바이올렛〉 한정판 LP판이 배당됐다. 이렇게 3LAU의 팬들은 (이미 그가 수년 전 예견했던 것처럼) NFT라는 매개체를 통해 '최애' 아티스트와 특별하고 다양한 연결고리를 갖게 됐다.

치열했던 입찰 경쟁 덕분에 3LAU는 하룻밤 사이에 1,168만 달러 이상의 수익을 올릴 수 있었다. 이는 3LAU가 음악적으로 뛰어날 뿐만 아니라 웨일샤크WhaleShark, 888, 시드프레이즈Seedphrase 같은 영향력 있는 NFT 컬렉터들과 이미 수년간 끈끈한 관계를 구축해왔기에 가능한 일이었을 것이다.

이렇게 2020년 말부터 세상을 강타한 '억' 소리 나는 NFT 거래들 뒤엔 암호화폐 및 블록체인에 누구보다도 해박한 투자자들이 있었다. 이들 대부분은 암호화폐를 통해 이미 많은 돈을 번 크립토 고래들로, NFT 예술작품의 고가 거래를 통해 자신들의 크립토 재산을 블록체인 생태계 내에서 증폭시키고자 하는 목표가 있었다. 예술을 논하고 아티스트들을 지원하면서 부까지 늘릴 수 있으니 일석이조가 아니겠는가.

3LAU가 그리는 음악 시장의 미래 | 결과적으로 천정부지로 치솟은 NFT 가격은 오랫동안 자신들의 창작물에 대해 정당한 보상을 받지 못한 아티스트들에게 전례 없는 수익화의 활로를 열어주었지만, 일반인의 관점에선 넘지 못할 진입 장벽이 세워지는 꼴이었다. 무엇보다도 NFT 생태계에 참여해 자신이 사랑하는 아티스트를 후원하고 싶었을 골수팬들에겐 안타까운 상황이었다. 물론 크립토 고래들 중에도 진심으로 전자음악을 사랑하

고 아티스트를 후원하고자 하는 이들이 있다. 하지만 여기서 중요한 것은 NFT와 음악 산업의 접점이 지속적으로 발전하기 위해선 백만장자가 아닌 일반인들이, 그리고 전통적인 음악 팬들이 NFT 음악 시장에 좀더 손쉽게 참여할 수 있도록 진입 장벽이 낮아져야 한다는 사실이다.

3LAU는 앞으로 아티스트들을 지원하고 NFT를 좀더 많은 사람에게 알릴 수 있는 재단을 설립할 것이라고 한다. 더 많은 아티스트, 컬렉터, 팬들이 NFT의 개념을 자주 접하게 될 때 NFT에 대해서 더 깊이 이해할 수 있으리라고 생각하기 때문이다. 실제로 그는 팬들이 아티스트에게 직접 투자하고, 아티스트가 성공할 경우 투자한 팬들에게도 보상이 돌아가는 프로젝트를 준비 중이다. 팬들이 아티스트의 음악 소유권을 나눠 가지고, 아티스트 혹은 곡의 성공에 함께 참여하는 모델이다. 필자는 3LAU가 NFT 음악에서 선구적인 리더라고 생각한다. 이미 오래전부터 블록체인에 관심을 가지고 다양한 기회를 타진해왔기 때문이다. 2021년 현재, NFT를 통해 그가 제시하는 음악 시장의 미래가 기대된다.

크립토펑크와 미비츠: NFT × 컬렉터블

크립토펑크 | NFT를 이야기할 때 빼놓을 수 없는 크립토펑크! 크립토펑크 시장은 매우 활성화되어 있으며, 수많은 컬렉터와 대중에게 지속적인 사랑을 받고 있는 원조 NFT 프로젝트다.

2021년 6월 말엔 미국의 유명 래퍼이자 사업가인 제이Z Jay-Z가 자신의 트위터 프로필 사진을 크립토펑크 #6095로 변경하면서 자신이 이 펑크

그림 3-22 | **크립토펑크의 다양한 작품들**

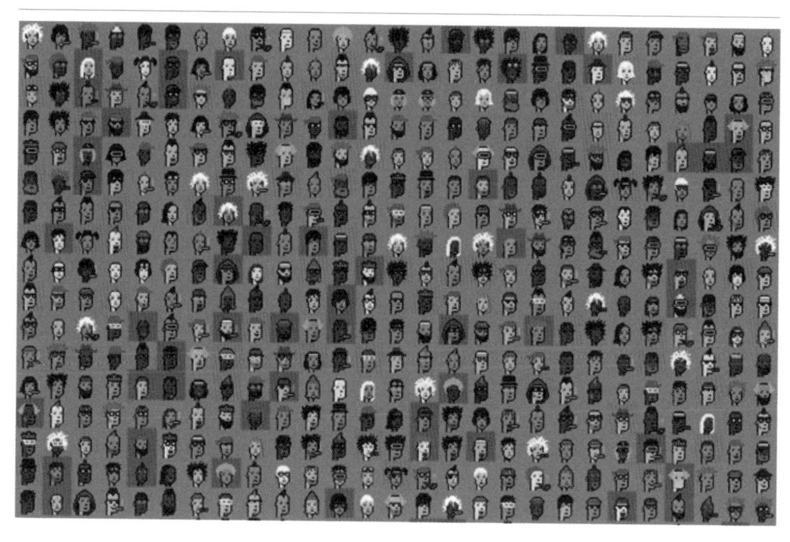

출처: 라바랩스

그림 3-23 | **크립토펑크 #6095**

출처: 오픈시

의 새 주인임을 알렸다.

다소 희귀한 특성attribute으로 알려져 있는 와일드 헤어 스타일과 골드 체인을 탑재한 이 남자 펑크는 2021년 4월 25일에 55이더(당시 시세로 약 12만 6,000달러)에 구매된 것으로 보인다. 실제로 제이Z는 최근 NFT에 푹 빠진 듯한 행보를 보였다. 그는 자신의 데뷔 앨범 〈Reasonable Doubt〉의 발매 25주년을 기념해 유명 아티스트 데릭 애덤스Derrick Adams에게 앨범 표지의 재해석을 맡겼고, 이에 탄생한 〈Heir to the Throne〉이라는 작품은 단일 NFT로 발행되어 7월 초 소더비 경매에 올려졌다. 작품은 1,000달러에서 시작해 최종 13만 9,000달러에 낙찰됐고, 경매 수익금의 일부는 숀 카터 재단The Shawn Carter Foundation에 기부된다고 한다.

다시 크립토펑크로 돌아와서, 펑크들이 이토록 인기 있는 이유는 무엇일까? 세상에 1만 개밖에 존재하지 않아 희소성이 있을뿐더러 각각의 펑크가 대체될 수 없는 고유한 특징을 지니고 있어 희소성이 크기 때문이다. 또한 크립토펑크는 원조 NFT 프로젝트로 인터넷과 크립토 문화를 대변하는 역사성을 지니기에 많은 이들이 펑크를 원하고 소유하고 싶어 한다. 이런 핫한 펑크는 언제, 어디서, 어떻게 태어났을까?

2017년, 뉴욕의 소프트웨어 회사인 라바랩스의 창시자 존 왓킨슨과 매트 홀은 블록체인 초창기의 일탈적이면서 반체제적인 정신이 투영된 캐릭터들을 만들어내기로 했다. 그들은 1970년대 런던의 펑크 록punk rock 문화가 크립토펑크의 미적 토대가 되어야 한다고 생각했고, 이에 따라 런던 펑크 무브먼트에서 영감을 받은 헤어 스타일과 장신구들을 고안했다. 그리고 6월, 정확히 1만 개의 펑크가 일정한 알고리즘에 의해 생성됐다.

존과 매트는 알고리즘을 변형해 인간의 모습을 한 펑크들 외에도 비인간 캐릭터 또한 제작되게 했는데, 초록색 피부의 좀비 펑크 88개, 원숭이 펑크 24개, 하늘색 피부의 외계인 펑크 9개가 그것이다. 참고로 인간 펑크 중에선 6,039개가 남자이고 3,840개가 여자의 모습을 하고 있다. 1만 개의 펑크는 성격, 의상, 헤어 스타일, 액세서리 등의 특성이 알고리즘을 통해 무작위로 조합되어 고유의 희소성을 가지고 있는데 가장 희귀한 특성으로는 비니(44개), 초커(48개), 파일럿 헬멧(54개) 등이 있다.

펑크들 간 희소성의 차이는 거래 가격의 차이로도 직결된다. 예를 들어 앞서 언급한 '희귀템'을 장착한 외계인 펑크가 비슷한 수준의 희귀템을 장착한 남자 펑크보다 비싼 가격에 거래되는 식이다. 실제로 2021년 6월엔 단일 펑크 #7523이 소더비에서 1,180만 달러에 낙찰되며 화제가 됐는데, 이 펑크는 매우 희귀하다고 알려진 9개의 외계인 펑크 중에서도 유일하게 마스크를 착용하고 있어 희소성이 배가됐다. 2020~2021년 코로나 시대를 대변하는, 닉네임도 '코로나 외계인Covid Alien'인 펑크다. 게다가 이번 크립토펑크 경매는 연초에 비해 NFT 시장이 전반적으로 조정을 겪고 있는 가운데 이뤄져, 이렇게 역사적으로나 문화적으로 의미가 큰 NFT 작품들은 여전히 고가에 거래될 수 있다는 사실을 증명해주었다.

사실 소더비 경매가 열리기 바로 한 달 전인 5월엔 크리스티에서 9개의 펑크로 이뤄진 NFT 컬렉션이 1,690만 달러에 거래되어 화제가 됐다. 이처럼 몇 년 전만 해도 NFT에 별 관심을 보이지 않던 전통적인 미술 시장의 세계적 경매소들이 이젠 NFT 작품에만 초점을 맞춘 경매 이벤트를 열고, 그곳에서 '억' 소리 나는 가격에 펑크들이 거래된다는 사실은 NFT 생태계가 얼마나 빨리 변하고 있는지를 보여준다.

앞서 얘기한 것처럼 각각의 펑크가 고유한 특성을 가지고 있는 것이 크립토펑크 프로젝트의 특징이다. 크립토펑크의 예술 분야라고 할 수 있는 제너레이티브 아트generative art(자율적인 시스템 사용으로 창작된 예술)의 장점은 일정한 프로세스를 설정해놓고 그 프로세스에 의해 임의로 창작되게 해 창작자들 자신도 놀랄 수밖에 없는 작품들이 탄생한다는 점이다. 크립토펑크는 수백 번의 랜덤 프로세스를 통해 다양한 펑크가 만들어졌고, 필요에 따라 작은 조정을 거친 후 이더리움 스마트 계약에 연결됐다. 영구적으로 불변하는 펑크들이 탄생하는 순간이다. 각각의 펑크에는 고유의 페이지가 있으므로 누구나 손쉽게 해당 펑크의 간단한 특징과 거래 내역을 볼 수 있다.

창작자들은 각각의 펑크가 제너레이티브 아트에 기반한 미술 작품으로 여겨질 수도 있고, 1만 개의 펑크가 다 모였을 때 비로소 1개의 미술 작품으로도 여겨질 수도 있다고 말한다. 펑크들을 보는 일반 관중의 시각도 다양하다. 트레이딩 카드와 같은 통상적인 수집품, 즉 컬렉터블로 보는 시각도 있고 새로운 형태의 미술 작품으로 보는 이들도 있다. 물론 정해진 답은 없다. 이렇게 다양한 해석을 불러일으켜 하나의 유형으로 정의되지 않는 것이 크립토펑크 프로젝트의 매력 아닐까.

미비츠 | 크립토펑크의 엄청난 인기에 힘입어 라바랩스는 2021년 5월, 세 번째 NFT 프로젝트인 '미비츠'를 론칭했다. 미비츠는 크립토펑크에서 한 발 더 나아가 사용자 지정 제너레이티브 알고리즘에 따라 생성된 2만 개

의 3D 복셀voxel 형식의 디지털 캐릭터다. 이들 또한 헤어 스타일, 안경, 옷, 신발 등의 특성이 무작위로 조합되어 각각 고유한 모습을 하고 있다. 미비츠는 일반 판매와 커뮤니티 한정판매community grant라는 두 가지 방식을 통해 대중에게 랜덤으로 배정됐다.

일반 판매의 경우 약 2.5이더에 미비츠를 민팅할 수 있게 했는데, 출시 몇 시간 만에 완판되어 미비츠를 둘러싼 열기를 보여주었다. 커뮤니티 한정판매의 경우 크립토펑크나 라바랩스의 또 다른 NFT 상품인 오토글리프Autoglyphs를 소유하고 있는 사람이라면 누구나 미비츠를 공짜로 배정받아 민팅할 수 있게 했다. 기존의 커뮤니티 멤버들을 특별히 대우하겠다는 리워드의 개념이다.

그림 3-24 | **미비츠: 희귀 품종 캐릭터들과 평균 판매가 리스트**

Meebit Types

These are the basic types of Meebits, from most rare to most common.

ELEMENT	COUNT	AVG SALE PRICE	# FOR SALE	CHEAPEST	EXAMPLES
DISSECTED	5	700Ξ	2	2888Ξ	
VISITOR	18	314.67Ξ	5	425Ξ	
SKELETON	57	80.89Ξ	13	84Ξ	
ROBOT	72	86.7Ξ	17	74.97Ξ	

출처: 미비츠 공식 웹사이트

펑크들처럼 미비츠 또한 캐릭터의 종류, 특성의 수, 특성의 희소성에 따라 천차만별의 가격에 거래되고 있는데 최소 13개의 미비츠가 100만 달러 이상에 판매됐다고 한다. 이는 미비츠가 가진 본연의 예술적 가치뿐만 아니라 라바랩스가 그간 크립토 시장에서 쌓아온 높은 인지도와 브랜드 파워 덕에 가능한 일이었을 것이다. 라바랩스는 '크립토펑크가 디스코드·트위터 등의 SNS를 위한 2D 아바타였다면, 미비츠는 크립토복셀·디센트럴랜드·샌드박스 같은 메타버스 세상에 적합한 3D 아바타로 발전해나갈 것'임을 시사했다.

우리 곁으로 성큼 다가온 메타버스 세상에서 사용자의 아이덴티티이자 신분의 상징으로 활약하게 될 미비츠들이 기대된다.

크립토키티와 엑시 인피니티: NFT×게임×컬렉터블

크립토키티 | 먼저 크립토 세상의 귀염둥이 냥이들을 만나보자. 크립토키티는 이더리움 기반의 컬렉터블 게임으로, 사용자들은 가상의 고양이 캐릭터를 수집하고 교배하며 암호화폐를 사용해 매매할 수 있다. 각각의 키티는 ERC-721 토큰 표준에 따라 코딩된 NFT 컬렉터블로 눈 모양, 입 모양, 털 색상 등 고유의 유전적 특성('cat'과 'attribute'를 합친 'cattribute'라고도 부른다)을 가지고 있어서 사용자가 유일무이한 가상의 펫을 소유할 수 있다는 점이 큰 매력이다. 실제로 엑시엄젠이 2017년 12월 크립토키티를 론칭했을 때, 프로그래머들뿐만 아니라 일반 대중 사이에서도 엄청난 화제가 됐다. 당시 기준으로는 디지털 세상에만 존재하는 고양이를 1,000달

그림 3-25 | **크립토키티**

출처: 크립토키티 웹사이트

러가 넘는 가격에 사고판다는 것 자체가 많은 이들의 관심을 끌기에 충분했기 때문이다. 게다가 키티를 적절히 교배해 희귀 품종을 생산해낸다면 고수익의 기회로 이어질 수도 있다는 희망이 많은 이들을 들뜨게 했다.

사실 다마고치처럼 자신만의 펫을 기르는 게임은 우리에게 이미 오래전부터 친숙한 개념이다. 그런데 크립토키티는 여기에서 한 발짝 더 나아가 교배를 통해 새로운 펫을 만들어내고 그것에 시장의 가치를 매겨 트레이딩 카드처럼 거래할 수 있게 함으로써 재미를 더했다. 크립토키티 마켓플레이스에 가면 현재 판매 중인 모든 키티가 나와 있는데 키티별로 이름, 세대, 가족 정보, 유전적 특징, 가격 등을 간단히 확인할 수 있다. 희귀한 특성을 지닌 키티일수록, 또 초기 세대의 키티일수록 더 높은 가격에 팔리는 경향이 있다. 현재까지 가장 높은 가격에 거래된 키티는 드래곤Dragon으로 무려 600이더에 판매됐다고 하니 가히 상상을 초월한다.

만약 당신도 키티의 주인이 되고 싶다면 마켓플레이스에서 마음에 드는

그림 3-26 | **크립토키티의 유전적 특성들**

출처: 크립토키티 웹사이트

키티에 'buy now' 버튼을 눌러 즉각적으로 구매할 수 있고(이때 이더를 지불한다), 또 판매되고 있지 않은 키티라도 현 소유자에게 매력적인 가격을 제시해 거래를 추진해볼 수 있다.

또한 새로운 키티를 얻기 위해 교배라는 방법을 택할 수도 있다. 당신이 소유하고 있는 두 마리의 키티를 교배하거나 교배를 위해 시장에 나와 있는 '퍼블릭 수컷public sire' 중 한 마리를 선택해 그 소유자가 원하는 수수료를 지불하고 당신의 키티와 교배할 수도 있다. 여기서 재미있는 것은 각각의 키티에게는 '쿨다운 속도cooldown speed'라고 해서 교배 후 필수로 쉬어야 하는 기간이 있는데, 교배 경험이 많을수록 이 시간이 길어지게 되어 있다. 쿨다운 속도가 빠를수록 더 생산적일 수 있으므로 몸값이 높은 고양이가 된다. 교배를 통해 태어난 새끼 키티는 '부모 중 높은 세대값+1 (부모가 2세대, 3세대라면 새끼는 그중 높은 세대값인 3에 1을 더한 값, 즉 4세대가 된다)'과 고유한 유전적 특성을 갖게 되는데, 이는 시장에서 금전적 가치로 직결되기 때문에 사용자에게는 이 게임의 핵심이라고도 할 수 있다.

물론 교배 시 발현되는 유전적 특성은 부모 키티와 조상 키티들이 가지고 있던 유전자들이 섞여 랜덤하게 정해지기 때문에 사용자들은 희귀 품종을 얻기 위해 할 수 있는 일이 딱히 없다. 하지만 새로 태어난 베이티 키티들이 평범하더라도 너무 실망하진 말자. 이들이 잠재적으로 특별한 유전자를 가지고 있을 수도 있으니 말이다. 간혹 평범한 키티들 사이에서 희귀템 키티들이 태어나는 경우가 있는데, 역시 답은 '존버'일지도 모르겠다.

크립토키티는 블록체인 시대의 포켓몬스터 같은 존재가 아닐까 싶다. 포동포동한 볼살과 귀여운 눈빛만으로도 수집하고 싶게 하는 마성의 매력이 있을뿐더러, 블록체인 산업 자체에 지대한 영향을 준 원조 NFT 프로젝트 중 하나이기 때문이다.

사실 크립토키티가 출시된 2017년은 ICO에 대한 부정적인 기사가 미디어에 도배되던 시절이었다. 그도 그럴 것이 2017년 진행된 ICO 중 80% 정도가 사기로 확인됐고, 출범 후 4개월 이상 지속되는 프로젝트는 40%를 조금 넘기는 수준이었으니 말이다. 암호화폐와 블록체인 자체에 대한 부정적인 인식이 팽배한 상황에서 이더리움 기술을 게임 산업의 최전방으로 가져온 크립토키티의 등장은 한 줄기의 청량한 바람이었다. 실제로 대중의 폭발적인 관심으로 이더리움 네트워크상에 전례 없는 트래픽까지 야기되기도 했다.

일각에서는 크립토키티가 투기와 욕망을 조장한다는 우려 섞인 비판도 있었다. 하지만 궁극적으로는 이더리움의 거래를 활성화했다는 점, 암호화폐를 게임에 접목했다는 점, ERC-721 토큰 표준을 블록체인 세상의 중심부로 끌고 오며 수많은 NFT 프로젝트의 시초가 됐다는 점 등은 부인할 수 없는 업적이다. 바로 이어서 살펴볼 2021년 여름 최고의 핫 포테이토, 엑시 인피니티도 크립토키티가 개척한 개념을 따르고 있으니 말이다.

2021년 현재, 크립토키티는 계속 진화 중이다. 이젠 디센트럴랜드에서도 당신의 키티를 액자에 담아 전시하고 자랑할 수 있는 호환성이 생겼는데, 앞으로도 이처럼 다른 블록체인 플랫폼들과의 크로스오버는 계속 확장될 전망이다. 오늘날 NFT 열풍을 있게 한 크립토 고양이들, 곧 또 한 번의 전성기를 맞게 될 것 같은 느낌이다.

엑시 인피니티 | 2021년 여름, 엑시 인피니티가 붐이다. 앞서 언급한 대로 엑시 인피니티는 크립토키티의 개념을 이어받아 만들어진 이더리움 기반의 NFT 컬렉터블 게임으로, 엑시라는 ERC-721 토큰 형식의 펫 몬스터를 사육하고 교배하고 대결하거나 거래하는 게임이다. 엑시는 사용자들이 소유하고 통제할 수 있는 NFT로, 당신의 개인 지갑에 보관하거나 다른 이더리움 주소로 전송할 수도 있고 블록체인 기반 마켓플레이스에서 다른 사용자들과 거래할 수도 있다.

엑시 인피니티는 2018년도에 베트남에 본사를 둔 스타트업 스카이 마비스Sky Mavis에서 출시했는데, 재미있는 사실은 이 게임이 처음엔 큰 상업적 목적 없이 열정 프로젝트passion project로 시작됐다는 것이다. 하지만 점차 인기를 끌면서 현재 세계에서 가장 사랑받는 이더리움 기반 게임으로

그림 3-27 | 엑시 인피니티 서비스 화면

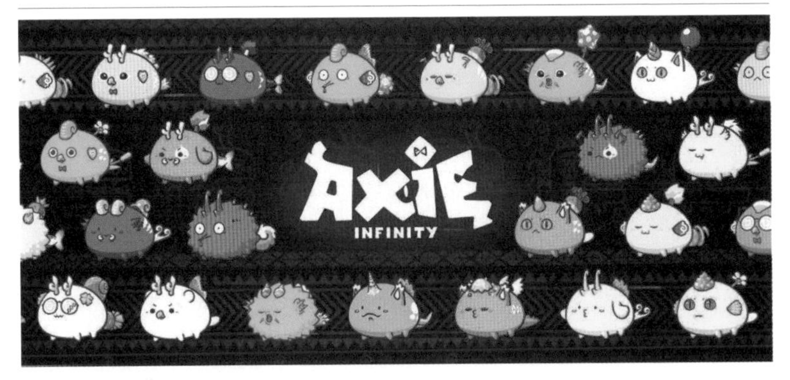

출처: 엑시 인피니티 공식 페이스북

등극했고, 최근엔 높은 엑시 가격과 이더리움 가스비 등의 문제를 해결하기 위해 엑스 인피니티 전용 로닌 이더리움Ronin Ethereum 사이드체인이 구축돼 더욱더 폭발적 성장을 이루고 있다.

2021년 7월 초를 기준으로 약 35만 명의 일일 활성 사용자가 있다. 예를 들어 7월 7일 하루만 봐도 엑시 인피니티는 2,200만 달러의 거래량과 함께 100만 달러의 매출을 기록했다. 이는 연간으로 환산해봤을 때 도타Dota나 포트나이트 같은 AAA급 블록버스터 게임들과 어깨를 나란히 하는 수치다. 이 추세가 계속된다면 곧 그들보다 더 높은 매출을 올리게 될지도 모르겠다는 전망이다.

엑시를 제외하고도 게임에는 가상의 토지 및 각종 아이템이 존재하는데, 이들 역시 ERC-721 기반의 토큰이다. 사용자들이 팀을 이뤄 어드벤처 모드adventure mode로 엑시 인피니티 왕국인 루나시아Lunacia의 몬스터들과 대결을 펼치거나, 아레나 모드arena mode로 타 엑시스 플레이어들과 대

그림 3-28 | **엑시 인피니티의 일일 활성 사용자 및 디스코드 커뮤니티 멤버 수(2021.5~7)**

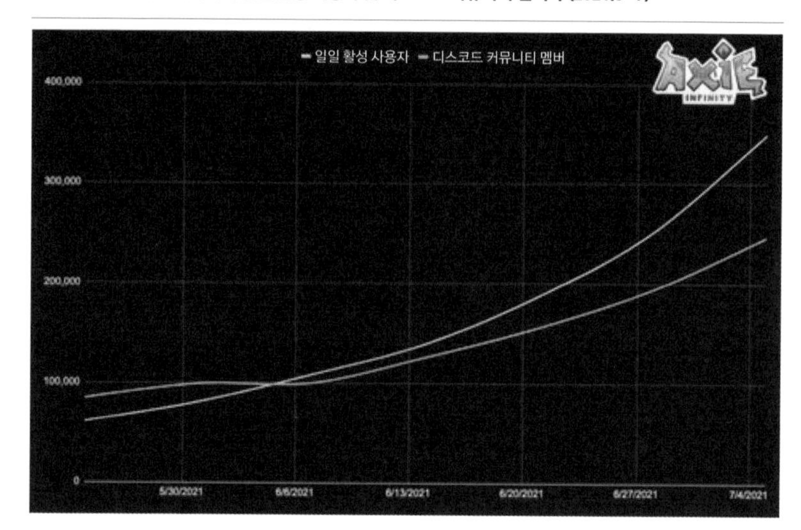

출처: 엑시 인피니티 공식 트위터 계정(https://twitter.com/AxieInfinity/status/1411914914692624386)

결을 할 수도 있다. 대결에서 이기면 스무스 러브 포션SLP이라는 ERC-20 기반의 토큰을 얻게 되는데, 이를 통해 엑시들을 기를 수도 있고 바이낸스 등의 거래소에서 거래를 할 수도 있다. 2021년 7월 초를 기준으로 SLP 토큰의 시가총액이 1억 2,000만 달러라고 하니 실로 어마어마한 규모다.

SLP 토큰 외에도 '엑시 인피니티 샤드Axie Infinity Shards, AXS'라는 ERC-20 기반의 생태계 거버넌스 토큰이 2020년 11월에 출시됐는데, 사용자들은 게임을 해나가면서 AXS를 부여받거나, 엑시 인피니티 마켓플레이스*에서 엑시들을 판매해 AXS 토큰을 얻을 수 있다. 2021년 7월 초를 기준으

* https://marketplace.axieinfinity.com/axie?sort=PriceDesc

그림 3-29 | 엑시 인피니티 마켓플레이스에서 엑시들의 거래 상황을 보여주는 대시보드(2021.7.10)

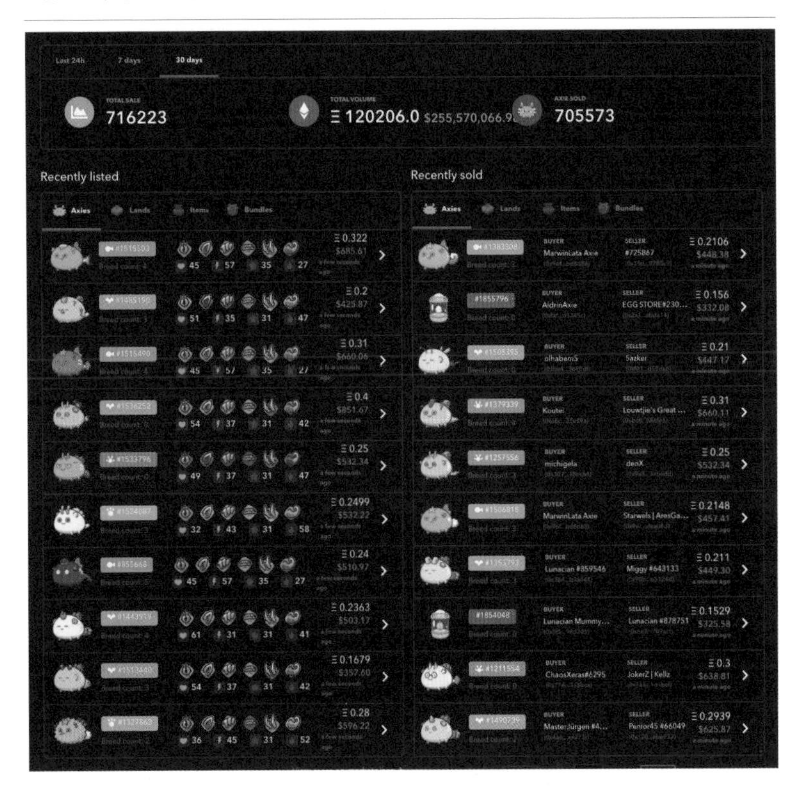

출처: https://marketplace.axieinfinity.com/

로 AXS 토큰의 가격이 2020년 겨울에 비해 100배 이상 상승했고, 현재 시가총액은 7억 4,000만 달러를 넘겼다. 놀라운 것은 국내 디지털 자산 거래소 업비트UPbit에서도 2021년 7월 초를 기준으로 거래량 상위 종목 5개 중 AXS 토큰이 한자리를 차지하고 있다는 것이다. 이번 여름은 엑시 인피니티를 위한, 엑시 인피니티에 의한 여름이라고 해도 과언이 아닐 듯하다.

엑시 인피니티는 '플레이투언'이라는 새로운 개념의 게임 모델을 개척했다는 점에서도 역사적 중요성을 가지고 있다. 파트 2에서 살펴본 것처럼, 게임 개발자들뿐만 아니라 게임 사용자들 또한 돈을 벌 수 있는 비즈니스 모델인 플레이투언은 '페이투플레이pay-to-play'에서 '프리투플레이'로 발전된 게임 산업에서 한 번 더 진화된 형태의 게임 모델이다. 사용자가 게임을 하면서 토큰이나 그 외 형태의 리워드를 지급받아 게임 내에서 사용할 수도 있고, 원한다면 오픈마켓에서 거래할 수도 있다. 한마디로 잘 짜인 게임 내 경제in-game economy를 통해 누구나 시간과 노력을 투자해 수입을 얻을 수 있다는 개념이다.

어떤 이들에게는 플레이투언 게임을 통해 얻게 되는 금전적 보상이 단순한 용돈벌이에 불과하겠지만, 또 어떤 이들에게는 정말 중요한 생계유지 수단이 되기도 하는데 필리핀의 경우가 그렇다. 필리핀은 엑시 인피니티 게임 사용자가 전 세계에서 가장 많은 나라로, 엑시 인피니티를 통한 수입이 저소득층 가정의 생활비와 교육비 등을 충당해주고 있다고 한다. 심지어는 게임을 통해 번 돈으로 집과 땅까지 샀다는 이야기도 들린다. 엑시 인피니티의 사용자가 인도네시아나 베네수엘라 같은 다른 개발도상국에도 상당수 포진되어 있는데, 그곳에서도 비슷한 역할을 한다고 유추해볼 수 있다.

아트 블록, 오일러비츠, 알레시아 AI: NFT×알고리즘 아트

NFT의 흥미로운 면모 중 하나는 알고리즘을 많이 사용한다는 점이다.

NFT 세계에서 활동하는 많은 예술가·컬렉터·프로그래머들이 알고리즘을 이용해 고정된 이미지를 아바타로 바꾸고, 음악을 창조하고, 임의적인 시각 예술 작품을 만드는 데 큰 관심을 가지고 있다. 알고리즘의 특성상 여기서는 특정한 예술가에게 초점을 맞추기보다 최근 주목받고 있는 3개의 알고리즘 아트 플랫폼들을 살펴보기로 한다.

아트 블록 | 아트 블록Art Blocks은 프로그래밍이 가능한 온디맨드 NFT 플랫폼으로, 아티스트가 구현해놓은 알고리즘을 바탕으로 컬렉터가 NFT를 손쉽게 민팅하게 해준다. 메타마스크 지갑을 플랫폼에 연결하고 마음에 드는 작품을 선택해 구매 버튼을 누르면, 해당 작품의 아티스트가 작성해놓은 코드에 따라 여러 변수가 무작위로 조합된 새로운 버전의 작품이 탄생하고 이더리움 블록체인에 저장된다. 당신만의 알고리즘 아트가 NFT로 민팅되는 순간이다. 이때 물론 가스비를 포함한 일정 금액을 지불해야 민팅이 진행된다.

아트 블록의 특이점은 NFT에서 메타데이터와 디지털 콘텐츠가 모두 완전히 온체인으로 저장되도록 디자인되어 NFT가 약속하는 완전하고 영원한 디지털 소유권을 가능케 한다는 것이다. 이처럼 아트 블록은 누구나 아티스트로 재탄생할 수 있게 도와주는 플랫폼이고, 컬렉터는 알고리즘 작품이라는 특성상 민팅이 끝나기 전까진 어떤 작품을 갖게 될지 알 수가 없으므로 스릴이 더해진다. 예술 창작 과정에서 의도성을 최대한 제하고 우연과 무작위의 역할을 증폭시킴으로써 예상치 못한 창작의 기회를 제공한다는 것이 큰 매력이다.

그림 3-30 | **아트 블록에 민팅된 작품 예**

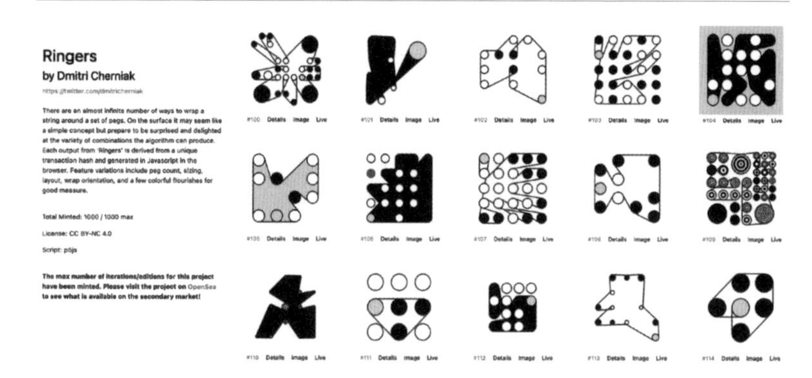

아티스트가 작성해놓은 코드에 따라 다양한 버전으로 민팅된 NFT 알고리즘 아트 작품들
출처: 아트 블록

아트 블록이 출범한 지 7개월 정도가 지난 2021년 7월 초를 기준으로 7,000번 이상의 작품 구매가 일어났는데, 이를 환산하면 500만 달러 이상의 가치가 된다.

오일러비츠 | 2021년 초에 출시된 오일러비츠EulerBeats는 NFT를 통해 음악을 수학적 예술로 재해석한 프로젝트다. 구체적으로 말하면 각 NFT는 알고리즘을 통해 만들어진 오디오 파일에 연결되어 있는데, 이때 알고리즘은 수학자 오일러의 총합수Euler's totient function를 따른다. 오일러비츠 NFT 소유자에게는 제한된 수의 '프린트prints(원본에 대한 복사본)'를 생성할 기회가 주어지며, 이 프린트는 2차 시장에서 거래될 수 있다. 오일러비츠를 통해 발행된 NFT는 그 자체가 예술 작품으로, 각 오디오 파일을 재생산하는 데 필요한 모든 정보가 이더리움에 온체인으로 저장되어 있다.

오일러비츠는 NFT를 제작하는 데 수학, 미술, 음악, 로열티, 유동성 높은 토큰, 희소성 등의 모든 요소를 조합한 첫 번째 사례라는 점에서 매우 독창적인 프로젝트라고 할 수 있다. 2021년 3월 한 달 동안 오일러비츠 플랫폼을 통해 25개의 NFT가 경매되어 총 1,665이더(당시 시세로 300만 달러 이상)의 판매고를 올렸다.

알레시아 AI | 아직 완전히 출시된 플랫폼은 아니지만 알레시아 AI Alethea AI는 NFT 전문가들에게 이미 많은 주목을 받고 있다. 자체 알고리즘을 통해 어떤 NFT에도 AI 기능을 더할 수 있는 프로젝트라 가능성이 무궁무진하기 때문이다. 예를 들어 알레시아 AI는 크립토펑크 NFT에 오픈AI OpenAI의 텍스트 생성 프로그램인 GPT-3을 더해 픽셀 이미지에 불과했던 펑크를 상호작용 가능한 아바타로 재탄생시키기도 했다. 여기서 GPT-3은 일론 머스크가 공동 창업한 AI 연구개발 회사인 오픈AI가 개발한 인공지능 모델로, 특히 언어 구조를 잘 이해하고 자연어 처리가 뛰어나다.

우리도 곧 메타버스에서 펑크들과 함께 춤추고 노래하고 이야기할 수 있는 날이 오지 않을까? 실제로 알레시아 AI는 아티스트 로버트 앨리스 Robert Alice와 협력해 NFT와 AI 기술이 결합된 인텔리전트 NFT iNFT '앨리스 Alice'를 제작해 화제가 됐다. 앨리스는 로버트가 설정해놓은 성격 personality을 취하고 자체 학습 self-learning을 통해 사람들과 대화를 나눌 수 있다(앨리스는 2021년 6월 소더비에서 경매됐다*). 물론 아직 대화 능력이 완벽

* https://www.sothebys.com/en/buy/auction/2021/natively-digital-a-curated-nft-sale-2/to-the-young-artists-of-cyberspace

하진 않지만 앞으로 기술의 발전과 함께 앨리스 같은 i NFT가 상용화될 것으로 기대한다.

해시마스크: NFT × 커뮤니티 × 컬렉터블

살아 있는 NFT 컬렉터블, 해시마스크 | 1,600만 달러. '살아 있는 디지털 아트 NFT 컬렉터블'로 불리는 '해시마스크Hashmasks'가 한 번의 주말을 거치면서 거래된 금액으로, 모든 해시마스크 카드가 완판됐다. 아직은 대중에게 다소 생소한 이름 해시마스크, 도대체 무엇이기에 크립토 '인싸'들이 이토록 열광하는 걸까.

2021년 1월 27일, 'Cryptopathic'이라는 ID의 트위터 사용자가 트위터 유명 인사인 크립토 코바인Crypto Cobain에게 해시마스크라고 하는 새로운 NFT 프로젝트에 대한 메시지를 보냈다. 해시마스크는 원조 NFT 컬렉터블 크립토펑크에서 영감을 받아 제작된 프로젝트였는데, 크립토 코바인은 무엇에 홀린 듯 여러 장의 해시마스크 카드를 구매하게 됐다. 그리고 곧 "젠장, 내가 왜 이것들을 사는 데 10만 달러나 쓴 거지?"라는 글을 트위터에 올렸다. 당시만 해도 해시마스크가 '넥스트 빅 씽'이 될지, 아니면 컬렉터들을 후회하게 만드는 프로젝트가 될지 아무도 알지 못했기 때문이다.

그리고 며칠 후, 수천 명의 컬렉터가 1,600만 달러에 달하는 1만 6,384개의 해시마스크를 구매하며 세계의 이목을 집중시켰다. 레어페페, 크립토펑크, 크립토키티, 그리고 좀더 최근엔 NBA 톱샷으로 이어지는, NFT 컬

그림 3-31 | **해시마스크의 다양한 NFT 작품**

출처: 해시마스크 공식 웹사이트

렉터블계 제왕의 족보를 잇는 차세대 리더의 탄생을 알리는 사건이었다.

컬렉터를 작품 창작에 초대하다 | 해시마스크의 두 창시자는 프로젝트가 발표되기 1년 반 전쯤인 2019년 가을부터 다소 모호한 아이디어를 가지고 프로젝트에 착수했다. 해시마스크 캐릭터들은 1980년대 장 미셸 바스키아Jean-Michel Basquiat의 작품에서 영감을 받았고, 총 1만 6,384개의 NFT로

한정 공급됐다. 흥미롭게도 해시마스크 NFT를 구매할 경우 컬렉터에겐 'NCTName Changing Tokens'라는 토큰이 함께 수여되는데, 이는 컬렉터가 자신이 소유한 해시마스크에 고유한 이름을 부여하게 하는 메커니즘이다. 컬렉터를 작품의 공동 창작자로 초대한다는 이 개념은 매우 혁신적인 것이고, 현재 NFT 세상에서 가장 중요하게 거론되는 트렌드 중 하나이기도 하다. NCT 토큰이 중요한 또 하나의 이유는 컬렉터들에게 작품의 작명 권한을 주어 해당 작품의 가치를 결정하는 데에도 직접 관여하게 하기 때문이다. 해시마스크는 작품 이름이 희귀할수록 가치가 올라가는 경향이 있는데, 해시마스크의 희소성을 결정하는 또 다른 요소들, 예를 들어 피부나 눈 색깔, 사람의 외관인지 로봇의 모습을 하고 있는지, 마스크를 착용하고 있는지 아닌지 등과 함께 NFT의 희소성을 결정짓는 또 하나의 중요한 특성이 된 것이다.

각각의 해시마스크가 갖는 희소성에서 컬렉터들의 역할이 크듯이, 처음 1만 6,384개의 해시마스크가 제작될 때도 커뮤니티의 역할이 컸다. 원래 해시마스크의 창시자들은 피버Fiverr와 같은 프리랜서 플랫폼에서 적은 액수의 돈을 지불하고 캐릭터를 만들 아티스트를 모집하려고 했다. 하지만 이런 플랫폼을 통해 제출된 대부분의 작품은 실망스러운 수준이었고, 결국 두 창작자는 수고로운 평가 과정을 거쳐서 70명 정도의 아티스트를 최종 선발했다. 이들에겐 캐릭터의 다양한 특성을 고안해내는 임무가 주어졌는데, 이 과정에서 드러난 여러 종류의 특성을 알고리즘으로 조합해 해시마스크 캐릭터들로 재탄생시켰다. 약 80%의 캐릭터가 이런 방식으로 제작·발행됐고, 나머지 20%는 두 창작자가 직접 작업해 완성했다. 2021

년 1월 28일, 해시마스크는 외부에 공개될 모든 준비를 마쳤다.

독창적인 판매 방식 | 해시마스크의 시장 데뷔에서 흥미로운 사실은 본딩커브bonding curve 방식으로 판매됐다는 것이다. 본딩커브 방식에서는 사전에 설정된 곡선curve에 따라 각 NFT의 가격이 결정된다. 다시 말해, 이미 구매가 끝난 해시마스크의 수가 많을수록 다음 해시마스크의 가격이 높아진다. 구체적으로 보자면 맨 처음에 판매된 해시마스크는 0.1이더(당시 약 130달러), 마지막에 판매된 해시마스크는 100이더(당시 약 13만 달러)였다. 이는 구매자들이 최대한 다급함을 느끼도록 설계된 가격 설정 메커니즘이었다.

그림 3-32 | 16,384개의 해시마스크 NFT에 대한 가격 본딩커브

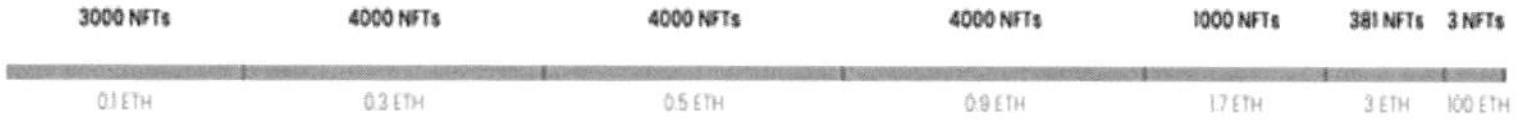

3000 NFTs	4000 NFTs	4000 NFTs	4000 NFTs	1000 NFTs	381 NFTs	3 NFTs
0.1 ETH	0.3 ETH	0.5 ETH	0.9 ETH	1.7 ETH	3 ETH	100 ETH

출처: 해시마스크 공식 웹사이트

하지만 이런 독특한 판매 방식이 처음 공개됐을 때, 트위터의 NFT 군중은 별 관심을 보이지 않는 듯했다. 이런 사실을 언급하는 몇몇 트윗만 보였을 뿐이다. 해시마스크의 독창적인 판매 방식은 성공했을까, 아니면 실패했을까?

판매 개시 6시간이 지났을 때 3,000개의 해시마스크가 팔렸다. 구매자는 자신이 어떤 캐릭터를 갖게 될지, 또 그것이 얼마만큼의 희소성을 갖게 될지 전혀 알 수가 없었기 때문에 구매자들 사이에 치열한 희소성 경쟁이

일어났다. 또한 더 많은 해시마스크가 팔릴수록 고유한 이름을 생각해내기가 어려워졌는데 이것이 NFT 커뮤니티에서 큰 화젯거리가 되면서 프로젝트에 대한 관심을 증폭시켰다.

1월 30일이 됐을 때 해시마스크는 대부분 1이더 내외에서 거래되고 있었고, 간혹 0.1이더에 판매됐던 첫 해시마스크가 100이더에 재판매되기도 했다. 트위터에는 해시마스크에 관한 글들이 넘쳐났고, 어느덧 해시마스크는 인터넷상의 화젯거리가 됐다.

그렇게 해서 판매 개시 48시간이 지났을 때, 해시마스크의 거래 규모는 재판매 포함 총 1,600만 달러를 기록했다.

잠깐, 아직 재미가 끝난 것이 아니다. 해시마스크 창작자들은 커뮤니티의 참여가 구매 이후에도 계속되길 바랐기 때문에 때때로 해시마스크 카드들에 재미있는 요소들을 숨겨놓았다. 실제로 구매자들은 주말이 끝나갈 때쯤 이를 발견하기 시작했다. 예를 들면 한 트위터 사용자는 해시마스크 카드 번호가 피보나치 수열(앞의 두 수의 합이 바로 뒤의 수가 되는 수의 배열)을 따를 경우 피보나치의 상징 기호들이 해당 캐릭터 카드에 숨겨져 있다는 것을 발견했다. 또 어떤 이들은 해시마스크 카드들이 퍼즐 조각처럼 서로 맞춰질 수 있음을, 혹은 다른 콘텐츠로 연결되는 숨겨진 QR코드를 갖고 있음을 알아내 트위터에 공유했다. 이 외에도 해시마스크 카드가 산스크리트어로 된 작은 메시지를 담고 있다든지, 두 개의 해시마스크가 완전히 똑같은 모습을 하고 있다든지 하는 쏠쏠한 발견의 재미가 커뮤니티 멤버들에게 끊임없는 이야깃거리를 만들어주었다.

커뮤니티의 영향력을 활용하다 | 해시마스크의 사례처럼 NFT 프로젝트를 진행할 때 커뮤니티의 영향력을 최대한 이용하는 것은 앞으로도 많은 NFT 프로젝트의 성공을 끌어낼 것으로 보인다. 실제로 이미 몇 개의 NFT 프로젝트가 이런 접근 방법을 채택해 나름의 성과를 내고 있다. 가장 성공적인 예로는 해시마스크가 출시되고 몇 달 후에 론칭한 '미비츠'와 '지루한 원숭이 요트 클럽The Bored Aped Yacht Club'이 있다.

미비츠는 앞서도 살펴봤듯이 크립토펑크의 창시자들이 새로 내놓은 프로젝트인데, '커뮤니티 한정판매'라고 해서 크립토펑크를 이미 소유하고 있는 컬렉터들에게 총 2만 개의 미비츠 중 일부를 공짜로 민팅할 수 있는 권한을 주어 화제가 됐다. 이는 기존 커뮤니티 멤버들에게 '단독권'이라는 특별함을 선물함으로써 그들의 관심과 영향력을 새로운 프로젝트로 이끈 훌륭한 예라고 할 수 있다. 한편 '지루한 원숭이 요트 클럽'의 경우에는 지루한 원숭이 NFT를 소유한 컬렉터들만이 접속할 수 있는 '더 배스룸The Bathroom'이라는 커뮤니티 캔버스 보드를 제공한다. 멤버들은 15분마다 한 픽셀씩 그림을 그릴 수 있는데 이런 픽셀들이 모여 픽셀 아트가 완성된다. 이는 사람들의 소속감에 대한 니즈를 충족시켜주기 위해 공동 창작 활동을 사회적 접착제social glue로 이용한 하나의 훌륭한 예다.

NFT가 개인의 소유권에 대한 증명서로 주목받기 시작했지만 이젠 이렇게 NFT를 통한 커뮤니티의 형성과 지속적인 발전, 그리고 그것을 통한 개인의 행복과 임파워먼트가 동시에 기대되는 시대다. 앞으로 또 어떤 프로젝트가 커뮤니티에 의해, 그리고 커뮤니티를 위해 탄생하고 운영될지 기대된다.

PART 4

셀럽 인터뷰를 통한
NFT의 가치 평가

CHAPTER 1

NFT 가치 평가의 키워드: 사고방식, 스토리, 희소성

NFT의 가치와 가격을 책정하는 것은 어려운 일이다. 계절이 지나며 트렌드도 바뀌고 사람들의 기호 또한 바뀐다. 처음엔 참신하다고 생각됐던 예술적 요소가 진부하다고 느껴지기도 하고, 또 반대로 처음엔 흥미를 유발하지 못했던 작품이 뒤늦게 빛을 보기도 한다. 특히 NFT 아트는 가치 평가가 매우 어려운 영역 중 하나인데, 어떤 작품이 인기가 있고 가치가 있는지는 컬렉터들의 주관적인 판단, 그리고 또 많은 부분 시장의 사회적 합의에 달려 있다.

주관과 사회적 합의 사이에서 절묘하게 이뤄지는 NFT 아트의 가치 평가에 대해 좀더 심층적으로, 그리고 '인간적으로' 분석해보기 위해 이 구역의 '인싸'들과 독점 인터뷰를 진행했다. 세계적인 NFT 작가 및 컬렉터 일곱 명과의 인터뷰를 통해 분명해진 사실은 작품 활동과 거래에 정말 중요한 세 가지 키워드가 있다는 것이다. 바로 사고방식, 스토리, 희소성이다.

세 가지 키워드

사고방식과 스토리 | 당신이 NFT 작가라면 올바른 사고방식을 가지고 임하는 것이 중요하다. 블록버스터급 NFT 거래들을 보며 NFT가 단순히 쉽게 돈을 벌기 위한quick money 수단이라고만 생각한다면, 결국 좋은 결과를 얻기가 힘들 것이다. 예술과 상업의 살벌한 경계선에서 예술가로서의 진정성이 곧 당신의 고유한 스토리로 컬렉터들에게 전달될 것이기 때문이다.

여기서 스토리는 글만을 이야기하는 것이 아니다. 작품 제목이나 설명을 통한 직접적인 스토리텔링storytelling이 될 수도 있고, 아니면 작품 자체가 뿜어내는 고유한 예술적 아우라 또는 관객과 공유되는 섬세한 감정선이 될 수도 있다. 이미 수만 개의 작품이 올려져 있고 매 순간 새로운 작품이 올라오는 NFT 정글에서 관객의 눈에 띄기 위해선 자신만의 스토리가 있어야 한다.

작품을 통해 세상과 어떤 이야기를 나누고 싶은지 생각해보자. 일시적인 트렌드를 따라가는 것이 아니라 크립토 아티스트로서 당신의 아이덴티티가 뚜렷이 나타나는 스토리를 구축해보자. 스토리텔링은 일방적인 행위가 아니기 때문에 작품이 거래된 후에도 컬렉터와 지속적으로 연락하며 자신의 스토리에 디테일을 더할 수 있고, 또 각종 소셜미디어 플랫폼 상에서 군중과의 대화를 통해 익숙함에 새로움을 더할 수 있다는 매력이 있다.

희소성 | 마지막으로 작품의 희소성에 대해 생각해보자. 물론 '팔릴 때까지 민팅한다'라는 다산多産의 유혹이 무조건 나쁜 것이라고 할 수는 없다. 작품을 단시간에 많이 올린다는 것은 그만큼 시장(컬렉터들)의 피드백을 빨리 받을 수 있다는 뜻이기도 하기 때문이다. 특히 당신이 신인 작가라면 앞으로의 예술적 방향을 잡는 데 도움이 될 수도 있다. 하지만 고유성과 희소성이 중요시되는 NFT 세상인 만큼, 당신의 아이덴티티를 투영한 작품들이 시장에 너무 많이 풀려 있다면 결국 각 작품에 대한, 더 나아가서는 당신의 브랜드에 대한 가치 하락으로 이어질 가능성이 크다. 종종 (특히 중견 작가들은) 자신의 과거 NFT 작품들을 컬렉터들에게 되사서 소각하기도 하는데, 바로 이 때문이다. 물론 희소성이 더 높은 가격을 보장해주지는 않지만 사람들이 NFT에 열광하는 이유가 희소성인 것은 분명하기 때문이다.

컬렉터를 위한 가치 평가 프레임워크

당신이 컬렉터라면 다음과 같은 질문을 바탕으로 NFT 가치 평가 프레임워크를 구축해보라. 만약 당신이 작가라고 해도 역시 도움이 될 것이다. 컬렉터의 시각에서 자신의 작품을 평가해볼 수 있는 유용한 프레임워크이니 말이다.

① 해당 NFT 작품에 대한 나의 첫인상은 무엇인가?
② 이 작품을 집에 걸어놓고 친구들에게 자랑스럽게 보여줄 수 있겠는가?
③ 작품이 얼마만큼 독특하고 유일한가?
④ 유사한 다른 작품과의 주요 차이점은 무엇인가?
⑤ 작가는 얼마나 자주 출품하는가?
⑥ 작가의 경력 및 업적은 어떻게 되는가?
⑦ 이 작가의 작품을 누가 또 수집하는가?
⑧ 작가는 작품 활동을 통해 주로 어떤 주제를 탐구하는가?
⑨ 작가의 스토리가 얼마나 독특하고 유일한가?
⑩ 작가가 커뮤니티 활동에 얼마나 적극적인가?

위 질문들에 대한 답이 준비됐다면, 여기서 하나 더. 구매 버튼을 누르기 전에 자신에게 던져야 할 아주 중요한, 궁극적인 질문이 하나 더 남아있다.

'내가 이 NFT를 소유하는 마지막 사람이 되더라도 만족하겠는가?'

NFT 미술 작품들의 높은 유동성, 가파른 가격 인상을 보면서 NFT에 투기적으로 접근하는 이들이 많다. 하지만 트렌드는 우리가 생각하는 것보다 훨씬 더 빨리 바뀐다는 것을 기억해야 한다. 당신이 구매한 NFT 작품을 앞으로 더 높은 가격에 되팔 수 있는 상황이 절대로 오지 않는다고 해도 그 작품을 소유하겠다는 마음이 있을 때, 해당 NFT 작품을 구매하자.

독점 인터뷰 시리즈 ①: NFT 작가들

CHAPTER 2

먼저 국내외 유수의 NFT 크리에이터들을 만나보자. 크리에이터보다는 아티스트라는 단어가 더 잘 어울리는 사람들이다. 바로 해커타오Hackatao, 카를로스 마르시알Carlos Marcial, 미스터 미상Mr. Misang, 그리고 하윤이다. 이들의 작품 모두를 돈으로 환산하면 수백만 달러에 이를 것이다. 그만큼 각자의 위치에서 다양한 모습으로 전 세계 NFT 아트 커뮤니티 구축에 중요한 역할을 해오고 있다. 이들의 이야기를 통해 NFT 가치 평가에 관한 중요한 부분들을 생각해보면 좋겠다.

• **해커타오:** 이탈리아 출신의 NFT 아트 듀오다. 예술 작품을 통해 언론의 자유, 표현의 자유, 인류가 환경에 미치는 영향과 관련된 주제를 탐구하는 것으로 유명하다. 해커타오의 작품들은 포드모크Podmork라는 토템 신앙의 조각품을 특징으로 하는데, 요즘 시장에서 가장 핫한 작품들이기도 하다. 해커타오의 창의적 접근은 NFT 세계에서 성공할 수 있는 로드맵을 제시한다.

• **카를로스 마르시알:** 멕시코 출신이지만 전 세계를 돌아다니며 풀타임 NFT 아티스트로서 창작 활동에 임하고 있다. 그의 'infite loops' 시리즈는 NFT 아트에 대한 재정의를 내리고 있다. 인터뷰에서 그는 NFT 아트를 발견하기 전 프리랜서 그래픽 디자이너로서 겪었던 어려움에 대해 이야기한다. NFT 아티스트일 뿐만 아니라 블록체인과 NFT 커뮤니티에서 리더십을 발휘하고 있는 카를로스 마르시알의 이야기는 우리에게 영감을 준다.

• **미스터 미상:** 한국의 대표적 NFT 아티스트 1세대다. 그의 작품은 샐러리맨들이 일상에서 겪는 경제적·사회적 어려움에 대해 이야기해 큰 호응을 얻고 있다. 그의 'Modern Life is Rubbish' NFT 시리즈는 세계 각국의 컬렉터들로부터 100만 달러 이상을 벌어들이기도 했다. NFT 창작 활동과 함께 크립토복셀이라는 메타버스 안에 자신만의 갤러리를 소유하고 있는 미스터 미상. 한국 NFT 역사에 한 획을 긋고 있는 상징적인 아티스트다.

• **하윤:** 세계적으로 인정받는 척추신경외과 의사이자 전통 예술가다. 그는 의학과 예술의 놀라운 접목을 통해 세상과 소통하는데, 특히 어떻게 NFT라

는 매개체를 통해 전통예술에서 디지털 아트로 건너오게 됐는지를 이야기 한다. 하윤 박사의 작품들은 그의 듀얼 커리어를 한껏 반영한다. 예를 들어 역동적인 두뇌 지도를 통해 인간의 감정과 삶의 표상, 기억 간의 연관성을 탐구하고 나타낸다. 그의 작품들은 NFT를 통한 전통과 디지털의 예술적 조화를 보여준다.

인터뷰: 해커타오

러브스토리와 함께 시작된 해커타오. 2007년도 말, NFT 아트 듀오가 사랑에 빠졌다. 2개의 생각, 2개의 마음, 2개의 삶의 모습이 한배를 타며 롤러코스터가 시작됐지만, 어떻게 보면 그 덕에 해커타오의 대표적인 NFT 작품들이 탄생하게 됐다. 특히 2018년은 그들에게 중요한 한 해였다. 그 해 11월 이탈리아 톨메쪼에서 'FIGHT FEAR'라는 제목의 전시회를 열고 증강현실을 포함하는 미술 작품을 선보인 것이다. 당시로선 상당히 용감한 시도였다. 전시 작품 전체에 크게 엑스(X) 자가 쳐져 있었고, 관객들은 QR코드를 통해서만 해커타오의 작품에 접근할 수 있었다. 이 QR코드는 슈퍼레어와 노운오리진 NFT 마켓플레이스들과 연결됐는데, 그곳에 해커타오의 NFT 작품들이 전시되어 있었다. 실물 예술 작품과 NFT의 만남이 이뤄진 최초의 전시회였다. 그 후 해커타오는 메타버스에 푹 빠지게 된다.

해커타오에게 메타버스란 단순히 NFT 미술 작품을 전시하는 공간이 아니라, 커뮤니티를 구축하고 NFT 세계에서 영향력 있는 인물들과 어울릴 수 있는 곳이었다. 그들은 MoCDA Museum of Contemporary and Digital Art(현대디지털아트미술관)의 큐레이터인 엘레노라 브리지Eleonora Brizi와의 친목을 통해 다양한 NFT 아티스트들과 긴밀한 관계를 형성하고 작업할 수 있었다. 해커타오가 다수의 원조 NFT 작가들과 함께 작업한 〈First Supper〉* 는 특히 유명하다. 에이싱크아트 NFT 플랫폼상에서 이뤄진 이 협동 작품은 슈퍼스타급 NFT 작가들이 공동 참여한 것만으로도 엄청난 화제가 됐다. 현재 〈First Supper〉는 비플의 〈Everydays: The First 5000 Days〉 경매 낙찰자로도 유명한 메타코반이 소유하고 있다.

이 작품 이후 해커타오는 NFT 아티스트이자 컬렉터인 콜디와 함께 공동 작업을 하게 됐다. 작품명은 〈Unidentified Art Phenomenon〉** 으로 슈퍼레어 NFT 마켓플레이스에 발행됐으며, NFT 세계의 특별한 여정을 정의하면서 두 아티스트의 독특한 스타일 또한 훌륭하게 담아냈다.

해커타오가 초기에 커뮤니티를 구축하기 위해 노력하지 않았다면 이런 협동 작업들은 불가능했을 것이다. 결국 다른 사람들과의 관계를 통해 무에서 진정한 의미의 유를 창조할 수 있으니 말이다. 특히 NFT와 같이 아직 완벽하게 형성되지 않은, 그래서 기존의 틀에 얽매이지 않은 역할과 기회들이 충분히 존재하는 세계에서는 더더욱 그렇다. NFT에 입문하는 신인 아티스트라면 특히 주목할 만한 교훈이라고 생각한다.

또한 해커타오가 슈퍼레어, 메이커스플레이스, 에이싱크아트, 노운오리진, 니프티 게이트웨이 등의 NFT 마켓플레이스에서 처음부터 성공을 거둘 수 있었던 이유는 끊임없이 묻고 탐구하기 때문이 아닐까 싶다. 그들

---

* https://async.art/art/master/0xb6dae651468e9593e4581705a09c10a76ac1e0c8-0

** https://superrare.com/artwork-v2/uap---unidentified-art-phenomenon-9343

그림 4-1 | 해커타오의 〈Queen of Pop〉

1. **Install** the Artivive app

2. **Find** images marked with the Artivive icon

3. **View** the image through your smartphone

아티바이브(Artivive) 앱을 다운받아 QR코드를 대면 회원 가입이나 로그인 없이도 영상을 볼 수 있다.
출처: 작가 제공

의 NFT 작품은 888, 메타퍼스Metapurse 등 유명 컬렉터들의 디지털 지갑에 들어 있다. 또한 블록체인과 예술 영역에서 정평이 나 있는 전문 블로그 '아트놈Artnome'에서도 수차례 해커타오가 언급되면서 이들은 업계에서 가장 존경받는 NFT 아티스트 반열에 오르게 됐다.

해커타오는 인터뷰 내내 컬렉터들에 대한 고마움을 표했다. 자신들의 성공이 결국 컬렉터와 함께 NFT 아트의 발전을 도모하며 이뤄낸 결과라고 생각해서다. 해커타오는 기존의 전통 미술 세계로부터 정당성을 인정받느냐 하는 문제를 더는 염려하지 않는다고 말한다. 자신들의 창의성을 존중하고 기념해주는 NFT 아트 공동체를 찾았기 때문이다.

해커타오의 창의성은 인간의 상태를 함께 탐구하고자 하는 호기심에서 비롯된다. 그래서 그들은 창작에 들어가기 전 의식의 흐름을 형성하기 위한 대화를 시작한다. 이때 탐구 주제는 사회적 부당함, 대중문화, 인간이 환경에 미치는 영향 등 매우 다양하다. 일단 주제가 정해지면 역할을 두 파트로 나누는데, 예를 들어 한 사람이 초기 윤곽선을 그리면 다른 한 사람이 무의식 선상의 이미지들을 그리는 식이다. 이런 '주고받기' 과정은 하나의 예술 작품을 탄생시키는 데 각자의 재능을 잘 살릴 수 있게 도와주고, 결과물이 창작 과정에서 '음과 양'의 역동성을 잘 담을 수 있게 해준다고 한다. 어떻게 보면 이 모든 과정 자체가 그들의 현재진행형 NFT 아트 스토리에 새로운 챕터로 매 순간 더해지고 있을 것이다.

인터뷰가 끝날 무렵 해커타오는 다른 문화에 관심이 많다면서, 그런 관심이 NFT 아트에 대한 생각과 작품 활동에 큰 영향을 미쳤다고 말했다. 아시아의 색상들, 일본의 만화 문화, 동양 철학 등 이 모든 것이 어떻게 자신들의 시각적 스타일에 영향을 미쳤는지 말해주었다. 실제로 두꺼운 검은색 선, 눈부신 색깔들 그리고 해커타오 특유의 캐릭터들은 분명 동양적인 특징을 가지고 있다. 이런 시각적 요소들은 해커타오가 가진 독특한 심미성의 근본이자 아이덴티티다. 사실 해커타오의 독특한 스타일은 서양 문화와 동양 문화의 결합뿐만 아니라 그들의 NFT에 대한 생각과 태도를 상징하기도 한다. "NFT 공간은 국경이 없는 플랫폼입니다"라고 해커타오는 말한다. 그렇기 때문에 NFT 아트는 문화적으로 풍요로운 이 시대를 살아가는 우리가 서로 다른 문화로부터 배울 수 있게 돕고, 또 서로 다른 공동체를 더욱더 가깝게 만드는 힘을 준다는 것이다.

해커타오의 작품들은 그들이 함께 창조하고자 하는 세상에 대한 열망을 나타낸다. 그들이 전하고자 하는 스토리는 예술에 관한 것만도, 러브스토리에 관한 것만도 아닌 2개의 생각, 2개의 마음, 2개의 영혼이 함께 모여 나누는 특별한 '순간들'이 아닐까. 토큰화된 사랑의 '순간들'은 의도했든 아니든 지금 메타버스에 존재하고 있다. 온체인으로 저장되어 영원히 입증되고, 영원히 목격될 수 있게 말이다.

다음은 해커타오와의 인터뷰 내용이다.

Q: 어떻게 해커타오를 만들었는가? 그 이름은 어디에서 유래했나?

'Hack'은 내면으로 들어가 그 밑에 숨겨진 것을 발견하는 즐거움을, 'Tao'는 우리의 역동적 균형인 음과 양을 뜻한다. 해커타오는 2007년 이탈리아에서 탄생했고, 2018년에 우리의 첫 작품을 블록체인상에 토큰화했다. 이후 전시회에서 디지털 아트를 선보이곤 했지만, 우리는 당시 크립토 아트 분야에서 지금처럼 존중받거나 진정으로 이해받지 못했다. 초기에는 세라믹, 드로잉, 캔버스 페인팅, 3차원 표면도 등을 가지고 실험을 하기도 했다.

Q: NFT를 처음 알게 됐을 때 어떤 상황이었는가?

우리는 NFT가 존재함과 동시에 그 현장의 일부가 됐다. 모든 일이 순식간에 일어났고 NFT에 대해 처음 들었을 땐 이미 발을 들여놓은 상태였다.

Q: NFT가 이전에는 불가능했던 어떤 것들을 할 수 있게 해주는가?

NFT는 우리가 개발한 디지털 언어에 의미와 가치를 부여할 수 있게 해준다. 우리는 디지털 아티스트로 시작했지만 그 길을 계속 가기엔 시기상조라고 생각했고, 그래서 아날로그 미술 시장으로 전향했다. NFT가 우리에게 예술적 뿌리를 되찾게 해준 것이다.

Q: 당신이 작품을 통해 스토리텔링하는 방법을 NFT가 바꾼다고 생각하는가?

확실히 그렇다. NFT는 우리가 '의미'란 것을 가지고 놀 수 있게 해주며, 그 과정에서 다양한 해석이 공존할 수 있게 한다. 우린 또 사운드를 더할 수 있고, 더욱더 깊고 정교한 작업을 할 수 있다. NFT 아티스트는 자신의 작품에 대한 소유권이 컬렉터의 손에 들어간 후에도 언제든지 그 작품을 접할 수 있으므로 자기 작품과의 유대감을 지속적으로 쌓게 된다. 깰 수 없는 연결고리니까. 또한 전통 미술 세계에서 실물 작품은 갤러리나 박람회 등을 거친 후에야 관객과의 직접적인 만남이 성사되는데, NFT 작품은 공개 즉시 관객의 반응을 볼 수 있다는 점이 창작자들에겐 엄청난 만족감을 준다. 이 속도감은 아티스트에게 더 많이 제작하고 공유하고자 하는 에너지와 의지를 부여한다.

Q: 암호화 아티스트와 NFT 아티스트의 차이점은 무엇인가?

암호화 아티스트는 NFT를 사용해 예술을 창조한다. 따라서 이 둘은 밀접히 연관되어 있다.

Q: 당신의 예술을 통해 사람들과 어떤 메시지를 공유하는가?

우리는 심리학, 연금술, 철학, 대중문화와 현대 이슈, 정치와 환경 등의 주제를 탐구한다. 누군가가 우리 작품을 보고 있다면 그것은 우리 의식의 흐름을 보는 것이기도 하다. 우리 역시 지난 역사를 돌아보며 많은 것을 배우고, 또 그렇게 함으로써 우리가 채워야 할 갭과 해야 할 일, 창조적 공간 등에 대해 더욱더 잘 이해할 수 있다. 현재 인류는 뉴스와 정보의 끊임없는 흐름에 압도되어 있다. 그 때문에 종종 숨이 막힐 것 같은 상황에 처하기도 한다. 우리는 이런 상황을 재창조하고 탈바꿈시킬 방법들을 찾기 위해 과거를 살핀다. 자유를 찾아 끊임없이 학습하고, 자연과 예술에서 배우며 답을 찾고 있다.

Q: NFT가 당신의 삶을 어떻게 바꾸었는지?

사람들은 종종 모든 것이 이윤 중심으로 돌아간다고 생각한다. 우리는 독립적으로 창작 활동을 하고 있고, 이윤 창출을 목표로 한 적은 없다. NFT는 우리가 지속적으로 예술 활동을 할 수 있도록 도와주었고, 보다 더 조직적인 프로젝트를 개발하고, 더 많은 실험을 하고, 또 이 과정을 통해 예술적으로 더욱더 성장할 수 있게 해주었다.

참, 우린 크리스티에서 2021년 7월 경매에 나올 예정인 레오나르도 다빈치의 〈곰의 머리Head of Bear〉를 기념하는 NFT 작품*을 만들 기회까지 얻었다. 와, 이런 일이 일어날 수 있으리라곤 상상조차 못 했는데 말이다. 예술을 한다는 것은 영원히 끝나지 않는 여름휴가를 보내는 것과 비슷하다. 마치 어린 시절로 돌아가 세상의 모든 시간을 가진 느낌이다. 아니, 실제로 그렇다. 우리는 더 자유로운 어린 시절로 돌아왔다.

Q: 당신의 NFT 작품들 중 가장 좋아하는 작품은 무엇인가?

선택하기가 너무 어렵다! 부모가 가장 좋아하는 자식을 꼽기 어려운 것처럼 말이다. 우리는 우리가 창작한 모든 작품을 사랑하고, 이 작품들의 여정을 흥미롭게 지켜보고 있다. 예술 작품은 마치 어린아이와 같다. 그 작품만의 예상치 못한 길을 개척해내고, 시간에 따라 누구도 절대 상상할 수 없었던 방식으로 진화한다. 우리가 예술 작품을 공개하면 시간이 지남에 따라 관객들이 이 작품들에 부여하는 의미 또한 바뀌게 된다. 우리에게도 새로운 감정을 느끼게 하는 경험이다.

Q: 수집한 NFT 작품 중 가장 좋아하는 것은 무엇인가? 그리고 그 이유는?

우리는 픽셀 아트에 완전히 사로잡혔다! 특히 닉 리틀Nick Little의 작품은 우리가 가장 좋아하는 작품 중 하나다. 또 우리는 원조 크립토 아티스트들의 다양한 작품을 소장하고 있는데, 특히 로비 바렛Robbie Barrat의 작품을 좋아한다. 로비는 슈퍼레어 마켓플레이스에 최초로 작품을 토큰화해

---

* https://superrare.com/features/hack-of-a-bear

올린 아티스트이고, 그의 첫 번째 NFT 드롭의 뒷이야기는 정말 짜릿하다. 그는 2018년 크리스티가 주최한 '아트 앤 테크Art and Tech' 써밋에서 자신의 NFT 300개에 대한 교환권을 공짜로 뿌렸는데, 당시 대다수의 컬렉터가 NFT 아트의 힘을 알지 못해 이 교환권을 버리고 말았다. 300개 중에 실제로 12개만 클레임되었다고 한다. 이렇게 영영 사라진 NFT들에 대한 이야기는 〈사라진 로비들The Lost Robbies〉이라는 제목의 만화로 제작되기도 했다. 참, 〈AI Generated Nude Portrait #7〉 또한 우리가 가장 아끼는 수집품 중 하나다.

Q: 참여해온 NFT 프로젝트 중 가장 좋아하는 프로젝트는?

우리는 픽셀 볼트Pixel Vault의 펑크 코믹PUNKS Comic과 협력해 〈The Queen of Punks〉라는 작품을 만들었다. 펑크 코믹 제네시스PUNKS Comic Genesis의 주인공 중 하나인 코트니(Courtney, CryptoPunk 2146)로부터 영감을 받은 작품이다.* 또 다른 프로젝트는 에이싱크 플랫폼상의 〈First Supper〉란 작품인데, 콜디, 조시Josie, 엑스카피Xcopy, 매트 케인Matt Kane 등 12명의 NFT 작가와 함께 큰 규모의 협동 작업으로 진행했다. 우리는 앞으로도 수많은 흥미로운 아티스트 및 뮤지션들과 협동 작업을 하려고 계획하고 있다. 이에 대해 여러분과 빨리 공유할 수 있게 됐으면 좋겠다.

Q: 우리와 공유할 수 있는, 현재 진행 중인 NFT 프로젝트는 무엇인가?

---

* https://superrare.com/artwork-v2/queen-of-punks-24404

앞서 언급했듯이, 레오나르도 다빈치의 〈곰의 머리〉에서 영감을 얻어 진행되는 창작 프로젝트다. 크리스티가 2021년 7월 런던 경매에 우리를 초대해주어서 정말 기쁘다. 우린 다빈치의 오리지널 스케치에서 영감을 받아 3D 애니메이션 버전을 만들었는데, 메타버스 세상에서 새로 탄생한 우리의 곰은 입을 크게 벌리고 있고 얼굴 전체가 해커타오 특유의 그림들로 덮여 있다. 또 그 그림들은 유기적으로 움직인다.

Q: 당신의 나라에서는 NFT 아트 분야 확장을 어떻게 보는가?

NFT의 세계엔 국경이 없기 때문에 서로 다른 국가란 개념으로 생각하기가 어렵다. NFT는 세계적인 움직임이다. NFT 아트는 완전히 새롭고 방대한 청중에게 블록체인 기술을 소개하고 있다. 우리는 새로운 형태의 경제가 탄생하는 것을 지켜보고 있으며, 따라서 미래엔 '장벽 없는 세상'이라는 인식이 좀더 보편화됐으면 좋겠다. 경제적으로 낙후된 지역의 사람들도 새로운 가상의 세계에서 활동하면서 좀더 많은 기회를 가질 수 있는 세상 말이다.

Q: 작품을 업로드할 때 가장 좋아하는 NFT 플랫폼은 무엇인가? 그리고 그 이유는?

아티스트가 전달하고자 하는 내용과 작품의 특성에 따라 적합한 플랫폼이 따로 있다. 예를 들어 슈퍼레어는 독특한 작품들을 올리기 좋은 플랫폼이며, 니프티 게이트웨이는 환상적인 오픈 에디션 기능을 제공한다. 사실 아직까지 우리가 제일 좋다고 할 만한 NFT 플랫폼은 존재하지 않는다. 시장의 역동성을 살펴보면 갈 길이 멀었다는 것을 알 수 있다.

Q: 미술품의 가격을 어떻게 결정하는지?

결국은 내 작품이 시장에서 어떻게 평가되고 가치가 매겨지느냐에 따라 가격이 정해지는 것 같다. 따라서 미술품의 가격은 시장과 컬렉터가 결정한다고 할 수 있다.

Q: 해커타오가 여타 NFT 아티스트와 다른 점은 무엇인가?

아마도 눈에 띄는 스타일이 아닐까 싶다. 우리는 창작을 멈추지 않는다! 계속해서 실험하면서도 우리의 본모습을 잃지 않으려고 하며, 우리만의 시각적 언어를 왜곡하지 않는다.

Q: 해커타오가 음악 그룹이라면 어떤 음악을 연주할까?

만약 우리가 밴드라면, 항상 음악을 만들 새로운 방법을 찾을 것이다. 다양한 스타일을 끊임없이 연구하고, 결합하고, 하나의 문화를 재창조하기 위한 시도로 혁신적인 소리와 리듬을 만들어내고 있지 않을까. 아마도 당신이 춤을 추지 않고는 배길 수 없는 음악을 만들었을 것이다. 우리는 민족적이거나 무속적인 영향을 품은 소리부터 북유럽 바이킹의 면모를 가진 소리까지 광범위한 음악을 듣는다. 마치 한 편의 연극처럼, 무대를 압도하는 밴드들은 관객을 놀라게 하고 더욱 강력한 경험을 선사한다. 밴드로서 해커타오는 보편적이지 않은 음악, 다른 차원으로 들어가면서도 선조들을 떠올리게 하고, 고전 음악에서 전자 음악을 넘나들고 아우르는 음악을 만들 것이다.

Q. 만약 당신의 원작 이야기가 영화화된다면, 누가 당신 역할을 할 것으로 보는가?

해커타오 이야기가 영화로 만들어진다면 누가 우리를 연기할 수 있을지는 모르겠지만, 미학적으로는 웨스 앤더슨Wes Anderson의 영화와 비슷할 것이다. 영화 〈그랜드 부다페스트 호텔〉 속 형태들의 깔끔한 구성과 기하학적 구조가 우리 마음을 사로잡았기 때문이다. 줄거리 측면을 생각해보자면, 데이비드 크로넨버그David Cronenberg의 〈스파이더〉나 스탠리 큐브릭Stanley Kubrick의 〈시계태엽 오렌지〉 같은 시나리오에서 우리 모습이 그려진다. 또한 우리의 예술에서 현실의 여러 층이 합쳐지고 다양한 해석이 가능하다는 점에서 데이비드 린치David Lynch의 〈멀홀랜드 드라이브〉의 모습도 지니고 있다. 만약 TV 시리즈라면 〈닥터 후〉나 〈기묘한 이야기〉, 〈애쉬 vs 이블 데드〉와 비슷할 것이다. 우리는 고전 공포영화와 문학에서도 많은 영감을 받는다.

Q: 자신의 작품을 NFT로 만들고 싶어 하는 신인 아티스트에게 조언을 해준다면?

이 세계를 단순히 엄청난 이익을 얻을 수 있는 곳으로 생각하지 말라고 말해주고 싶다. 그것은 예술을 하는 올바른 방법이 아니고, 잘못된 태도다. NFT 세계에 들어오면 즉시 큰 성공을 거둔다는 생각은 하나의 신화에 불과하다. 활발한 NFT 아트 커뮤니티에서 활동하고 싶다면 그 커뮤니티를 존중하고 그 일부가 될 수 있도록 노력해야 한다. 때때로 일이 생각대로 풀리지 않는다고 하더라도 창작 활동을 멈추지 말고, 그 기회를 통해 정신을 좀더 강하게 단련하고, 부정적인 것들을 긍정적으로 바꾸고, 더 공부하고 배우기를. 다른 이유가 아니라 단지 예술이 좋아서 작품 활동을 하기를 바란다.

Q: 앞으로 100년 후에 기억되고 싶은 당신이나 당신의 예술에 대한 모습을 한 문장으로 표현한다면?

'모두가 볼 수 있지만 소유하는 사람은 단 한 명뿐Everyone sees it but only one owns it.' 현재 NFT 분야의 화두를 잘 담아낸 말이라고 생각한다.

Q: 마지막으로, 당신이 파티를 연다면 누구를 초대하고 싶은가?

손님들과 좋은 대화를 나눌 수 있도록 친밀한 저녁 식사를 대접하고 싶다. 니체도 있을 것이고, 레오나르도 다빈치, 스물세 살의 어린 아인슈타인, 히파티아, 앤디 워홀도 있을 것이다. 그리고 록 밴드 블론디Blondie the band, 헤디 라머Hedy Lamarr, 타마라 드 렘피카Tamara de Lempicka, 팩도 초대하고 싶다. 아, 멋진 파티가 될 것 같다!

인터뷰: 카를로스 마르시알

카를로스 마르시알이 작품을 대하는 태도는 늘 한결같다. 그는 자신이 표현하고자 하는 크립토 세상에 대한 스토리를 마음으로 풀어내 작품을 만

든다. 미술 작품을 토큰화할 때 그 작품이 블록체인에 영원히 보존된다는 사실에 경외심을 갖고, 작품을 통해 이를 표현하기 위해 노력한다. 그는 "마치 제가 영원불멸의 디지털 스톤digital stone에 글을 새겨 넣는 것 같이 느껴져요"라고 말한다. 그를 대표하는 'Infinity Rooms' 시리즈는 그저 토큰화된 작품들이 아니라 그의 마음에서부터 우러나온 메시지다. 그는 이런 메시지를 공유하는 것이 아티스트로서 자신이 지닌 책임이라고 믿는다. NFT 아티스트로서 자신의 역할 및 신조에 대해 그는 이렇게 말했다. "스스로 작품을 통해 무엇을 말하고 싶은지 알아냈다면, 그 후엔 그것을 어떻게 말하면 좋을지 알아내야 합니다."

카를로스의 작품에는 그가 디지털 아티스트로서 작품을 표현하면서 가지는 개인적인 고민뿐만 아니라 창의성을 억누르는 우리 사회의 제도적 시스템의 불합리함 또한 표현된다. NFT 세계에 입문하려는 많은 디지털 아티스트에게 카를로스의 이야기는 아주 친숙할 것이다. 그가 신인 아티스트들과 공유하고 싶어 하는 자신의 이야기이기도 하다. 누군가는 카를로스가 크립토 아트 분야에서 성공을 이룬 것이 하룻밤 사이에 벌어진 일이라고 생각할 수도 있지만, 실제로 그의 성공은 디자인 스튜디오와 블록체인 회사에서 프리랜서 디지털 아티스트로서 일하며 10년 넘게 쌓아온 노력의 결과물이다. 그는 외주 제작비를 받기 위해 과거에 쳇바퀴처럼 반복되던, 9시부터 5시까지 매일 비슷한 모습이었던, 자기 자신이 아닌 다른 누군가의 비전을 위해 계속해서 무의미하게 일하던 자신의 삶이 정신적인 부분은 물론 영혼마저도 피폐하게 만들었다고 말한다. 그는 크립토 아트가 그 끝없이 반복되는 불행한 삶의 고리를 끊을 수 있도록 자신에게 창의적 자유를 주었을 뿐만 아니라, 가족에게도 경제적 자유를 향한 대안을 마련해주었다고 이야기한다.

그는 자신이 이 분야에 들어올 수 있게 도와준 이들이 너무 고마워서 그들을 생각할 때마다 가슴이 벅차오른다고 한다. 크립토 아티스트인 콜디, 엑스카피, 로브니스Robness, 맥스 오시리스Max Osiris가 자기와 같은 아티스트들이 크립토 세상에서 작품 활동을 할 수 있도록 길을 열어주었고 관련된 커뮤니티를 만들어주었다고 말한다. NFT 분야의 이런 전설적인 아티스트들이 그에게 준 영향은, 그가 현재 신인 아티스트들이 성공할 수 있도록 도와야 한다고 생각하게 했다. 그는 신인 예술가들에게 다음과 같이 간단하면서도 어려운 조언을 해주고 싶다고 한다. "숫자 그 이상을 바라보라."

물론 신인 아티스트들이 실제로 그렇게 예술 활동을 하는 것이 얼마나 어려운지 카를로스도 잘 알고 있다.

"처음 NFT 아트에 대해 알게 됐을 때, 저에게는 숫자만 보이더군요. NFT 거래들이 비싼 가격에 이뤄지는 것이 눈길을 끌었죠. 솔직히 말해서 처음에는 누구나 다 그럴 거예요. 하지만 NFT 세상을 점점 더 깊이 이해하게 되면, NFT의 진정한 가치를 이해하는 사고방식을 갖게 될 것입니다. 당신의 작품을 블록체인에 영원히 보존할 수 있다는 사실이 얼마나 강력한 것인지에 대해 점점 눈을 뜨게 되니까요."

그리고 이 힘이 자신의 삶을 바꾸었듯이, 이를 다른 이들에게도 알려서 크립토 아트 운동에 눈뜨게 하고, 이 운동에 동참하게 하는 것이 자신의 책임이자 임무라고 그는 생각한다.

카를로스는 자신을 포함하여 NFT 세상에 참여하는 모든 아티스트에게는 특별한 역할이 있다고 생각한다. 그는 크립토 아트를 미술사적으로 중요한 예술 운동으로 보고 있다. 인상주의, 초현실주의, 다다이즘과 같은 예술 운동이 미술사에 미친 커다란 영향에 대해 이야기하면서 "당시에는 이런 운동들이 미술사에 정확히 어떤 영향을 줄지 아무도 알지 못했죠"라고 설명한다. 그는 크립토 아트가 미술사적으로 큰 획을 긋는 역사적 예술 운동으로 발전하는 데 자신이 기여하고 있음에 자부심을 느낀다.

그는 이런 NFT의 예술사적 가치를 논할 때 예술계에서 자주 쓰이는 표현을 인용한다. 노운오리진 NFT 마켓플레이스에서 자기 자신을 '포스트 포스트모던 디지털 아티스트'라고 소개한다면서, 프랜시스 후쿠야마Francis Fukyama의 저서 《역사의 종언》을 언급한다. "저는 더 이상 미술계에 소개될 새로운 것은 없다고 생각했어요. 그런데 크립토 아트와 NFT가 제 생각을 바꾸어놓았습니다. 크립토 아트의 내러티브는 끊임없이 바뀌고 변화하고 있죠. 우리는 NFT 세계를 발전시켜가는 주체로서, 우리 세대와 다음 세대의 미술사를 다 같이 써 내려가고 있는 것입니다. 그래서 저는 저 자신을 포스트모던 아티스트가 아닌 포스트 포스트모던 아티스트라고 하는 게 적합하다고 생각합니다."

카를로스는 자신의 과거 경험을 신인 아티스트들이 들었을 때, NFT가 즐길 수 있는 대상이고 여러 실험을 해볼 만한 대상이라고 생각하게 되길 바란다. 그는 아티스트로서 창작을 하고, 돈을 벌고, 성공하기가 쉽지 않다는 것을 잘 알고 있으며 NFT 분야가 쉽게 성공할 수 있는 곳이 아니라는 것 또한 잘 안다. 그러나 아티스트들이 NFT를 자신만의 작품 스토리를

'디지털 스톤'에 영원히 보존하기 위해 사용하는 것이라는 신조를 가지고 묵묵히 작품 활동을 한다면 이 분야에서 성공적인 커리어를 쌓는 데 큰 도움이 되리라고 믿는다. 그러면서 그는 신인 예술가들이 성공을 거두는 데 자기처럼 10여 년이라는 긴 시간이 걸리지 않기를 바란다고 말한다. 사실 그는 신인 아티스트들이 '아티스트는 굶주려야 한다'라는 전형적인 내러티브에서 스스로 탈피할 수 있길, 또 그런 내러티브를 바꾸는 데 앞장서길 기대한다.

그는 또한 '공부'가 커리어 여정을 성공으로 이끄는 중요한 열쇠라고 생각한다. 그래서 신인 아티스트들에게 크립토 아트 시장을 진정성 있게 공부하고, NFT를 논할 때 상품을 판매하는 세일즈맨처럼 얘기하지 않고 진지한 태도로 임해야 하며, 무엇보다도 스스로 자신 있게 말할 수 있는 무엇인가가 있어야 한다고 조언한다.

"쉽지 않을 거예요. 하룻밤 사이에 되지도 않을 거고요. 그러나 그렇게 말할 수 있는 실력과 지식이 비로소 쌓였을 때, 좋은 와인을 한 모금 마시는 것처럼 아주 달콤할 것입니다"라고 그는 말한다. "NFT와 크립토 아트에 대해 알면 알수록 더 빠져들 거예요. 저는 여기까지 오는 데 10년이 걸렸지만 그 여정의 단 한 부분도 바꾸고 싶지 않습니다." 이렇게 덧붙인 그는 디지털 스톤에 새겨질 만큼 강렬한 미소를 지었다.

다음은 카를로스와의 주요 인터뷰 내용이다. 매력적인 그의 이야기에 푹 빠져보길 바란다. 그의 작품들은 슈퍼레어,* 니프티 게이트웨이,** 노운

---

* https://superrare.com/carlosmarcialt
** https://niftygateway.com/profile/carlosmarcialt

오리진* NFT 마켓플레이스에서 만나볼 수 있다.

Q: 당신의 인생에 가장 큰 영향을 준 사람은 누구인가?

내 인생의 여성들, 즉 아내, 장모님, 어머니, 외할머니, 그리고 딸들이다. 이들은 내 삶을 지탱해주며, 잘못된 길로 빠지지 않도록 도와주고 영감을 준다. 내 예술적 감수성의 상당 부분이 이들로부터 나왔다. 내 인생에 큰 영향을 준, 내가 아끼는 많은 것이 그들한테서 왔을 것이다. 한마디로 그들의 존재 자체가 나의 예술에 대한 사랑을 완성한다. 특히 어머니한테 그런 것을 많이 느낀다.

어머니는 푸에르토리코에서 가장 큰 대학인 푸에르토리코대학교에서 스페인어를 가르치셨다. 나중에는 역사학 박사 학위를 받기 위해 공부하셨는데, 그때 푸에르토리코 미술 시장의 역사에 대해 훌륭한 책을 쓰기도 하셨다. 어머니는 미술품을 파는 데 많은 시간을 보냈다. 처음에는 돈도 갤러리도 없이 시작하셨다. 하루는 어머니가 푸에르토리코에 있는 어떤 역사적인 호텔에 가셨는데, 벽에 그림이 없는 것을 보고 호텔 주인과 합의를 하셨다. 푸에르토리코에 있는 지역 예술가들의 최고 미술 작품을 호텔로 가져와 주는 대가로 이를 통해 얻게 되는 수익을 호텔과 나누기로 한 것이다. 어머니는 이 일을 몇 년간 하셨는데, 그 영향을 받아 내가 미술 시장의 '빠꿈이'가 된 것 같다.

---

* https://knownorigin.io/carlos-marcial

Q: 예술에 대한 당신의 마음가짐을 이야기해본다면?

내가 작품을 토큰화하기 시작한 것은 블록체인에 저장해놓은 것은 무엇이든지 손상되지 않고 불변한다는 것을 이해하면서부터였다. 이런 깨달음은 내가 처음부터 올바른 자세로 NFT 아트에 접근할 수 있게 해주었다. 나는 블록체인의 이런 특성이 사실 모든 예술가가 궁극적으로 원하고 필요로 하는 것이라는 점을 알게 됐다. 창작자는 자신의 예술 작품을 어떤 식으로든 보존하고 싶어 하는데 블록체인이 이를 해결해주는 것이다. 당신이 블록체인의 의미를 이해하기 시작하면 그것을 인스타그램, 트위터, 페이스북처럼 중앙집중화된 디지털 플랫폼과 자연스럽게 대조하게 될 것이다. 역사적으로 디지털 아티스트는 이런 플랫폼들에 예술 작품을 업로드해왔다. 그런데 만약 인스타그램이나 페이스북이 사라진다면 당신의 소셜미디어 게시물들이 어떻게 될지 생각해봤는가? 나의 작품을 영원히 변하지 않는 디지털 스톤에 새길 수 있다는 것은 너무나도 매력적인 일이며, 그것이 예술에 대한 나의 마음가짐이다.

Q: 크립토 아트 커뮤니티와 전통적인 예술 커뮤니티는 무엇이 다른가?

크립토 아트 커뮤니티에선 모두가 나를 반겨줬다. 정말 가슴 따뜻한 환영을 받았다. 그러면서 커뮤니티 멤버들과의 트위터 대화에 활발히 참여하게 됐다. 그것이 내가 크립토 세상에 빠져들게 된 주된 이유이기도 하다. 엑스카피, 해커타오, 콜디 같은 아티스트들에게 감사드린다. 이분들은 나를 특히나 더 반겨주었다. 참, 루초 폴레티Lucho Poletii에게도 감사를 전하고 싶다. 나는 알로타 머니Alotta Money, 트레버 존스Trevor Jones와 비슷한 시기에 크립토 아트에 입문했는데, 이미 이 세계에서 활약하던 로브니스, 콜디, 맥스 오시리스가 내 말에 귀를 기울여주었고, 고맙게도 내 예술을 다른 사람들과 공유해주었다. 나의 예술 인생에서 그처럼 따뜻한 느낌을 받은 건 처음이었다. 크립토 세상 밖에서 내가 이런 관계를 이루기는 쉽지 않았을 것이다.

얼마 지나지 않아 코로나19가 확산됐는데, 나는 항상 사람들에게 크립토 아트 커뮤니티 덕분에 내가 이 시기에 살아남을 수 있었다고 말한다. 금전적인 이야기를 하는 게 아니다. 정신적으로나 심리적으로나 또 영적으로도 내가 속해 있던 크립토 아트 커뮤니티가 정말 많이 도와줬다.

Q: 크립토 아트와 NFT의 초기 시절은 어땠는가?

코로나 이전으로 거슬러 올라가 보겠다. 당시는 크립토 아트 세상에 참여하는 사람들이 많지 않았다. 예술가, 컬렉터 할 것 없이 지금보다 수가 훨씬 적었다. 하지만 정말 재미있었고, 압박감 같은 것이 없었다. 서로 다양한 경험을 공유하고 모두가 한배를 탔다고 생각하며 함께 나아가는 게 그저 즐거웠다. 우리 모두에게 새로운 경험이었다. 우리는 무엇인가 새로운 것을 하고 있다는 것을 알았지만, 무슨 일이 일어나고 있는지 정확히는 이해하지 못했다. 돌이켜 보면 우리는 당시 크립토 아트 세상의 기초를 다지고 있었던 것 같다.

이런 큰 변화는 한 세기가 바뀔 때마다 일어나는 일이기도 하다. 과거에 일어난, 미술사적으로 중요한 큰 예술 운동들을 생각해볼 때 큰 변화는 항상 한 세기가 바뀔 때 일어났다. 가장 최근인 20세기에는 인상주의·초현실주의·다다이즘이 그 시대를 특징지었는데, 크립토 아트와 NFT가 이런 운동에 필적하는 21세기의 큰 변화라고 생각한다. 나는 과거에 있었던 예술 운동들이 생각을 공유하고 함께하길 즐기는 예술인들 혹은 그 모임으로부터 시작됐다고 생각한다. 하지만 그런 예술 운동이 일어난 당시에는 그 운동이 어떤 방향으로 전개될지 아무도 이해하지 못했을 것이다. 역사는 반복되는데, 지금 크립토 아트 커뮤니티와 예술계에서 나타나는 양상이 예전 예술 운동과 매우 비슷하게 전개되고 있다.

Q: 암호화 예술이 예술가로서의 삶에 어떤 영향을 미쳤나?

나는 내 안에 예술가 정신이 잠재되어 있음을 알았다. 사실 과거에는 돈벌이를 위해 끊임없이 고군분투했다. 계속해서 스튜디오를 전전하며 한 고객에서 다음 고객으로 돌아다녔다. 하기 싫은 프로젝트들도 많이 했다. 탄산음료 광고나 운동화 광고가 그런 것들이었는데, 무의미한 일들이 내 영혼을 짓밟고 있다고 생각됐다. 이 악순환에서 벗어나야 했다. 매우 진부하게 들릴 수도 있지만, 아티스트라면 왜 처음 예술 작품을 만들기 시작했는지 애초의 순수성을 절대 잊어서는 안 된다. 그 열정은 절대 사라지지 않는다. 나는 돈을 벌기 위해 영혼을 팔고 있었다.

그런데 아이러니하게도, 내가 NFT로 작품을 팔고 나니 그제야 사람들이 나에게 영혼을 판 사람이라고 말하곤 했다. 그런 맥락의 글들이 트위터에 꽤 올라왔다. 이런 논리는 어디에서 나온 걸까? 예술가로서 돈을 벌면 예술 정신을 잃은 건가?

사실은 그 반대다. 예전에 나 자신을 위한 예술 작품을 만들 수 없었을 때, 내가 신경 쓰지도 않는 제품을 파는 데 동원되어 일할 때, 마치 내 영혼을 잃는 것 같았다. 하루하루 살아남기 위해 고군분투하고, 집세를 내기 위해 돈을 벌어야 했던 그 상황에서 나는 영혼을 챙길 여유라곤 없었다. 만약 그런 생활로부터의 탈출구가 있다면, 빈곤과 절망의 악순환에서 벗어날 방법이 있다면, 그 길을 택하는 것이 맞지 않는가? 나는 크립토 아트를 통해 영혼을 되찾을 수 있었다. 돈이 모든 악의 근원은 아니라고 생각한다. 악을 증폭시킬 수는 있지만. '예술가는 굶주려야 한다'라는 내러티브를 바꾸고 싶다. 나는 크립토 아트와 NFT가 이를 가능케 하리라고 생각한다.

Q: 예술을 통해 어떤 이야기를 하고 싶은지?

몇 가지가 있다. 처음 크립토 아트를 만들기 시작했을 때, 'Fiat est violentiam'이라는 메시지를 전하고 싶었다. 라틴어로 '명목화폐fiat money의 폭력성'이라는 뜻이다. 사실 더 올바른 건 'pecunia es violentiam'인데 옛날식 라틴어 표현이다. 나는 사람들이 'pecunia'를 'fiat'만큼 쉽게 이해하지 못할 것으로 생각해서 'fiat'를 쓰기로 했다. 크립토에 얽힌 내 이야기를 다른 사람들에게 전할 준비가 된 것 같아서 그 주제와 관련된 컬렉션을 내놓았다. 사람들에게 왜 크립토 세상이 나에게 중요한지 말하고 싶었다. 또 왜 비트코인이 나에게 중요하고, 내 인생을 어떻게 바꾸어놓았는지도 얘기하고 싶었다. 정부가 발행한 명목화폐만이 세상에 존재하는 유일한 화폐라고 철저하게 믿었던 내가 왜 가난에서 절대로 벗어날 수 없었는지를 말이다. 예컨대 베이징에서 멕시코시티로 안전하게 돈을 보낼 수 있고, 인플레이션의 위험으로부터 안전하며, 디지털 희소성이 있는 암호화폐

그림 4-2 | **카를로스 마르시알의 〈Here Comes Fiat〉**

출처: 작가 제공

의 특징들이 나를 매료시켰는데, 이를 다른 사람들에게 알리고 싶었다. 이후 NFT와 크립토 아트 세상까지 알게 됐을 때는 이렇게 생각했다. '와, 이건 정말 새로운 세상이구나.' 그래서 이 세계에 대해서도 알리고 싶어졌다.

나는 한 아르헨티나 출신의 작가가 내 작품에 대해 설명하는 것을 듣고 정말 큰 감명을 받았다. '머리로 예술 작품에 대한 스토리를 생각하고, 가슴으로 이를 풀어낸다'라고 평을 해주었는데, 이게 나의 예술 세계를 잘 표현해준다고 느꼈다. 나는 머리로 크립토 스토리를 구상해내고, 과거 경험들이 그 스토리에 감정적인 요소를 부여해 작품으로 표현된다고 생각한다. 작품 활동을 하면서 나의 감정적 부분을 더 잘 볼 수 있게 됐고, 대표작인 'Infinity Rooms' 시리즈를 제작하게 됐다. 이 작품은 나의 예전 작품들과는 다르게 크립토 세상이나 명목화폐에 대한 이야기가 아닌, 블록체인을 통해 '민팅'한다는 것에 대한 이야기를 담고 있다. 이 작품에서는 영원히 달리는 모습이 표현되는데, 무한하다는 것을 표현하고 싶었다.

정신분석학자 지그문트 프로이트Sigmund Frued는 그의 책에서 "사람은 죽음에 집착하는 동물이고, 따라서 예술가는 시간을 미라로 만들려는 사람들"이라고 했다. 이집트인들은 죽은 사람을 미라로 만들어 보존하려고 하지 않았던가. 프로이트는 사람이 죽음에 집착하고 죽은 후에 잊힌다는 것에 두려움을 느끼기 때문에 예술가가 시간을 영원히 보존하기 위해 노력한다고 했는데, 이것이 'Infinity Rooms' 시리즈에서 잘 드러나는 것 같다. 나는 이 무한 방들을 통해 내 감정들이 내가 죽은 이후에도 계속 뛰어다닐 수 있도록, 그래서 영원히 지속될 수 있도록 만들고 싶었다.

Q: 크립토 아트의 역사를 보존하는 것이 당신에게 얼마나 중요한 일인가?

지금은 그것이 나에게 가장 중요하다. 한편으론 예술가들의 역사적 책임이기도 한다. 예술가는 당대의 역사와 스토리를 보존해야 한다. 크립토 세상 또는 NFT 커뮤니티에 참여하고 있는 우리 모두에게 가장 중요한 책임이라고 생각한다. NFT에 대한 졸업 논문을 쓸 미래의 순수예술 석사 과정의 학생들에 대해 생각해보자. 논문을 쓸 때 연구 내용을 인용할 텐데,

그들이 누구에 대해서 어떤 내용을 쓰느냐가 지금 우리의 이 순간이 미래에 어떻게 기억되느냐에 큰 영향을 미칠 것이다.

한번은 멕시코시티에 있는 한 서점에 들렀을 때 미술 관련 도서 코너에 가봤다. 각종 예술 운동에 대한 내용을 다룬 서적들이 즐비했는데, 가장 마지막 예술 운동으로 설명된 것이 거리미술street art(야외전시·낙서·벽화 등을 광범위하게 포괄하는 미술)과 그라피티 아트grafitti art(벽이나 그 밖의 화면에 낙서처럼 긁거나 스프레이 페인트를 이용해 그리는 그림)였다. 나는 NFT와 관련된 내용이 다음 예술 운동으로 기록되리라고 확신한다.

Q: 예술가로서 자신이 무엇을 하고 싶은지 알아내는 것은 의외로 어려운 일인 것 같다. 당신은 그걸 어떻게 알아냈는가?

평상시에도 이와 비슷한 질문을 자주 떠올린다. '나는 왜 예술 작품을 만드는가?', '왜 작품을 만들 때 특정 색상과 질감을 선택하는가?', '내가 하고 싶은 이야기를 언제 어떻게 알아내는가?' 등이다. 그리고 어떻게 답해야 하나 생각해보곤 한다. 이번 인터뷰에서도 이런 질문이 나올 것으로 예상하고, 이해하기 쉬운 말로 어떻게 대답할 수 있을지 많이 고민해봤다. 하지만 솔직히 어떻게 이야기해야 할지 잘 모르겠다. 예술에 대해 공부하고, 예술계 거장들에 대해 알아보는 데서 나의 예술적인 부분이 많이 온 것은 사실이다. 왜 그런 거장들이 예술 활동을 했는지에 대해 공부하면, 내가 왜 작품 활동을 해야 하는지에 대해서도 생각하게 되기 때문이다. 하지만 정말 어려운 질문이긴 한 것 같다. 실존적 질문이다. 아마 앞으로도 나 자신에게 그 질문은 계속하게 될 것 같다. 자기 자신이 누구인지, 어떤 사람이

되고 싶은지 알아내는 것은 굉장히 중요하다. 답을 알아내는 게 어려울 따름이다. 아티스트 역시 이 사회의 구성원으로서 사회 규범을 따르며 살아야겠지만, 동시에 이런 것들에 너무 매몰되지 않고 자신이 누구인지, 무엇을 원하는지를 찾도록 노력해야 한다.

Q: 소셜미디어는 크립토 세상에서의 관계 형성에 어떤 영향을 미치는가?

나는 오늘날 소셜미디어와 블록체인의 장점이 글로벌 커뮤니티를 형성하게 해준다고 생각한다. 오프라인 세상에서 가끔 이웃들과 짧은 대화를 나누기도 하지만, 그게 전부다. 내가 자주 대화하는 진짜 이웃들은 소셜미디어나 트위터에 있다. 온라인으로 시간과 장소의 제약을 받지 않고, 그들과 몇 시간 동안이나 교류할 수 있다.

Q: 크립토 아트 세상에 들어오기 전 과거의 자신에게 조언을 한다면?

희소성이 실제로 무엇을 의미하는지 제대로 이해해야 한다고 말해주고 싶다. 기술 자체에 대해서는 꼭 잘 알 필요가 없지만, 희소성이 개념적으로 무엇을 의미하는지는 잘 이해해야 한다. '희소성'은 자연적으로 발생한 개념이 아니라, 인간이 만들어낸 개념이다. 우리는 금이 지구상에서 가장 희귀한 자원 중 하나라고 생각하지만, 더 희소성이 있는 것들은 항상 존재한다. 일테면 운석이 그렇다. 그래서 나는 과거의 자신에게 희소성에 대해 어떻게 이해하고 어떤 통찰력을 지녀야 하는지 더 깊이 생각해보라고 할 것이다. 우리는 아티스트로서 창작 활동을 멈출 수는 없지만, 그렇다고 해서 우리가 창작하는 모든 걸 토큰화해야 하는 것은 아니라고 생각한다. 특히 희소성의 관점에서는. 토큰화하는 작품을 선정하는 데 더 엄격할 필요가 있다고 말해주고 싶다.

Q: 트위터상에서 스팸 메시지로 취급당하지 않고 아티스트가 컬렉터와 연락할 방법이 있을까?

대화에 참여하라. 그리고 대화의 일부분이 되라. 이것은 비단 나만의 생각이 아니다. 마케팅 전문가 게리 바이너척이 NFT에 입문하려고 한다는 말을 들었다. 그래서 오늘 아침에 그의 비디오를 보기 시작했고, 정말 좋은 느낌을 받았다. 그는 소셜미디어 공간에서 무엇인가를 얻기 위해 사람들과 어떻게 소통해야 하는지를 정말 잘 알고 있는 사람이다. 그가 사용하는 방법이 당신이 컬렉터들과 소통하는 데에도 적용될 수 있다고 생각한다. 진심으로 대화에 임하는 것이 중요하다. 예를 들어 NFT가 주제라면, NFT에 대해 정말 깊은 대화를 나눌 수 있도록 노력해보라. 그리고 컬렉터들이 소셜미디어에서 대화를 나누는 것을 본다면, 이를 통해서 그들이 어떤 사람들인지를 먼저 파악하도록 노력하기 바란다. 또한 모든 NFT 마켓플레이스에서 어떤 매매가 있었는지를 볼 수 있는데, 상위 컬렉터가 누구이고 어떤 작품을 수집하는지 잘 살펴보라. 이것들을 공부해보는 것이 좋은 출발점이라고 생각한다.

Q: 예술에 대해 나중에서야 깨닫게 된 것이 있다면?

너무 단순해서 바보같이 들릴 수도 있지만, '예술이 사람들의 삶에 얼마나 중요한가' 하는 것이다. 나는 자신이 예술에 열정을 가지고 있다는 것은 알았지만, 내 작품들이 나를 수많은 컬렉터와 연결해주리라는 것은 몰랐다. 하지만 그들과 대화를 나누게 되면서 예술의 의미가 얼마나 큰 것인지, 또 얼마나 쉽게 가늠할 수 없는 것인지를 깨닫게 됐다. 나는 종교적인 사람은 절대 아니지만 자신을 영적인 존재라고 보는데, 예술은 나에게 일종의 포스트모던 종교라고 할 수 있을 것 같다. 과거의 모든 철학적 가르침은 죽었고, 우리는 우리 조상들이 말하고 행했던 많은 것을 믿지 않기 때문에 세상에 대한 의미를 새롭게 찾아야 한다. 많은 사람이 예술에서 그 의미를 찾는다는 것, 그것이 내가 깨달은 큰 가르침이다. 그리고 이런 가르침은 아티스트로서 살아가는 나에게 큰 책임감으로 다가온다.

Q: 새로 입문한 예술가들이 자기 작품을 토큰화하기 시작할 때 무엇을 고려해야 할까?

나는 예술 작품을 만들 때 예술적인 부분을 중시하고 경제적 측면에 대해서는 많이 생각하지 않는다. 하지만 예술가들이 크립토 아트의 역사를 잘 이해하고, 관련된 예술 시장에 대해 철저하게 공부해야 한다고 생각한다. 학교에서는 예술의 상업적 측면에 대한 수업은 듣기 어렵지 않은가. 미술 시장 자체에 관한 수업도 매우, 매우 드물다. 한국이나 서양 미술 시장에서 대표적인 컬렉터들이 누구인지를 알아보는 것도 정말 도움이 될 것이다. 사실 이런 것은 굉장히 중요한 정보인데도 찾기가 쉽지 않다. 그래서 많은 예술가가 어려움을 겪고 있다. 대부분 예술가가 예술을 사랑해서 작품 활동에 임하지만, 그것을 수익화하려고 할 때 이를 가능하게 할 도구나 지식을 가지고 있지 않다. 10년 전쯤 내가 20대였을 때 나를 이끌어줄 누군가가 있었으면 좋았을 거라고 생각한다. 나 자신만의 작품 시장을 구축하는 방법이나 컬렉터들에게 접근하는 방법, 소셜미디어를 사용하는 방법, 디지털 도구를 선택하는 방법 등에 대해 조언해줄 수 있는 사람 말이다.

조금은 다른 말이지만, 실패해보는 것도 중요하다고 이야기하고 싶다. 나는 과거에 프리랜서로서 비참하게 실패를 경험했다. 하지만 이를 통해 배운 것이 많다. 그중 가장 큰 것은 과거의 그런 실패가 지금 이 순간을 더 감사하고 행복하게 느끼도록 해준다는 것이다.

Q: 당신이 책을 쓴다면 어떤 제목을 붙이고 싶은가?

진지한 미술책이라기보다 자기계발서처럼 들릴 것 같긴 하지만, '당신이 만약 할 수 있을 것 같다면 할 수 있다(If you might be able to do it, you can do it)'로 하겠다.

Q: 마지막으로, 지금까지 당신의 크립토 아트 여행에 대해 어떻게 생각하는지?

내가 크립토 아티스트로서 성공했다고 생각할 때마다 묘한 기분이 든다. 때때로 혼자 깊은 생각에 빠지면서 극도로 감상적으로 되기도 한다. 과거 수많은 실패가 지금의 나를 어떻게 만들었나를 생각해보면, 지금의 내 모습을 더욱더 선명하게 볼 수 있다. 과거에 대한 생각에 잠길수록 지금의 성공이 더 맛있고, 더 아름다우며, 더 '리얼'한 현실로 다가온다.

인터뷰: 미스터 미상

'미상未詳'은 분명하지 않다는 뜻이다. 이름과 달리 그의 NFT 작품들은 '미상'을 세계적인 이름으로 만들었다. 그는 이미 세상에서 제일 잘 알려진 동양인 NFT 아티스트다. 어쩌면 그동안 세상의 관심이 성공한 서양인 NFT 아티스트들에게 집중되어 있었기 때문에 그가 남의 눈에 띄지 않고 작품 활동에 매진하며 이런 컬트cult에 가까운 팬덤을 형성할 수 있었는지도 모르겠다. 미스터 미상은 작품들을 통해 직장 문화에 서려 있는 문화적 감정들을 이야기하는데, 그를 세계적인 NFT 작가의 반열에 올린 첫 작품 또한 이런 정서를 담은 'Modern Life is Rubbish' 시리즈다.

이 NFT 시리즈는 초경쟁적인 직장 문화를 담았다. 샐러리맨들이 험난한 생계 전선에서 살아남기 위해 분투하는 전형적인 일상을 보여준다. 샐러리맨이 우연히 '미스터 미상(작가와 동명의 캐릭터)'을 만나고, 험난한 일상의 굴레에서 빠져나온다. 'Modern Life is Rubbish' 시리즈의 마지막 작품은 〈#12. Mr. Misang & Crypto World〉인데, 이 상징적인 작품은 메타버스에 도착한 그의 모습을 그리고 있다. 좀더 자세히 말하자면 그의 캐릭터는 탈중앙형 가상의 땅 '크립토복셀'로 순간 이동을 한다. 그가 메타우주에 도달한 사건은 그의 실제 인생 스토리를 반영하기 때문에 더욱 중요하다. NFT와 크립토 아트 커뮤니티의 발견 전후로 대비되는 삶의 스토리 말이다.

미스터 미상은 지난 10년간 일러스트레이터로 일했다. 삼성, 현대, 라이엇게임즈 코리아Riot Games Korea 같은 클라이언트가 있었는데, 꽤 훌륭한

그림 4-3 | 작가 미상의 〈Money Factory〉

출처: 작가 제공

명단이었다. 하지만 이제 미스터 미상은 자신의 작품을 믿어주는 컬렉터 커뮤니티를 가지고 있다. 그의 'Modern Life is Rubbish' 시리즈는 다양한 컬렉터로부터 200만 달러 이상을 불러왔다. 그는 현재 슈퍼레어 마켓플레이스의 역대 아티스트 거래 명단에서 상위에 랭크되고 있다. 하지만 그는 겸손하게 말한다. 비록 자신의 작품들이 고가에 거래되고 있긴 하지만, 그런 금전적인 부분이 다른 이들에게 NFT 작품을 제작하고 판매하고자 하는 결정적인 이유가 되지 않았으면 좋겠다고. 대신 그는 NFT 아트, 메타버스를 이용한 보다 많은 예술적 시도를 볼 수 있길 기대한다.

미스터 미상은 자신의 초기 성공만으로 커뮤니티를 대표하는 리더로 보이지 않았으면 좋겠다고 말한다. 하지만 그가 이미 한국 NFT 아트 커뮤니티 내에서 영감을 주는 대표적인 인물이 된 것은 부인할 수 없는 사실이다. 이제 한국의 젊은 디지털 아티스트들에게는 새로운 길이 열렸다. 다양한 가상 공간들에선 이미 많은 사람이 그의 특출한 예술적 재능과 현대 사회 이슈에 대한 독특한 해설에 열광하고 있다. 미스터 미상은 메타버스 안에서 픽셀을 통해 자신의 스토리를 세상과 공유한다. 그의 작품들은 우리에게 물질적 소유, 지위, 반복적 존재의 순환을 위한 삶의 루틴을 과연 얼마나 용인할 수 있는지 생각해보게 한다.

다음은 그와의 인터뷰 내용이다. 미스터 미상의 삶의 여정을 통해 당신도 아티스트로서 혹은 컬렉터로서 예술과 문화적 의미에 대한 영감을 얻게 되길 바란다. 슈퍼레어* 와 노운오리진** 마켓플레이스또는 NFT 소셜네트워크 플랫폼이라 할 수 있는 '쇼타임Showtime'*** 에서 미스터 미상의 작품들을 만나볼 수 있다.

Q: 2021년 한국 NFT 최고의 아티스트가 됐는데, 그 전에는 무엇을 했는가?

빅히트엔터테인먼트, 현대자동차, 라이엇게임즈 코리아 등의 기업에서 외주를 받아 생계를 유지하면서 짬짬이 개인 프로젝트를 진행했다. 'Modern Life is Rubbish'도 그런 생활을 하면서 몇 년간 진행했던 프로

---

* https://superrare.com/mrmisang/creations

** https://knownorigin.io/mrmisang

*** https://tryshowtime.com/MRMISANG

젝트다. 나쁘지 않은 커리어를 만들어가고 있다고 생각했으나, 사실 삶에 많이 지쳐 있었다. 평생 외주만 하고 살 수는 없겠다는 생각이 들었고, 그런 삶은 기본적으로 '누군가의 제안을 기다리는 수동적인 삶'이라고 생각했다. 그래서 온전히 자립하기 위해 여러 가지 활로를 모색했다. 프린트나 굿즈를 팔아볼까 고민도 했고, 작가 후원 사이트인 패트리온 오픈을 진지하게 준비하기도 했다. 패트리온 프로젝트는 각 후원 등급에 이름까지 붙이는 등 거의 최종 단계까지 진행됐다. 그러던 와중에 NFT를 알게 됐고 NFT에 올인하게 됐다.

Q: 당신의 미술 배경은 무엇인가?

어렸을 때부터 그림을 그렸다. 만화를 매우 좋아했고, 예술 전반에 관심이 많았다. 20대 초반에 모션그래픽을 잠시 공부해본 적이 있고, 록스타가 되고 싶어서 밴드를 조직해본 적도 있다. 또 한때는 글을 쓰는 데 시간을 많이 보내기도 했다. 그러면서 모든 걸 잘할 수는 없다는 것을 깨달았다. 그러다가 2015년 어느 때인가, 일러스트레이터로 살아야겠다고 결심했다.

Q: 당신의 NFT를 정의한다면?

블록체인을 기반으로 디지털 자산의 소유권을 증명하는 것, 또 그 소유권의 거래가 가능하게 하는 것.

Q: NFT를 알게 된 계기는 무엇인가?

2021년 1월 1일에 bbo_art라는 친구가 인스타그램 스토리에 '미스터 미상이 크립토 아트 세계를 완전히 뒤흔들어놓을 것이다(MrMisang will literally break cryptoart for sure)'라는 글을 올리며 나를 태그했다. 내가 그에게 메시지를 보내 크립토 아트가 무엇인지 물어봤고, 그가 NFT가 무엇인지 아주 자세히 설명해줬다. 그게 모든 것의 출발점이었다.

Q: NFT가 이전에는 할 수 없었던 무엇을 가능하게 하는가?

작품의 가치를 인정받는 경험을 하고 나니, 그 전에 시도할 수 없던 걸 할 수 있게 됐다. 예를 들어 'Modern Life is Rubbish'라는 복잡한 일러스트레이션 시리즈를 애니메이션화하는 건, 말 그대로 '미친' 기획이었다. 시간과 노동력이 정말 많이 들어가는 일이므로, 어느 정도의 보상이 예상되지 않았다면 시도조차 하지 못했을 것이다.

Q: NFT가 당신의 예술 작품에서 이야기를 구성하는 방법을 바꾸었는가?

방법은 바뀌지 않았다. 밀도가 더 생겼을 뿐.

Q: 당신의 예술 작품들은 굵직한 한국의 사회적 이슈에 대해 표현하고 있는데, 당신이 전하려는 메시지를 조금 더 설명해준다면?

'Modern Life is Rubbish'는 보이는 게 전부다. 사실 여러 번 반복해서 이야기하지만 이 시리즈에서 나타내는 메시지들은 사이언스 픽션의 오랜 클리셰들이다. 이 시리즈의 메시지가 뭔지 설명해달라는 질문을 정말 많이 받는데, 나는 사실 거기에 충격을 받았다. 하지만 오해는 하지 마시길. 질문을 하는 건 좋은 것이다! 다만, 정말 말 그대로 그런 질문들이 신기하

그림 4-4 | 작가 미상의 〈Odd Dream〉

출처: 작가 제공

게 느껴졌다. 왜냐하면 여기에 '숨겨진 메시지' 같은 건 없기 때문이다. 보이는 대로 보면 된다. 그게 전부다. 나는 사이언스 픽션의 클리셰들을 가져와서 '어떻게 표현할지'를 고민했고, 그게 내 작품의 핵심이다.

어쨌든, 이 질문에 좀더 보충해서 답하자면 다음 연작은 'Modern Life is Rubbish'보다는 더 작은 이야기로 작업할 계획이다. 더 작다는 것은 개별 작품이 특정한 주제를 갖고 있으리라는 뜻이다. 예를 들어 'Modern Life is Rubbish'는 11장이 연결되는 하나의 이야기라고 할 수 있는데, 다음 연작은 같은 세계관을 공유하는 옴니버스에 가깝다고 할 수 있다. 여전히 '같은 세계 속 이야기'로 연결되지만, 각각의 개별 작품이 더 중요해진다고 보면 된다.

Q: 당신에게 가장 큰 영향을 준 아티스트는 누구인가?

'Modern Life is Rubbish'는 2016년에 만들었던 일러스트레이션 시리즈를 리메이크한 것이기 때문에 NFT 아티스트에게 영향을 받을 수는 없었다. 시기가 맞지 않는 것이다. 다만 평소에 존경하던 작가는 있다. 아주 많지만 한 분을 꼽자면 장 지로Jean Giraud(필명 뫼비우스Moebius)다.

Q: 전통 예술 세계에서 NFT 예술 세계로 어떻게 전환했는가?

내가 표현하고자 하는 걸 만드는 게 돈이 되리라는 확신이 생겨서 시작했다. 초기에는 NFT를 생산하는 것 자체는 그렇게 힘들지 않았지만, NFT의 개념을 이해하는 게 가장 어려웠다. 나는 원래 이미지, 애니메이션을 다루던 사람이었고, 사운드도 (전문적이지는 않지만) 만들 줄 알았기에 전환하기가 그렇게 어렵진 않았다.

Q: NFT가 당신의 삶을 어떻게 변화시켰는가?

NFT 전에도 나쁘지 않은 삶이었다. 괜찮은 커리어를 만들어가고 있었고, 돈도 적지 않게 벌었다. 하지만 결국 내 삶의 형태는 기업의 의뢰를 '기다리는 것'이었다. 지금은 어떤 것도 기다리지 않고 내가 주체적으로 작품을 생산한다. 그래서 보다 적극적으로 삶을 만들어나가고 있다고 느낀다.

Q: 가장 좋아하는 NFT는 무엇인가? 그 이유는?

특정하기 어렵다. 좋은 것들이 계속, 많이 나오기 때문이다. 최근에는 존 오리온 영John Orion Young, JOY*이 가상 세계를 만들어가는 방식이 재미있다고 생각했다.

Q: 당신이 수집한 NFT는 무엇인가? 그 이유는?

이윤성, 서브클래스subclass, 에잇에이엠08am, 조이조Joyjo, 존 비이날Jon Beinart, 얀 하컨 에릭슨Jan Hakon Erichsen. 이유는 아름다워서다. 얀 하컨 에릭슨의 작품은 NFT 세계에서 드문 행위예술 작품이라는 점이 흥미로웠다.

Q: 전 세계적으로 NFT 미술 분야가 성장하고 있는데, 이를 어떻게 보는가?

사실 잘 모른다. 다만 게임 혹은 메타버스 내의 아이템으로 NFT가 어떻게 성장하고 변화할지가 기대된다.

Q: 한국에서는 NFT 미술이 어떻게 성장하고 있다고 보는가?

몇 달 전부터 끓고 있다고 생각했다. 사실 아직도 끓고 있다고 생각하고, 곧 폭발적으로 성장할 것으로 본다. 한국뿐만 아니라 아시아 전체에서 2차 웨이브가 오지 않을까 한다.

Q: NFT 작품 가격은 어떻게 책정하는가?

첫 번째로 팔았던 〈#01. Odd Dream〉의 경매 시, 동일 퀄리티의 외주

---

* https://www.joy.world/joys

작업을 진행했을 때 받던 최소 금액으로 설정했다. 그렇게 한 이유는 그 가격 이상을 받는다면 외주를 그만두고 작품 생산에 몰입해도 될 것으로 생각했기 때문이다.

Q: 현재 어떤 NFT 미술 트렌드를 따르고 있는가?

따르는 게 없다. 아니, 어쩌면 못 따른다고 말하는 게 맞을지도 모르겠다. 앞서 말했듯이 내가 과거에 만들어두었던 일러스트레이션 시리즈를 애니메이션화하는 중인데, 이런 작업에서 현재의 트렌드를 따르는 건 불가능하다.

Q: NFT를 만들기 전 과거의 자신에게 어떤 조언을 해주고 싶은가?

"잘하고 있어. 계속해."

Q: 신인 NFT 아티스트들에게 어떤 조언을 해주고 싶은가?

자신의 세계를 만들어 보여주고 몰입시켜야 한다는 것. 다만, 그 세계가 반드시 거창할 필요는 없다는 이야기를 해주고 싶다.

Q: 자신을 표현하는 세 단어를 꼽는다면?

일, 워커홀릭, 열심히 일하는 사람

Q: 자신의 예술을 묘사하는 세 단어를 꼽는다면?

색, 집착, 농담

인터뷰: 하윤

하윤 박사는 국제적으로 저명한 척추신경외과 의사다. 현재 연세대학교 신경외과 교수로 재직 중이며, 한국·일본·대만의 신경외과의학회가 발행하는 세계적인 국제척추학술지 〈뉴로스파인Neurospine〉 편집국장을 맡고 있다. 2020년 코로나 대유행으로 하 박사의 중요한 해외 연설 일정이 취소됐고, 이 일로 상심이 컸던 그에게 아이패드를 통한 창작 활동은 한 줄기 빛으로 다가왔다. 부모님의 발자취를 따라 아티스트가 되고자 했던 지난날의 열정이 되살아나는 터닝 포인트이기도 했다.

예술가 부모님 덕분에 하 박사는 어린 시절부터 예술적 재능을 키울 수 있었다. 어머니는 고등학교에서 미술을 가르치셨고, 아버지는 한국 현대 미술계의 대가 중 한 분이다. 어머니는 하 박사가 창의력을 키울 수 있도록 네 살 때는 크레파스를 손에 쥐여주셨고, 중학교와 고등학교 진학 후에는 수채화와 아크릴 물감을 사용해 작업을 해보도록 권하셨다.

그는 예술가의 길을 가는 것이 가족의 섭리 같았지만, 학업 경쟁과 입시라는 압박감 탓에 작품 활동에 오롯이 집중하기가 힘들었다고 한다. 또한 한국에서 전문적으로 예술가의 삶을 산다는 것은 참 어려운 일임을 알았기에, 먼저 의대에 진학하기로 했다. 그는 "의대를 택한 것은 졸업 후 의사가 되어서도 아티스트의 길을 갈 수 있을 것으로 믿었기 때문입니다"라고 말한다. 이는 안정된 진로와 고군분투하는 예술가의 삶 사이에서 선택을 해야 하는 수많은 한국 학생의 이야기이기도 하다.

의료인의 길을 가게 됐지만, 자유 시간이 주어질 때마다 그림을 그렸다.

그림 4-5 | 하윤의 〈Beautiful Brain〉

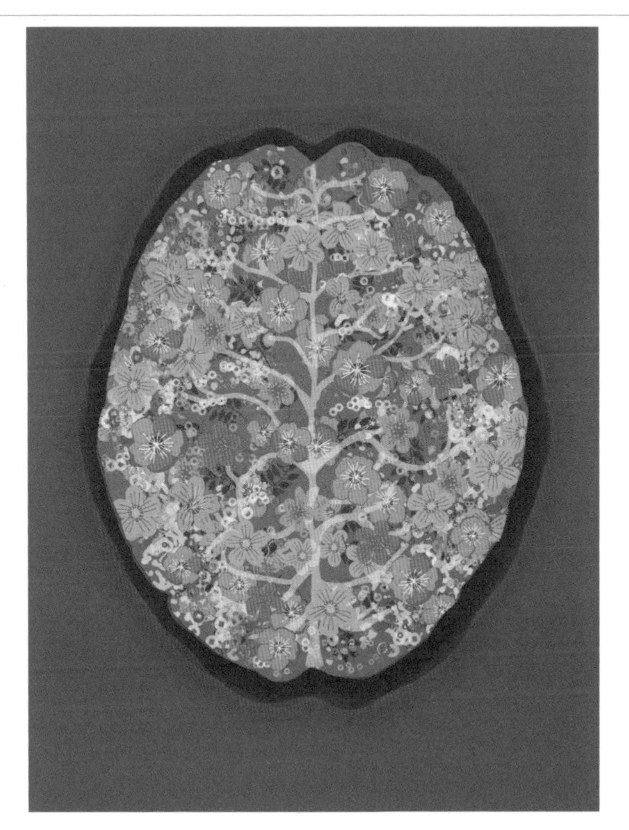

출처: 작가 제공

샌프란시스코 의과대학교에서 초빙 교수로 재직했던 시간을 특별한 기억으로 간직하고 있다. 그곳에서 아크릴 페인팅과 수채화라는 주특기를 연마했기 때문이다. 예술가로서 자신의 여정을 이야기할 때면 그의 목소리에 큰 기쁨과 자부심이 묻어난다. 삶에서 어두운 순간이 닥칠 때마다 그에게 기쁨을 되찾아준 것이 바로 예술이었기 때문이다.

하 박사와의 인터뷰가 이어지는 동안, 그의 등 뒤로 벽에 걸린 아름다운 그림 한 점이 보였다. 열정적인 다홍색 배경과 인간 뇌의 실루엣이 어우러진 작품이었다. 그 실루엣 속에는 캔버스를 뚫고 나올 듯한 형형색색의 꽃들이 피어 있었는데, 벚꽃이 필 무렵 어느 날의 피크닉이 그에게 인간과 자연의 관계를 표현한 이 작품에 대한 영감을 주었다고 했다. 신경외과 의사로서 인간의 뇌에 대한 그의 관심은 '브레인 매핑brain-mapping'이라는 새로운 창작 방법 개발로 이어졌다.

"브레인 매핑에는 두 가지 방법이 있습니다. 첫 번째는 뇌 위에 지도를 올리는 것이고, 두 번째는 반대로 지도 위에 뇌를 올리는 것입니다."

그가 자랑스럽게 설명했다. 인터뷰 내내 나를 매혹한 그림은 첫 번째 방법을 택한 것이었다. 뇌를 채우는 다채로운 색상의 향연은 그에게는 삶의 다양한 추억을 나타낸다. 꽃으로 표현되는 각 색상은 추억 속에 존재하는 찰나의 '순간' 자체인데, 이들이 모두 모여 전체의 경험을 나타내게 되는 것이다. 이 특별한 순간들에 대해 이야기하던 하 박사의 미소가 잊히지 않는다.

브레인 매핑의 두 번째 버전은 그가 말하는 '지도 위에 뇌를 두는 것'이다. 이 방식에는 그의 분석적이고 과학적인 좌뇌가 관여된 것으로 보인다.

"저는 먼저 구글맵에서 저에게 중요하거나 역사적인 지점을 고릅니다. 그리고 오직 지도상에서만 그림을 그리죠."

하 박사는 지도상의 기호들이 계약된 존재라고 설명한다. 일반적으로 사람이 지도를 볼 때 강·다리·공원·학교 등을 상징하는 각종 기호를 보게 되는데, 문화적으로 다른 배경에서 온 사람들일지라도 이 기호들에 대

그림 4-6 | **하윤의 〈University of California San Francisco (UCSF) 37.7627° N, 122.4579° W〉**

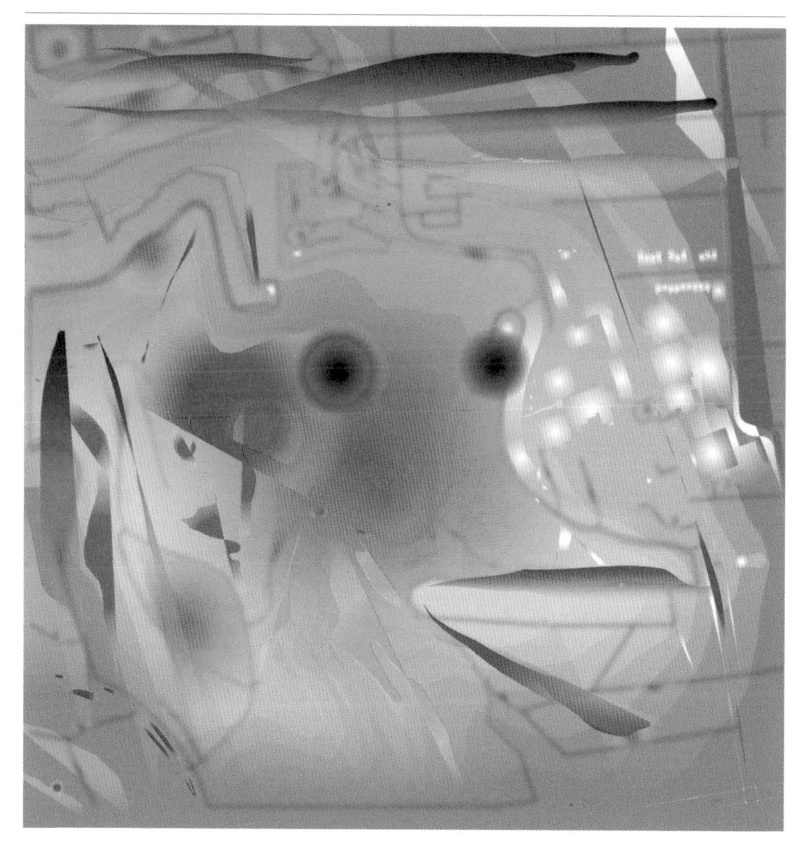

출처: 작가 제공

해선 같은 의미를 부여한다. 사회적으로 약속된 상징이기 때문이다. 그는 이런 기호들의 사회적 약속을 무시하고 자신만의 예술적 생각을 표현하고 싶다고 말한다.

"저는 지도 위 각종 기호를 제 예술적인 생각을 표현하는 요소로 사용합니다."

그가 확신을 가지고 말한다. 이렇게 하나의 물체를 여러 방법으로 분석하는 그의 접근 방식은 우리의 대화를 그다음 주제로 이끌었다. NFT가 사람들이 예술을 창조하고 평가하는 행위 자체에 대한 새로운 정의가 될 것이라는 그의 미래에 대한 전망으로 말이다.

하 박사의 NFT 여정은 다른 전통 예술가들도 NFT의 가치를 충분히 이해하고 관심을 가질 수 있도록 도와주는 훌륭한 로드맵의 역할을 한다. NFT는 그들의 작품에 대해 진위를 인증하고 새로운 유통망을 제공해준다. 그리고 무엇보다, 하 박사의 경우처럼 NFT는 치유의 선물이 될 수 있다. 그는 NFT를 통해 세상에 자신의 이야기를 전할 수 있는 새로운 방법을 찾았고, 인간 뇌의 복잡함을 지도로 그려내며 자신의 과거와 만날 수 있었다. NFT가 누군가의 뇌를 고치지는 못해도 무너진 마음을 치유할 수 있다고 그는 말한다. NFT가 자신의 삶에 대한 열정을 소생시켜주었던 것처럼.

다음은 하 박사와의 인터뷰 내용이다. 그의 이야기를 통해 NFT를 향한 당신의 열정이 한층 더 깊어질 것으로 생각한다.

Q: 어떻게 미술을 시작하게 됐는가?

아마도 다섯 살 때쯤인 것 같은데, 어머니께서 집에 동네 아이들을 모아 그림을 가르치셨다. 그때부터 동네 친구들과 놀면서 그림을 그리기 시작했다.

Q: NFT에 대해 처음 들은 것은 언제인가?

2020년 미술 분야에서 활동하는 친구가 FT에 대응하는 개념으로 NFT를 설명해줬는데, 미술 작품이 대표적인 NFT라는 이야기를 들었다. 처음에는 생소한 개념이었지만, 관련 문헌들을 읽어보고 유튜브에서 소개하는 NFT 관련 국내외 자료들도 찾아서 봤다. 그러면서 새로운 변화의 시기에 디지털 미술 작품들에 가치를 부여해주는 중요한 개념이라는 걸 알게 됐다. 예술 활동은 항상 새로움과 변화를 향한 자극이 되어준다는 점에서 흥미진진한데, NFT는 여기에 전 세계 인류의 동의하에 자본의 가치를 덧붙임으로써 폭발적으로 성장해나갈 것으로 판단했다.

Q: 당신이 생각하는 NFT의 정의는?

개념적으로는 모든 디지털 및 실물 자산이 NFT라고 생각한다. 미술 분야에 국한된 협의의 정의로는 '디지털 자산화된 미술품' 정도로 생각해볼 수 있겠다.

Q: 전통 예술 세계에서 NFT 예술 세계로 어떻게 전환했는지?

유화, 수채화, 아크릴 같은 전통적인 미술 표현 도구에 익숙했기에 디지털 표현 도구로 전환하는 것은 그다지 어렵지 않았다. 다양한 미술 작품 제작 앱들이 기존의 미술 표현 방법과 거의 유사한 인터페이스를 제공하고 있으므로 약간의 시간과 노력을 들이면 디지털 미술로 충분히 전환할 수 있다. 물론 동영상이나 3D 같은 작업은 좀더 많은 노력과 시간이 필요하므로 아직도 나에게는 큰 도전의 영역으로 남아 있다. 최근 들어 급격하게 변화하고 발전하고 있는 인공지능, 로봇, 디지털 사회주의, 유전자 정보, 코로나바이러스 집단 감염에 대한 대응 등 4차 산업혁명으로 대변되는 일련의 급격한 사회적·문화적 변화 속에 미술의 표현과 거래도 새로운 변곡점에 도달했다고 생각한다.

기존의 미술 작품들이 정지된 이미지와 마티에르matière가 부여하는 독특한 질감 및 입체감의 조화가 만들어내는 예술적 감동이라면, NFT로 대변되는 디지털 미술 자산은 좀더 풍부한 디지털 표현 방법과 요소를 이용함으로써 전통 미술과는 다른 독특한 미적 표현을 할 수 있다는 점에서 매력적이다. 아울러 인터넷을 통해 전 세계의 미술 애호가들과 직접 작품을 거래할 수 있다는 점에서 엄청난 잠재력을 가지고 있다고 생각한다.

Q: NFT가 당신의 삶을 어떻게 변화시켰는가?

기존의 전통 미술은 과거 수백 년 이상 작가-갤러리-컬렉터의 유통 구조가 관습화되어 고착화됐다. 그와 달리 NFT는 작가와 작품을 좋아하는 컬렉터 간에 직접적인 거래와 의사소통이 이뤄지고 위작 논란의 여지가 없는, 신뢰 구조를 가지는 시스템이다. NFT 미술 작품을 제작하고 유통하면서 이런 점이 강렬한 매력으로 다가왔다. 어려서부터 친숙하게 다뤄왔던 컴퓨터와 디지털기기를 미술 작품 제작뿐만 아니라 작품 거래로까지 확장함으로써 미술 활동의 전 과정을 디지털화할 수 있었다.

Q: 현재 NFT 세계의 어떤 트렌드를 따르고 있는가?

트렌드가 있는지 잘 모르겠다.

Q: 당신에게 가장 큰 영향을 준 아티스트는 누구인가?

데드마우스Deadmau5, 돗피전DotPigeon, 콜디, 안드레스 라이징거Andrés Reisinger, 너새니얼 패럿Nathaniel Parrott, 트레버 존스, 3LAU

Q: 의사와 아티스트로서의 삶을 병행하는 것이 힘들지는 않은지?

외과 의사로서의 삶은 상상력과 창의력을 발휘하는 데 제약이 많다. 환자를 치료하는 데에는 많은 연구의 결과로 입증된 치료법과 수술만이 허용되기 때문이다. 그에 비해 미술의 세계는 무한한 상상력과 창의력이 원동력이자 가장 핵심적인 요소다. 따라서 의사로서의 삶과 아티스트로서의 삶은 상호 보완적이며 시너지를 가져다준다.

Q: 작품의 가격은 어떻게 책정하는가?

가격 책정에 특별한 원칙을 가지고 있진 않다. 다만, 내가 추구하는 명품 NFT 작가로서의 가치를 표현하는 수준에서 가격을 정하고 있다.

Q: NFT를 수집하는 데 사용하는 NFT 마켓플레이스는 어디인가?

주로 방문하는 NFT 마켓플레이스는 슈퍼레어와 니프티 게이트웨이이며, 가끔 오픈시도 방문한다.

Q: NFT를 수집할 때 기준이 있다면?

추상 작품을 중심으로 구입한다.

Q: 왜 NFT를 구입하는가?

내 미술 작품에서 표현하고자 하는 보이지 않는 세계 및 개념과 같은 추상적 세계를 시각적으로 표현하는 작가와 작품을 지원하기 위해서다.

Q: 한국에서 NFT 미술이 어떻게 성장하고 있다고 보는가?

2021년 초부터 불어닥친 NFT 열풍으로 시장이 과열되고 일부에선 이를 풍자하는 상황도 잠시 벌어졌지만, 점차 안정되고 작품의 완성도가 높은 작품들이 계속 발표되고 있어 매우 긍정적으로 보인다. 향후 메타버스와 NFT 작품의 거래 시장이 접목되면 큰 시너지가 발생하면서 급격히 성장할 것으로 전망한다.

Q: 앞으로 NFT가 어떤 용도로 사용될 수 있다고 생각하는가?

자기표현의 수단, 자본 축적의 수단, 태환의 수단이 될 것으로 본다.

Q: 자신을 표현하는 세 단어를 꼽는다면?

디지털 아티스트, 신경과학자, 신경외과 의사

Q: 자신의 예술을 묘사하는 세 단어를 꼽는다면?

브레인 매핑, 형상의 인지, 시간과 공간

독점 인터뷰 시리즈 ②: NFT 컬렉터들

CHAPTER 3

이번엔 NFT 컬렉터들을 만나보자. 일러스트레이터illestrater, 문영훈 대표, 콜디가 그 주인공들이다. 이들은 개별적으로 NFT 관련 활동을 하고 있지만, NFT 시장의 발전을 향한 뜨거운 가슴과 공통된 목표를 가지고 있다. 이들의 고유한 경험, 산업 지식, 관점 등을 통해 많은 이들이 궁금해하는 'NFT의 가치는 과연 무엇인가?'에 대한 답을 찾아보자.

- **일러스트레이터:** 본명은 팀 강Tim Kang으로, 2020년 12월 비플의 〈The

Complete MF Collection〉 NFT를 777,777달러에 구매해 화제가 됐던 컬렉터다. 그간 비플이 내놓았던 NFT를 모두 담고 있는 전체 컬렉션에 대한 NFT였다. 일러스트레이터는 특히 신인 아티스트들의 작품에 관심을 가지고 수집하는 것으로 유명하다. 자신이 NFT를 수집하는 이유와 최근 론칭한 NFT 아티스트와 컬렉터들을 위한 프로젝트에 대해서 이야기한다.

• **문영훈:** 한국의 대표적인 NFT 컬렉터이자 논스Nonce 커뮤니티의 공동 설립자다. 논스는 한국에서 가장 큰 크립토 커뮤니티 중 하나다. 서울에서 공동생활 공간을 운영하면서 사람들이 블록체인 기술과 암호화폐를 좀더 정확하게 이해할 수 있도록 돕는다. NFT를 수집하는 데 정립해놓은 자신만의 작품 가치 평가 기준과 이론을 논한다.

• **콜디:** 글로벌 NFT 아트 무브먼트에 가장 큰 영향력을 끼치고 있는 멤버 중 한 명이다. 자신만의 고유한 스타일과 희소성 있는 작품들로 유명한 원조 NFT 아티스트이자, 700개 이상의 개인 NFT 컬렉션을 가지고 있는 컬렉터이기도 하다. 이런 연륜에서 나오는 통찰력을 바탕으로 NFT에 관한 자신의 가치 평가 기준과 방법론을 이야기한다.

인터뷰: 일러스트레이터

"당신이 어떤 미술 작품을 마주했을 때 그 작품의 예술적인 부분과 메시지를 즐기며, 그 작품을 집에 전시해놓고 싶은 마음이 든다면, 그것이 바로 그 작품이 제공하는 본질적인 가치일 것입니다. 제가 작품을 구매할 때 가장 중요하게 생각하는 부분들이기도 합니다."

'일러스트레이터'라는 필명으로 유명한 팀 강의 말이다. 현재 NFT 세계에는 새로운 NFT 컬렉터들이 많이 등장했다. 개인적인 즐거움이나 투자 수단으로, 혹은 개인의 사회적 지위를 위해서 NFT를 수집하고 있다. 하지만 일러스트레이터에게 NFT란 조금 다른 의미다. 그는 NFT를 수집하는 것 자체를 예술의 한 형태로 만들었다. 그는 새롭게 떠오르는 NFT 아트 세계에서 자신만의 철학을 나타내기 위해 자신의 이름 첫 글자를 대문자 'I'가 아닌 소문자 'i'로 쓴다. 이 새로운 세계가 개인이 아닌 디지털 아티스트들의 공동체에 관한 것임을 나타내고자 하는 것이다.

일러스트레이터는 NFT가 디지털 작품들에 대한 진위와 희소성, 소유권의 문제를 해결해줄 것으로 생각한다. 그리고 미술 시장 외에도 NFT가 활용될 수 있는 곳이 참 많다고 말한다. 어떻게 보면 그는 단순한 NFT 컬렉터라기보다 혁신가라고 하는 게 맞을 것 같은데, 최초의 NFT 후원 조직인 세븐스 파운데이션Sevens Foundation과 NFT 마켓플레이스이자 경매 및 커뮤니티 플랫폼인 유니버스닷엑스와이지Universe.xyz를 설립하기도 했다. 그는 컬렉터로서 자신의 역할이 단순히 작품 수집에 한정되는 것이 아니라 신인 NFT 아티스트들의 성공을 돕는 디지털 도구를 제공하는 것으로 생각한다.

2020년 12월 12일, 일러스트레이터는 NFT 역사에 길이 남을 만한 일을 했다. 비플의 〈The Complete MF Collection〉을 777,777달러에 구매한 것이다. 이는 또 다른 유명 NFT 컬렉터인 메타코반이 입찰한 가격의 2배나 됐는데, 일러스트레이터는 해당 작품의 역사적 중요성을 강조한다.

"저는 이 작품에 상당한 애착을 갖고 있습니다. NFT 기술이 더 널리 채택되기 시작한, 그 출발점을 상징하는 작품이라고 생각합니다."

역사는 블록체인에 영원히 저장된 그의 성공적인 입찰 결과를 기억할 것이다. 그는 이런 '스토리'가 NFT 세상을 부흥시키는 데 중요한 역할을 하게 되길 희망하고 있다.

일러스트레이터는 작품에 숨겨진 진가를 찾는 것을 즐긴다고 한다. 그래서 특히 NFT 기술의 한계를 넘어서고자 하는 아티스트들의 작품을 수집한다. 그는 소유한 NFT 작품들을 되팔지 않는 편이고, 자신의 역할이 NFT 세상의 테이스트메이커tastemaker(유행을 만들고 퍼뜨리는 사람)라고 생각한다. 슈퍼레어에 올라와 있는 일러스트레이터의 컬렉션을 보면 공상과학, 미래주의, 미니멀리즘을 테마로 하는 작품들이 주를 이루고 있음을 알 수 있다.

그는 물론 팩, 퍽랜더Fvckrender, 키드모그래프Kidmograph와 같은 세계적으로 유명한 NFT 아티스트들의 작품들을 대량 수집했지만, 그의 진정한 관심은 NFT 세상에 막 입문한 새로운 아티스트를 발굴하는 것이라고 한다. 그는 아티스트들의 배경과 속해 있는 NFT 커뮤니티를 알아보고, 그들이 커뮤니티 내에서 자신을 어떻게 표현하는지, NFT 기술을 어떻게 독창적으로 사용하는지를 살펴본다고 한다. 예술 작품의 가치가 작품 자체뿐만 아니라 작가가 가진 고유한 스토리와 결부되어 있다고 믿기 때문이다.

"이런 스토리텔링은 NFT 작품을 수집하고 구매하는 데 매우 중요한데,

예술가가 자신을 표현하는 방식이 향후 작품의 가치에 영향을 미치기 때문입니다."

이처럼 일러스트레이터는 NFT 아트 컬렉터일 뿐 아니라, 모든 디지털 아티스트가 NFT 아트 공간에서 성공할 수 있도록 돕는 역할을 적극적으로 하고 있다. 다음은 그와의 인터뷰 내용이다. 그의 통찰력과 경험담을 바탕으로 당신만의 NFT 수집에 대한 프레임워크를 만들어보기 바란다. 또한 니프티 게이트웨이*와 슈퍼레어**에서 그의 컬렉션들을 살펴보며 NFT 작품 수집의 정수를 느껴보기 바란다.

Q: 어떻게 NFT 수집을 시작하게 됐는가?

꽤 예전부터 암호화폐에 투자했다. 암호화폐가 단순히 돈의 개념을 넘어 더 많은 영역에서 쓰이게 될 것이라고 항상 생각해왔다. 블록체인 기술은 우리가 통상적으로 제공한다고 생각하는 디지털 소유권, 정당성, 분권화와 같은 기능 말고도 훨씬 더 많은 기능을 제공한다.

내가 NFT 마켓플레이스인 슈퍼레어를 처음 발견한 것은 사실 그리 오래되지 않았다. 아마 2020년 10월에서 11월 정도였던 것 같다. 하지만 슈퍼레어를 접하자마자 그 세상에 빠져들었고, 많은 시간을 할애해 NFT를 연구하기 시작했다. 그러면서 내가 보기에 미적으로 정말 마음에 드는 작품이 있으면, 해당 작품을 사고는 했다. 지금 생각해보면 NFT가 나에게 맞는지 확인하는 테스트 기간이었던 듯하다. 어떤 아티스트가 소유하고

---

* https://niftygateway.com/profile/illestrater

** https://superrare.com/illestrater/collection

있던 디지털 작품이 나의 것이 된다는 것, 다른 이의 디지털 자산을 직접 소유하게 된다는 건 참 희한한 느낌이었다. 디지털 자산을 소유하고 있다는 느낌이 생소하기는 했지만 그 자체가 정말 멋졌다.

내가 NFT 작품을 수집하자 사람들이 나를 트위터에서 팔로우하기 시작했다. 처음에는 혼란스러웠다. '이게 대체 뭔 일이지?' 하지만 머지않아 깨달았다. '와, 이게 아티스트와 직접 관계를 맺고 대화를 시작하는 방법이구나!' 하고 말이다.

Q: NFT 작품의 가치는 어디에서 온다고 생각하는가?

NFT가 왜 특별한지를 자신에게 물어봤다. NFT는 위조될 수도, 복제될 수도 없다는 확실한 강점들이 있다. 그리고 발행자가 누구임을 인증하고 증명할 수도 있다. 나는 이런 점들이 아주 중요하다고 본다. 한 가지 예를 들어보겠다. 루이비통이 신제품 가방에 대해 디지털 인증서를 함께 발행해 그 가방이 진품이라는 것을 누구나 확인할 수 있다면, 그리고 당신이 그 가방의 새로운 소유자라는 것을 증명할 수 있다면, 지금처럼 명품 가방의 진위를 확인하기 위해 실물 제품을 감정해야 하는 번거로움을 없앨 수 있을 것이다. 실물 미술품들의 경우 특히 모조품이 많아 어떤 것이 진품인지 구별하기 어려울 때가 많다. 하지만 실물 작품과 페어링된 블록체인상의 디지털 인증서를 소유하고 있다면, 작품이 원본임을 바로 증명할 수 있다.

Q: NFT를 수집하는 것은 실물 미술품을 수집하는 것과 어떻게 다른가?

NFT 작품들은 세계 어디서나 인터넷으로 손쉽게 접할 수 있다. 그 핵심

기술이 모두에게 공개되어 있어서 전 세계 누구나 NFT 시장에 참여할 수 있다. 아주 흥미로운 부분이다. 반면, 전통 미술 시장은 많은 부분이 통제되어 있고 배타적이며 시장에 참여하기가 매우 어렵다.

Q: 그림 외에 수집하는 NFT가 있는가?

크립토펑크 작품을 하나 갖고 있다. 민트 번호mint number가 낮은 초기 펑크로 정말 멋진 작품이다. 운 좋게 크립토펑크 추첨에 참여할 기회가 있었는데, 109번째 펑크에 당첨됐다. 라바랩스의 새 프로젝트인 미비츠 작품도 몇 개 수집했다. 미비츠 작품은 3D 형태의 예술 작품인데, 자신이 구매한 작품을 게임이나 가상현실·증강현실에서 실제로 사용할 수도 있다. NFT가 이렇게 다양하게 쓰일 수 있다는 점도 이 자산의 큰 매력 아닐까?

Q: 동일한 작품인데 에디션 넘버가 작은 NFT가 에디션 넘버가 큰 NFT보다 더 가치 있게 취급되는 이유는 무엇일까?

사람들이 디지털 자산을 어떻게 평가하느냐에 따라 다르다. 한 가지 방법은 자신에게 이런 질문을 해보는 것이다. '만약 100개의 에디션이 발행된 작품일 경우, 내가 수집한 NFT가 몇 번째 에디션이든지 상관없이 똑같이 아낄 수 있을까?' 내 생각엔 대부분의 컬렉터가 첫 번째 에디션을 높은 숫자의 에디션들보다 더 가치 있게 보는 건 확실한 것 같다. 이것은 트레이딩 카드와 같은 실물 수집품에서도 마찬가지다. 만약 당신이 어떤 인쇄물의 첫 번째 에디션을 가지고 있다면 그것은 더욱더 가치가 높은 것으로 평가되지 않겠는가. 중간 정도의 에디션 넘버들 간엔 큰 차이가 없고 말이다.

어찌 됐든, 이런 에디션 숫자들이 의미하는 바를 잘 생각해보면 참 재밌다. 예를 들면 내가 가진 크립토펑크 #109는 기술적으로 봤을 때 블록체인에 저장된 109번째 펑크라는 뜻이다. 이렇게 에디션 넘버를 통해 자신이 현재 소유하고 있는 NFT가 역사적으로 어떤 시점에 어떤 역할을 했을지를 짐작해보는 건 흥미로운 일이다.

Q: NFT를 구입할 때 고려하는 기준이 있다면?

그 기준에는 많은 요인이 있다. 작품 가치를 평가할 때 장기적인 시각으로 보려고 하는데, 암호화폐에 투자할 때 구사하는 전략과도 비슷하다. 나는 항상 지금부터 5년에서 10년 정도 후에 이 작품이 어떻게 평가될지를 생각하며 작품을 평가한다. 물론 어떤 아티스트를 응원하고 싶거나, 단순히 그 예술 작품이 정말 좋아서 사기도 한다. NFT 작품의 가치를 평가할 때, 해당 작품과 비슷한 다른 작품들의 가치와 비교해보기도 한다(통상적으로 금융권에서 사용하는 상대 가치 평가와 비슷한 방법). 가격이 존재하는 다른 아티스트들의 작품 스타일 및 경력과 비교해가면서 해당 작품의 가격을 예상해보는 것이다. 작품의 역사적 가치는 가격을 결정짓는 중요한 요소다.

크립토펑크나 미비츠 같은 수집품의 경우 가격을 결정짓는 또 다른 요소들이 존재하는데, 바로 희소성과 특이성이다. '이 수집품은 유일한가?' '다른 수집품에는 없는 특별한 무언가를 갖고 있는가?' 이런 질문들은 작품의 본질적 가치를 논하는 매우 핵심적인 것이다. 또한 이전에는 한 번도 시도되지 않았던 새로운 방식을 포함하고 있다면, 그 역시 작품이 높은 가치를 가지는 이유가 될 수 있다. 이렇듯 작품만의 고유한 스토리가 나에겐 특별하다.

Q: 과거의 자신에게 NFT 수집과 관련해 말해주고 싶은 것이 있다면?

NFT 역사에 대해 더 깊이 연구해보라고 말해주고 싶다. 모든 NFT의 기원에 대해 더 공부해보라고. 역사가 정말 중요하기 때문이다. 지금 존재하는 어떤 것의 가치는, 지나온 세월을 통해 가치가 축적되면서 형성된 것이다. 사람들은 역사적 의미를 가진 것을 중시하고, 그것을 가짐으로써 역사의 일부가 되고 싶어 하는 성향이 있다. 일부 크립토펑크 작품의 가격이 천문학적으로 올라가게 된 것도 이런 이유에서다. 펑크들이 이더리움을 기반으로 하는 첫 NFT 작품들 중 하나였다는 사실이 컬렉터들에겐 가치 평가의 중요한 요소로 작용했으리라고 본다.

Q: NFT 아티스트의 성공에 기여하는 요소들에는 어떤 것이 있을까?

NFT를 구매하기 위해 아티스트의 배경을 조사할 때는 그가 지속적으로 발전하려고 노력하는지, 더 큰 가치를 제공하려고 하는지를 체크해봐야 한다. 아티스트의 진실성과 그 아티스트가 무엇을 나타내는지는 정말 중요하기 때문이다. 한마디로, 작품의 미래가치를 결정짓는 중요한 요소라고 할 수 있다. 예를 들어 어떤 아티스트가 늘 비관적이고, 커뮤니티 내에서 문제를 일으키며, 다른 이들에 대해 부정적인 말을 한다고 해보자. 이런 행동들은 커뮤니티 내에서 그 사람의 평판에 영향을 줄 것이고, 당연히 그의 작품의 가치에도 영향을 미칠 것이다. 결국 작품은 작가 자신의 모습이라고 생각한다.

Q: NFT를 수집하는 데 가장 큰 위험 요소로는 무엇이 있을까?

NFT로 빠른 시간 안에 큰돈을 벌고자 하는 것이다. 그런 투기적 생각은 도박일 뿐이다. NFT 작품을 구입할 때는 정말 마음에 드는 작품을 골라야 한다. 결국 작품으로부터 본인이 얻게 되는 가치의 큰 부분은 그런 감정적인 가치이기 때문이다. 컬렉터로서 본인이 소유하고 있는 작품을 다른 이들에게 진심으로 표현하고 대변할 수 있을 때, NFT 시장이 바르게 서고 발전할 수 있다고 생각한다.

Q: 예술 작품에 내재한 본질적인 가치는 당신에게 어떤 의미인가?

NFT를 수집할 때, 그것을 되팔 생각을 하지 않는 것이다. 작품 속에 내 마음을 울리는 특별한 무언가가 있어 절대 포기할 수 없게 되기 때문이다. 당신이 어떤 작품을 통해서 아름다움을 느끼고, 그 작품이 주는 메시지를 즐기며, 당신의 집에 전시하고자 하는 마음이 든다면 그 마음이 바로 예술 작품에 내재한 가치라고 생각한다. 이런 것들이 내가 예술 작품을 구매할 때 고려하는 사항들이다. 나는 늘 내 마음을 울리는 작품들을 수집하고 있다.

Q: NFT 컬렉터로서, 현존하는 다양한 NFT 관련 플랫폼(마켓플레이스)들을 어떻게 보는가?

NFT 세상에서 플랫폼들의 역할이 매우 큰데, 그들이 NFT 작품을 어떤 식으로 전시하고 판매하느냐에 따라 거래되는 작품들의 가격이 영향을 받을 수 있기 때문이다. 어쩌면 내가 그 중요성을 과장해서 말하는 것일지도 모르겠지만, 누구나 어느 정도는 편향적으로 생각하지 않는가. 예를 들어 슈퍼레어의 경우, 아티스트 및 작품을 선정하는 큐레이팅 방식을 채택함으로써 플랫폼으로서 좀더 무게감을 가지게 된 것 같다. 그에 따라 그곳에서 거래되는 작품들은 좀더 가치를 부여받게 된 듯하다. 물론 내 개인적인 느낌일 수도 있지만 말이다.

Q: 자신만의 NFT 컬렉션을 만들려면 어떤 것부터 시작해야 할까?

NFT 작품을 구매하는 데 얼마 정도를 지출할 것인지에 따라 매우 달라질 것 같다. 하지만 일단 신생 NFT 플랫폼상에 올라와 있는 작품들을 살펴보는 것은 기회를 포착하는 데 도움이 될 것이다.

Q: NFT 작품의 보안은 어떻게 유지 관리하는가?

니프티 게이트웨이에 있는 나의 NFT들을 제외하고는 모두 나의 콜드 월렛cold wallet을 통해서만 접근할 수 있다. 콜드 월렛은 NFT를 다른 계정으로 전송하고자 할 때 USB를 이용하는 방식이어서 NFT 작품에 대한 보안을 내가 직접 철저히 관리할 수 있다.

Q: NFT의 미래를 어떻게 보는가?

NFT가 더 자유롭게 통용될 것으로 생각한다. 예술 작품이 무료가 될 것이라는 의미가 아니라, NFT가 디지털 아트 작품 이상의 의미를 지니게 될 것이라는 말이다. NFT가 적용될 수 있는 분야는 정말 많다. 예를 들어 포트나이트나 리그 오브 레전드 같은 게임들을 보자. 게임 내 스킨을 회사 데이터베이스에 저장시키지 않고 NFT로 만들어서 사용자가 직접 소유하는 형태로 만들 수 있다. 이를 통해 다른 게임이나 여러 웹사이트에서 해당 스킨이 호환되어 사용 및 판매될 수 있도록 함으로써 디지털 자산으로서의 용도를 확대할 수 있다. 지금은 NFT가 사용되는 범위가 넓지 않지만 앞으론 사용자들이 어떤 노력을 통해 NFT를 얻거나, 무료로 나누거나, 콘서트와 같은 특정 이벤트 티켓으로 사용할 수 있게 될 것이다.

이렇게 미래엔 우리가 NFT를 이야기할 때 그 효용 가치에 중점을 두게 될 것이다. 물론 앞으로 몇 달 안에 이런 큰 변화가 일어나지는 않을 것이다. 하지만 아마도 1~3년 후엔 NFT가 다양한 분야에 적용되어 널리 사용되는 모습을 볼 수 있으리라 생각한다.

Q: 현재 개인적으로 작업 중인 NFT 프로젝트가 있는가?

나는 컴퓨터 공학도 출신이다. 항상 사람들이 쓸 수 있는 도구를 만들고 싶었다. 요즘 나 자신이 NFT의 미래에 기여할 수 있는 부분이 크다는 것을 깨달으면서, NFT 세상에서 다른 사람들을 돕고 인프라를 구축하는 일을 더 구체적으로 생각하게 됐다. 이와 관련해 현재 진행 중인 프로젝트는 두 가지다. 가장 열정을 갖고 있는 것은 세븐스 파운데이션이다. NFT 후원 프로그램으로, 자신의 첫 작품을 토큰화할 자금이 없는 아티스트나 조직을 선정해 돕고 있다. 이들은 NFT 미술 분야에서 큐레이션을 받을 기회가 매우 부족하다. 그래서 이들에게 큐레이션 과정에서 도움을 줄 수 있는 플랫폼을 구축하고자 한다. 이 플랫폼은 다소 큰 규모로 성장했지만, NFT

미술 분야에서 자선적 가치에 의미를 두고 아티스트들을 위해 큐레이션을 제공한다는 정신은 지금도 변함이 없다.

현재 진행 중인 두 번째 프로젝트는 유니버스다. 나는 이 프로젝트를 공동 설립했고, 그 비전과 나아갈 방향에 대해 지금도 고민하고 있다. 유니버스는 분권화된 NFT 경매소로, 다양한 사회적 요소들을 접목했다는 점에서 기존 경매 플랫폼보다 진보된 형태다. 이 플랫폼에선 순위표를 통해 경매 상황을 보여주며, 낙찰자를 한 명으로 제한하지 않기에 여러 명의 낙찰자가 나올 수도 있다. 어떻게 보면 NFT계의 레딧Reddit과 같은 플랫폼이라고 할 수 있다. NFT에 대한 많은 정보와 역사가 인터넷에 산발적으로 존재하기 때문에 그 정확한 내용을 찾아내 올바르게 이해하기가 쉽지 않다. 그래서 우리는 컬렉터·큐레이터·아티스트들을 위한 레딧 또는 위키피디아Wikipedia 같은 플랫폼을 만들어 이들이 자신만의 프로필을 가지고 플랫폼 커뮤니티에서 NFT 아티스트나 컬렉션의 역사에 대해 서로 적어나가며 공유할 수 있게 하고자 한다. NFT의 진정한 대중화를 위해선 크립토펑크나 3LAU처럼 역사적으로 중요한 NFT 프로젝트들에 대해 많은 사람이 읽고 이해하는 것이 중요하다고 생각하기 때문이다.

인터뷰: 문영훈

논스 커뮤니티의 공동 설립자인 문영훈 대표는 진정한 크립토 라이프 스타일을 실천하고 있는 열정파다. 서울에 있는 논스는 블록체인·암호화폐 마니아들을 위한 코하우징co-housing 및 코워킹co-working 공간으로, 디지털 지갑을 가지고 분권화된 미래에서 살고자 하는 모든 이들을 환영한다. 문 대표는 2017년부터 한국 커뮤니티에 비트코인과 블록체인 기술을 널리 알리기 위해 노력해왔으며, 자신이 꿈꾸는 '분권화된 미래의 5단계'라는 그만의 '대논지mega thesis'를 구축했다고 한다. 각각의 단계는 통화적monetary, 법적 및 사법관할적legal & jurisdictional, 금융적financial, 사회경제적socio-economic, 영토적territorial 관점에서 미래를 예측해본 결과라고 한다.

그가 제시하는 분권화된 미래의 다섯 단계는 다음과 같다.

① 국가의 영향을 받지 않는 디지털 상거래를 위해 고안된 화폐
② 현행 법체계를 대체하는 스마트 계약 시스템
③ 국가별 정부 주도 금융 시스템이 아닌 분권형 은행 시스템
④ 기업의 주주 모델이 아닌 분권화된 자율 조직
⑤ 국경을 초월해 가치와 이념에 따라 자율적으로 그룹을 형성하는 메타버스로의 전환

문 대표는 NFT가 특히 영토적 관점과 깊은 관계가 있다고 했다. 현재 국가는 물리적인 국경에 의해 나누어지며 물리적 근접성physical proximity이 커뮤니티를 정의하는 핵심적인 기준인데, 디지털 중심의 메타버스 세상에선 커뮤니티를 정의하는 기준이 어떻게 변할 것인지 흥미롭기 때문이다. 실제로 이러한 측면에서 많은 이들이 '문화적' 경계선에 대해 논하기 시작했는데, 그 또한 NFT가 특정 문화를 공유하는 사람들끼리 일종의 경

제적 공동체를 형성할 수 있게 해주는 기술이라고 생각한다. 문화적 경계에 따라 커뮤니티가 구분되는 메타버스의 근간이 되는 기술 말이다.

그렇다면 그가 생각하는 NFT의 가치는 무엇이며, NFT를 구매함으로써 실질적으로 얻게 되는 것은 무엇일까? 현재 인터넷상에서 수많은 포럼, 커뮤니티, 소셜 그룹 등을 통해 열띤 논의가 펼쳐지고 있는 이 질문에 대해 문 대표는 짧지만 깊은 의미를 내포하는 답을 제공했다.

"NFT를 구입한다는 것은 어찌 보면 블록체인에 저장된 코드를 사는 것뿐일지도 모릅니다."

우리의 생존과는 아무런 상관이 없는 일이라고 그는 덧붙였다. 사람들은 더 아름답게 보이기 위해 화장품을 사용하지만 그것이 인류의 생존을 위한 일은 아닌 것처럼 말이다. 그렇다면 왜 사람들은 단지 블록체인 코드에 불과한 NFT에 수백만 달러를 쓰는 걸까? 문 대표가 NFT를 구입하는 이유는 굉장히 문화적이고 추상적인 것이었다. 그가 수집하는 NFT 작품 대부분은 그가 기억하고 싶어 하는 순간과 감정적으로 연결되어 있다.

그 예로 문 대표가 니프티 게이트웨이 NFT 마켓플레이스에서 구매한 패리스 힐턴Paris Hilton의 NFT 작품이 있다.* 환상적인 핑크빛 석양을 바탕으로 벌새가 날갯짓하는 이 작품엔 이런 캡션이 달려 있다. '할머니가 돌아가시기 전에 말씀하셨죠. 제 곁에 벌새로 돌아와 늘 함께하실 거라고요. 지금도 전 저를 따라다니며 관심을 끌기 위해 창문에 몸을 기대는 벌새들을 보곤 한답니다.'

---

* https://nftndx.io/token/0x22fb4e4f7fd19092eb3f2f33e14b528a94d0c408-42000020005

문 대표도 왠지 모르게 이 작품을 보며 할머니를 떠올렸다고 하는데, 이렇게 소중한 분과의 순간들을 연상시키기에, 또 개인적인 친분은 없지만 작품의 원작자와 특별한 감정을 공유할 수 있게 해주기에 NFT는 참 특별한 것 같다고 말한다.

문 대표는 또한 NFT 수집을 통해 디지털 아티스트들의 미래를 지원하고 커뮤니티를 구축하는 데 도움을 줄 수 있다고 믿는다. 파운데이션 NFT 마켓플레이스에서 볼 수 있는 그의 방대한 NFT 컬렉션은 그의 이런 NFT에 대한 믿음을 말해준다. 그는 현재 대부분의 NFT 마켓플레이스가 컬렉터보다는 아티스트에게 만족스러운 경험을 제공하는 데 초점이 맞춰져 있다고 본다. 안타까운 부분 중 하나다. 이들 플랫폼이 소셜미디어와 작품 매매 플랫폼으로서의 역할을 동시에 해낼 방법을 찾아낸다면, 그래서 창작자들과 컬렉터들 간에 정보와 감정의 공유가 더욱더 원활해질 수 있다면 NFT가 더 많은 사람에게 받아들여지게 될 것이라고 말한다.

다음은 문 대표와 진행한 인터뷰의 주요 내용이다. 한국을 대표하는 NFT 컬렉터로서 그가 가지고 있는 NFT에 대한 생각과 인사이트를 한껏 즐기기 바란다. 문 대표의 NFT 수집품들은 파운데이션 마켓플레이스에서 만나볼 수 있다.*

Q: NFT를 산다는 것은 어떤 의미인가?

알다시피, NFT 미술 작품이 실생활에 현실적인 효용을 가져다주지는

---

* https://foundation.app/@yhmoon514

않는다. 따라서 NFT를 구매한다는 것은 플라토닉한 이상을 이루는 것에 더 가깝다고 할 수 있을 것이다. 맨 처음 NFT 작품을 구매했을 때의 기분이 아직도 잊히지가 않는다. 패리스 힐턴의 NFT 작품이었는데, 해당 작품을 구매하면서 그 유명 인사와 정서적 교감을 하고 있다는 느낌을 받았다. 단순히 디지털 토큰을 구매한 것일 뿐인데도 말이다. NFT가 서로 모르는 사람들 간에도 특별한 정서적 유대감을 갖도록 해준다는 점이 참 흥미롭다고 생각한다.

Q: NFT를 수집하는 것은 전통 미술 시장에서 예술 작품을 수집하는 것과 어떻게 다른가?

이 점에서 NFT 미술 시장과 전통 미술 시장은 근본적으로 다르다. 전통 미술 시장에서 당신이 컬렉터로서 아티스트들과 나누는 대화는 상당히 단편적이고, 대부분의 경우 몇 마디도 안 하고 끝나게 된다. 대화가 끝나면 아티스트와의 만남 자체도 끝이 난다. 그러나 NFT를 구매할 땐 아티스트와의 관계가 적어도 10배는 깊고 풍성하게 형성되는 것 같다. 내가 경험한 바로는 대부분의 경우 NFT를 구매하자마자 아티스트로부터 소셜미디어를 통해 감사 메시지를 받게 되고, 그것을 시발점으로 지속적으로 대화하는 관계가 형성되곤 한다.

Q: NFT를 수집할 때 자신에게 어떤 질문을 하는가?

첫째, 가장 중요한 것은 내가 작품에 대해 어떻게 생각하고 느끼는가 하는 것이다. 해당 작품의 어떤 점이 마음에 들고 마음에 들지 않는지를 자신에게 객관적으로 묻는 것은 정말 중요하다.

둘째, 해당 작품이 현재의 시대정신 및 시대상을 잘 나타내고 있느냐 하는 것이다. 우리는 지금 아주 흥미로운 시대를 살고 있다. 인공지능 시대로 빠르게 전환되고 있고, 많은 이들이 우주를 탐험하기 위해 노력하고 있다. 일론 머스크가 말하는 것처럼 다중 행성 인류를 꿈꾸면서 말이다. 또한 크리스퍼CRISPR와 같은 의료 기술의 진보로 우리 자신의 DNA를 교정할 수 있는 시대이기도 하다. 이 모든 게 얼마나 엄청난 일인가. 그래서 특히 이 질문이 중요하다.

셋째, 이 작품이 빠른 시간 내에 많은 관심을 받고 알려질 수 있을까 하는 것이다. NFT는 본래 디지털 태생의 작품이기 때문에 누구나 동일한 조건에서 배타적이지 않게 감상할 수 있고, 원할 경우 얼마든지 작품을 복사해 저장할 수도 있다. 작품 감상 측면에서 완전히 민주적이라는 얘기다. 그렇다면 NFT의 가치는 대체 어디서 나오는 걸까? 대답은 아마 '주목 경제attention economy'에서 찾을 수 있을 것이다. 우리 주변을 둘러보면 더 큰 관심을 받을수록 더 큰 가치가 부여되는 경우를 많이 볼 수 있다. 이 '바이럴viral 잠재력'이 바로 내가 NFT에서 찾는 것이다.

마지막으로, 창작자가 자신의 작품에 진심인가 하는 것이다. 예를 들어 작품이 인공지능에 관한 것이라면, 창작자가 오랫동안 꾸준히 작품을 통해 관련 테마를 다뤄왔는가 하는 문제다. 그저 시장에서 인기 있는 트렌드를 따라가는 것이 아니라 진심으로 주제에 대한 관심이 있는지를 확인해 볼 수 있는 방법이다.

Q: NFT를 수집할 때 사용하는 가장 좋아하는 플랫폼은?

파운데이션 마켓플레이스를 가장 좋아한다. 이곳의 사용자 인터페이스가 다른 플랫폼들보다 훨씬 뛰어나기 때문이다. 또 파운데이션에서 판매되는 작품들은 퀄리티도 높다. 나는 파운데이션이 슈퍼레어나 니프티 게이트웨이보다 좋다고 생각한다. 물론 니프티 게이트웨이에도 좋은 작품이 많기는 하지만, 대부분은 유명 인사들 작품이기 때문에 창작자들과 의미 있는 대화를 이어나가기가 어렵다. 그에 비해 파운데이션에서는 창작자들과 쉽게 대화를 나누고 관계를 형성할 수 있다는 장점이 있다.

Q: 작품을 수집하는 데 NFT 플랫폼마다 어떤 차이점이 있는가?

먼저 플랫폼의 정책적인 면에서 차이가 있는데, 가장 큰 차이점은 플랫폼이 무허가형이냐 선별형이냐 하는 것이다. 예를 들어, 오픈시에는 많은 수집품이 있지만 순수미술에 가까운 예술품을 찾는 데에는 적합하지 않을 수 있다. 순수미술에 가까운 작품을 찾는 경우 나라면 슈퍼레어나 파운데이션을 확인해볼 것이다. 만약 당신이 크립토펑크를 구매하고자 한다면(참고로 나도 3개의 펑크를 가지고 있다) 오픈시가 가장 적합한 플랫폼일 것이다. 이 플랫폼에는 미비츠들도 있다. 크게 보자면 수집품 성격이 강한 작품일 경우에는 오픈시 같은 오픈형 플랫폼을 살펴보는 것이 적합하고, 순수미술적인 성격을 가진 NFT 아트 작품일 경우에는 파운데이션이나 슈퍼레어를 이용하는 것이 좋다. 다양한 플랫폼을 자신의 니즈에 따라 골라 쓸 수 있으니 좋지 않은가?

Q: NFT 아트와 NFT 수집품의 차이점을 이야기한다면?

음···, 차이가 있을까? 크립토펑크는 주로 수집품이라 불리지만 나는 일종의 예술 작품이라고 본다. 마르셀 뒤샹Marcel Duchamp을 예로 들어보겠다. 그는 남성용 소변기를 뒤집어 세워 서명을 하고 '샘Fountain'이라는 제목을 붙여 작품화한 예술가로 유명하다. 창작자와 컬렉터들 간의 위치적 관계를 뒤집어버린 이 작품의 뒤를 이을 작품이 크립토펑크라고 생각한다. 일반적으로 어떤 예술 작품이 가치를 갖기 위해선 특정 그룹의 사람들에게 먼저 인정을 받아야 하는데, 뒤샹은 이런 권위와 예술의 관계를 완전히 바꾸어놓았다. 예술이 본질적으로 가치를 가지고 있는 것이 아니라, 관객들이 가치를 부여한다는 얘기다. 개인이 자신의 판단력을 이용해 가치를 책정하는 것이기에 같은 작품일지라도 사람에 따라 다르게 판단할 수 있다. 또한 아름다움이라는 측면에서도 어떤 예술 작품이 절대적인 아름다움을 갖고 있는 것이 아니라 누군가는 그 작품에서 아름다움을 찾을 수도 있고, 누군가는 찾지 못할 수도 있다는 것을 뒤샹은 우리에게 알려주었다. 크립토펑크 또한 뒤샹과 비슷한 메시지를 던져준다는 점에서, 단순한 NFT 수집품을 넘어 새로운 예술의 형태로 볼 수 있다고 생각한다. 따라서 본 질문으로 돌아가자면 NFT 아트와 NFT 수집품의 경계는 모호하다는 것이 내 생각이다.

Q: NFT를 수집할 때 고려해야 할 가장 큰 위험 요소는 무엇일까?

가격 하락이 가장 큰 위험 요소인 것 같다. 나는 개인적으로 NFT 수집에 입문하는 분들에게 연예인과 같은 유명 인사의 작품은 사지 말라고 제안하고 싶다. 연예인들은 이미 너무나도 잘 알려져 있고, 많은 이들의 존경과 사랑을 받는 사람들이다. 연예인들의 이런 사회적 지위 또는 인기가 NFT와 무슨 관계가 있을까? 유명 연예인들의 NFT 작품은 (일반 창작자들의 NFT 작품에 비해) 쉽게 대중의 관심을 끌고 또 높은 가격에 팔리는 경우가 많지만, 그 가격이 꽤 빠르게 하락하는 경향이 있다. 단지 일시적인 관심이었다거나, 과도한 관심과 기대로 과대평가된 작품들일 경우에 말이다. NFT는 당신에게 힘을 줄 수 있는 존재여야 한다. 수집 과정에서 판매자의 카리스마나 영향력에 휘둘리는 것이 아니라 당신만의 힘을 행사할 수 있고, 또 더 나아가 수집을 통해 더 큰 힘을 받을 수 있는 NFT인지 잘 생각해봐야 한다.

Q: 컬렉터의 관점에서 NFT의 미래는 어떻다고 보는가?

나는 NFT의 미래가 '소셜 토큰social token'이라고 불리는 '커뮤니티 토큰community token'과 DAO(탈중앙화된 자율 조직)에 달려 있다고 생각한다. 최근 아티스트들로부터 NFT 판매 방법에 대해 많은 질문을 받고 있다. 나는 NFT 작품을 홍보할 때 컬래버레이션이 매우 중요하다고 생각하며, 따라서 우리는 아마도 점점 더 많은 종류의 NFT 공동 투자를 보게 될 것이다. 플라밍고 DAOFlamingo DAO와 같은 DAO는 멤버들이 공동 출자한 돈으로 커뮤니티 차원에서 NFT를 수집한다. 이런 커뮤니티들은 멤버들이 의사결정에 공동으로 참여해 작품을 수집한다. 컬렉터와 창작자 사이의 파트너십을 이루는 형태인 셈이다. 우리는 앞으로 점점 더 많은 공동 투자와 컬래버레이션을 보게 될 것이다.

나는 NFT 시장이 앞으로도 계속 성장할 것으로 본다. NFT는 신생 분야이고 아직 발견되지 않은 재능 있는 예술가들이 앞으로도 계속 나올 것이다. 당신이 충분한 시간을 가지고 NFT를 연구한다면, 당신의 영혼을 감동시키는 아티스트를 찾을 수 있으리라 믿는다. 나는 한번 거래를 해본 아티스트들과 지속적으로 거래를 하는 편인데, 이를 통해서 그들과 깊은 관계를 형성하는 것에 큰 의미를 느낀다. 이런 구매 스타일은 또한 내가 NFT 컬렉터와 투자가로서의 역할 사이에서 적절한 균형을 이룰 수 있게 해준다. 나는 보통 NFT 작품을 1~3년 안에 되팔고자 하는 생각으로 작품을 구매하는데, 현재 소유하고 있는 몇몇 작품은 가치가 5~10배 정도 오를 것으로 기대하고 있다.

인터뷰: 콜디

콜디는 크립토 아트에서 창작과 수집의 교차점에 서 있다. 가장 오래된 크립토 아티스트 중 한 명일 뿐만 아니라 열렬한 NFT 컬렉터이기도 하기 때문이다. 인터넷에서 찾아볼 수 있는 그의 많은 인터뷰는 주로 아티스트로서의 배경에 대한 내용이지만, 우리는 그의 NFT 컬렉터로서의 성향에 대해 살펴보려고 한다. 콜디의 수집품은 NFT와 예술을 향한 그의 애정뿐만 아니라, NFT 세계에 큰 영향력을 미치고 있는 그의 사고방식을 들여다볼 귀중한 기회를 제공한다.

콜디와의 인터뷰에서 핵심을 다음 한 문장으로 정리할 수 있다.

그림 4-7 | 콜디의 〈Trust Your Intuition #133〉

출처: 작가 제공

'완벽하지 않음이 완벽함이다.'

그는 완벽주의자이지만, 삶에서 완벽하지 않은 부분들을 찾음으로써 큰 즐거움을 느낀다고 한다. 그래서 이런 마음가짐을 구체화한 미술 작품들에 끌린다고 한다. 그의 NFT 컬렉션은 언뜻 특정한 테마나 패턴이 없는 것처럼 보이지만, 좀더 자세히 들여다보면 그의 탁월함을 느낄 수 있다. 시장에서 가장 핫한 작품이나 쉽게 이득을 챙길 수 있는 작품만을 모으는 것이 아니라, NFT 역사를 보존할 목적으로 수집하기 때문이다. 새로운 예술 장르로 등장한 크립토 아트, 그 태동의 시간부터 함께해온 콜디의 NFT 수집품들은 크립토 아트 역사의 생생한 기록이다.

콜디는 자신이 초창기 크립토 아티스트 중 한 명이라는 사실을 정말 큰 행운으로 여기며, 늘 겸손한 태도로 자신의 경험담을 이야기한다. NFT 얼리어답터라는 지위를 내세워 더 큰 혜택을 누릴 수도 있지만, NFT 예술가들의 커뮤니티를 형성하고 지원하는 데서 더 큰 의미를 느낀다고 한다.

"저는 저 자신을 셰르파(네팔 동부 에베레스트산 기슭에 살고 있는 티베트계의 한 종족. 히말라야 등산대의 짐을 나르고 길을 안내하는 인부로서 유명하다)라고 부릅니다. 사람들을 산꼭대기까지 데려다주는 역할을 하는 거죠. 제가 이미 알고 있는 것을 가지고 다른 사람들이 좀더 쉽게 정상에 오를 수 있도록 도와주고, NFT 세상에서 많은 사람이 성공할 수 있도록 돕는 것이 제가 할 수 있는 최소한의 일이라고 생각합니다."

크립토 아트의 초창기에 대한 이야기를 할 때, 그의 목소리에선 수많은 감정선의 교차가 느껴진다

"몇 년 전만 해도 제 작품을 100달러에 팔고는 했습니다. 아무도 제 활동에 신경 쓰지 않았거든요. 하지만 이 과정을 통해 세계 각국의 크립토 아트 예술가들과 귀중한 인연을 맺을 수 있었습니다. 매트 케인, 로비 바렛, 엑스카피, 해커타오 같은 아티스트들과 말이죠. 우리는 우리 생각을 공유할 수 있는 출구를 소망했던, 그야말로 전 세계에서 모인 아티스트들이었습니다."

콜디는 크립토 아트가 맺어준 수많은 관계를 중요하게 여긴다. 이는 그가 NFT 컬렉터로서 작품을 평가하는 데에도 많은 영향을 끼친다. 콜디는 NFT 수집을 캘리포니아의 골드러시와 비교한다.

"말 그대로 황금 조각을 찾기 위해 몇 시간 동안 흙더미를 체로 걸러내는 것입니다. 금 조각이라고 느껴지는 작품을 찾을 때까지 계속해서 스크

롤합니다.”

그에게 금 조각은 사랑하는 무엇인가를 의미한다. 우리가 인터뷰한 모든 컬렉터가 그랬던 것처럼, 그 또한 자기가 사랑하는 작품을 가장 먼저 수집하는 게 중요하다고 말한다. 하지만 그는 또한 NFT 세상의 원리를 존중하면서 때로는 투자자, 때로는 컬렉터의 마인드를 가지고 일한다고 한다. 투자자로서 콜디는 미술품 구입은 예술가의 미래에 대한 투자라고 말한다. 그래서 테크놀로지를 적극적으로 활용해 새로운 영역을 개척하고 있는 아티스트들을 찾는다. 컬렉터로서 콜디의 역할은 예술가와 함께 춤을 추는 것이다. 그가 예술가와 함께 작품을 홍보할수록 해당 작품이 다른 컬렉터들에게도 더 매력적으로 다가가게 된다.

“NFT 작품들에 대한 이해를 쌓고, 본인이 어떤 작품을 원하는지를 아는 것은 컬렉터 자신의 책임입니다. 참, NFT 투자를 하기엔 이미 늦었다고 생각하는 분들이 있는데, 그건 사실이 아니니 걱정하지 마세요. 이 시장은 아직 너무나도 어리니까요.”

콜디는 자신이 예술가이자 컬렉터로서 성공하는 데 기여한 많은 부분이 직관력이라고 믿는다. 그래서 자신을 신뢰하고, 자신에게 투자한다. 올바른 사고방식, 가치관, 의도만 있다면 NFT 세상에서 누구나 성공할 수 있기 때문이다. 그는 컬렉터들에게 아티스트의 이력을 조사할 때 “아티스트의 작품 가격이 ‘0’이 되더라도, 작품을 벽에 기꺼이 전시할 수 있을까?”라고 자문해보라고 제안한다. 한편 예술가들에게는 인내심을 강조하면서도 자기 자신의 가치를 알아야 한다고 주장한다.

“제가 제작했던 NFT 작품을 2년간 가만히 보관하고 있다가 결국 50배의 가격에 팔았습니다. 그 시간 동안 저 자신에게 투자했기에, 저 자신의 가치를 스스로 알고 있었기에 가능한 일이었죠. 당시 컬렉터들에게 제 작품은 1이더가 아닌 5이더의 가치가 있다고 말했는데 아무도 저를 이해해 주지 못했습니다. 제가 저 자신에게 투자해서 저의 가치가 5이더가 되기 전까지는요."

콜디는 다른 예술가들도 이 중요한 사실을 명심하길 바란다고 말한다.

다음은 콜디와의 인터뷰의 주요 내용이다. 슈퍼레어에서 콜디의 창작물과 컬렉션에 대한 더 자세한 정보를 확인할 수 있다.* 그의 전체 컬렉션이 궁금하다면 '쇼타임'에서 그의 페이지를 확인해보기 바란다.** NFT와 크립토 아트 공간에는 아직 숨겨진 보석들이 많이 있다. 콜디처럼 끝없이 스크롤을 하며 자신만의 다이아몬드를 발견하는 과정을 즐겨보는 건 어떨까.

Q: 어떻게 NFT 아트 분야로 전환했는가?

나는 항상 예술 작품을 만들어왔다. 내가 하고 싶어 하는 유일한 일이기도 하다. 하지만 예술 활동이 나에게 충분한 금전적 소득을 줄 것이라는 확신이 없었다. 화가라는 직업 하나만으로는 작품을 팔아서 돈을 버는 것에 대한 확신이 없었지만, 열심히 일하다 보니 내 작품을 사주는 컬렉터들이 생겼고, 경력도 꽤 쌓였다. 이제 암호화 세상에 발을 들여놓은 이상 NFT에 정말 열정적으로 도전해봐야겠다고 생각했다. 내 인생을 여기에

---

* https://superrare.com/coldie

** https://tryshowtime.com/Coldie

바쳐보지 않으면 평생 후회하면서 살 수도 있으니까.

Q: 평소 음악에 대한 이야기를 많이 하는데, 음악은 당신의 창작 과정에 어떤 영향을 미쳤는가?

나는 로큰롤rock and roll과 함께 자랐다. 특히 1990년대 그런지Grunge(얼터너티브 록의 한 음악 장르) 음악을 사랑한다. 이 분야 주요 가수인 너바나Nirvana, 펄 잼Pearl Jam, 그리고 사운드가든Soundgarden을 듣는 것을 좋아하며, 물론 클래식 록도 듣는다. 부모님께서 학창 시절에 들으셨던 핑크 플로이드Pink Floyd나 레드 제플린Led Zeppelin 같은 밴드 음악도 좋아한다. 하지만 히트곡만 듣지는 않는다. 특히 이런 아티스트들의 곡 중에서 '컷'된 부분을 찾아 듣기도 하는데, 어떤 부분이 문제가 됐을지 생각해보며 그들의 시행착오 과정을 면밀히 분석해본다. 아티스트들이 어떤 아이디어를 가지고 그것에 어떻게 생명을 불어넣었는지, 해당 아티스트와 함께 호흡하며 그 과정을 따라가다 보면 그들을 더 이해하게 된다. 이런 과정을 거친 후 완성작을 다시 들었을 때, 좋은 아이디어가 어떻게 완성품으로 만들어지는지 비로소 포괄적으로 이해할 수 있다.

나는 모든 것을 제대로 하고 싶어 한다는 점에서 완벽주의자이지만, 창작 과정에는 '이 정도면 됐다, 이제 넘어가자'라고 자신에게 말하고 다음 부분으로 넘어가야 하는 상황이 있기 마련이다. 사실 삶 전체를 노래 한 곡을 만드는 데 바칠 수도 있고, 수백 개의 노래를 만드는 데 바칠 수도 있는 것이다. 수백 개의 곡을 만들면서 자신이 무엇을 하고 있는지, 자신이 어떤 존재인지를 알게 되기도 한다.

Q: 어떤 예술 작품을 NFT로 만들 것인지를 어떻게 결정하는가?

창작자는 평생 무언가를 만들어야 하는 사람이다. 그리고 창작자가 만든 모든 작품은 그다음 작품에 영향을 준다. 내가 토큰화한 작품이 120개 정도 되는데, 만약 이 작품들을 만들어진 순서대로 쭉 나열해놓는다면 각각의 작품이 그다음 작품에 어떤 영향을 주었는지 바로 알 수 있을 것이다. 이것이 시간의 흐름에 따른 작품 감상의 힘이다. 첫 작품을 만들었을 때 나는 아직 개선해야 할 부분이 많다는 것을 알고 있었다. 100번째 작품이 완성됐을 때, 이 작품은 앞선 99개의 작품이 앞으로 조금씩 더 나은 작품을 만들 수 있도록 해주었기에 가능했다는 것을 알았다.

나는 자신이 무엇을 만들기 원하는지 완전하게 알지 못하기 때문에 계속해서 작품을 만들어가면서, 계속해서 발전해가는 내 모습을 보고 싶다. 새로운 작품을 만들 때 그 작품에 완전히 만족한 적은 없다. 그렇지만 작품 활동을 통해 계속 나를 발전시키고 있음을 알기에, 새로운 작품을 만들어내는 그 과정 자체에 만족한다. 나는 아직 아티스트로서의 여정이 많이 남아 있음을 알고 있다. 그리고 그 사실이 큰 힘이 된다. 내 인생 최고의 작품은 아직 탄생하지 않았음을 믿기 때문이다.

Q: 당신 작품의 많은 부분이 스테레오스코픽stereoscopics 3D로 표현된다. 어떻게 이런 방식으로 예술 작품을 만들게 됐는가?

이 질문에 대한 답으로 한 가지 이야기를 하면 될 것 같다. 내가 만든 한 작품에 대한 이야기다. 예술 활동을 시작했을 때, 나는 스테레오스코픽에 푹 빠졌다. 스테레오스코픽은 2D 이미지를 3D로 보이게 하는 표현법으로, 요즘은 3D 안경 등을 이용해 이미지에 입체감을 입힐 수 있다. 내가 자랄 때는 가상현실이라는 것이 없었다. 어떤 사물을 실제 3D로 표현할 방법이 없었던 것이다. 나는 그래서 스테레오스코픽을 정말 좋아했다. 어렸을 때는 뷰 마스터view-master에 매료됐다. 쌍안경처럼 생겼지만 사진 필름 슬라이드를 삽입할 수 있는 기기인데, 뷰 마스터를 통해 사진을 보면 2D인 사진들도 3D로 보였다. 여덟 살 때쯤 그 물건을 가지고 놀았는데 그럴 때마다 예컨대 티베트 같은, 내가 삶에서 한 번도 3D로 체험해본 적이 없는 곳들로 순간 이동이 되는 것 같았다. 그때 느꼈던 그 짜릿함. 어찌 보면 모든 것이 거기서부터 시작됐던 것 같다. 이런 경험이 작품 활동에도 영향을 주어, 내가 예술 작업을 시작했을 때 3D 안경을 갖고 예술 활동을 할 수 있게 하는 배경이 됐다.

아직 학생이었을 때 어떤 선생님 한 분이 '이미지 트랜스퍼Image Transfer'라는 기괴한 기법에 대해 알려주셨다. 종이 한 장을 인쇄한 후 그 위에 접착제 비슷한 것을 바르고, 이것을 캔버스에 붙이면 그림이 그대로 옮겨진다. 나는 정말 특이한 기법이라고 느꼈다. 그것이 내가 유일하게 알았던 디지털화된 미술 작품을 캔버스로 옮겨 담는 방법이었는데 정말 신기하고 황홀했다. 하지만 이렇게 디지털 미술 작품을 도화지에 실제처럼 보이도록 옮기려면 60~100시간이라는 어마어마한 시간이 걸렸다. 정말, 정말 하기 어려웠다. 하지만 긴 시간 동안 인쇄된 종이와 캔버스의 질감을 느끼며 얇은 층의 접착제를 섬세하게 다뤄야 하는 작업은 마치 명상처럼 느껴졌다. 아름다웠다. 거기엔 뭔가 특별함이 있었다. 이런 과정을 거쳐서 온전한 첫 번째 작품이 나왔을 때의 희열이란…. 당시 어떻게 성공적으로 작품을 만들 수 있었는지는 모르지만 나는 성공을 했고, 그때 우주가 내게 이렇게 말하는 것 같았다. "넌 이런 걸 해야 해."

Q: 어떤 예술품을 수집할지 말지 어떻게 결정하는가?

나는 LA에서 살았고 미술 학교에 다녔다. 졸업 후엔 〈LA 위클리LA Weekly〉라는 대형 신문사에 취직했는데, 매주 10만 명에게 발송되는 신문의 표지를 디자인했다. 지금 생각해보면 나는 사실 갓 졸업한 어린애였고, 딱 '90년대스러운' 일을 했던 것 같다. 큰 의미가 없는 일이었다. 그래도 LA에 산다는 것은 나에게 다양한 경험을 하게 한 기회여서, 참 적절한 시기에 적절한 곳에 있었던 것 같다. 회사의 배려로 많은 미술 전시회에도 가보며 LA 문화에 푹 빠질 수 있었다. 미술 전시회에 자주 가긴 했지만 물론 작품을 살 돈은 없었다. 하지만 그런 전시회들을 돌아다니면서 뭐든 원하는 것을 살 수 있는 사람인 척 행동했다. 그렇게 해서 예술에 대한 안목을 기를 수 있었다. 그렇게 개발한 예술적 안목을 활용해 '트래시 아트trash art' 작품을 모으기 시작했다.

Q: 크립토 공간에서 벌어지고 있는 '트래시 아트' 운동에 대해, 그리고 그것이 당신의 컬렉터로서의 역할에 어떤 영향을 미쳤는지 이야기해달라.

나는 많은 예술품을 구매해왔다. 예술품을 팔았을 때 나온 수입의 일부는 다른 아티스트의 NFT 작품을 구매하는 데 사용했다. 크립토 아트를 정말 사랑하기 때문이다. 나는 NFT 세상에 빠졌고, 이 분야에서 일하는 친구들을 돕고 싶었다. 그런데 내가 산 것 중 일부는 별생각 없이 한두 번의 마우스 클릭으로 만든 듯했다. 나의 전통적인 예술가 백그라운드 때문인지 사기당한 기분이 들었다. 모든 아티스트가 열심히 작업한 결과물을 판매하리라고 믿어왔기 때문이다. 그래서 트위터에서 이와 관련해 불평을 늘어놓으며 소란을 피우기도 했다. 그러다가 어느 순간 한 발자국 뒤로 물러서서 주위를 둘러봤는데, 그때 비로소 '트래시 미술 운동'의 의미를 깨닫게 됐다. 사회에 강력한 메시지를 전달하는 작품들이었다. '인스턴트 아트instant art'와도 비슷한 성격이라고 할 수 있다.

트래시 아트에선 '과정'이 어떤지가 중요한 게 아니었다. 결과적으로 어떻게 보이느냐가 중요했다. 나는 그때까지 가지고 있던 예술 작품에 대한 판단의 틀에서 벗어나 이것을 역사의 한 조각으로 보기 시작했고, 곧 트래시 아트가 굉장히 큰 사회적 운동이라는 사실을 알게 됐다. 내가 아티스트로서 해오던 것과는 정반대의 예술이었지만 크립토 아트 문화를 형성하는 데 트래시 아트가 매우 큰 역할을 하고 있다는 사실을 깨닫게 됐다. 로브니스, 맥스 오시리스, 그리고 브루스 더 구스Bruce the Goose 등의 아티스트들은 아무도 이해하지 못하는, 자신들만의 영역을 아방가르드적으로 개척하고 있었다. 나도 조금씩 그들의 세계관을 이해하게 됐고, 결국 이 세계에 완전히 빠져들고 말았다. 그리고 트래시 아트 작품들을 모으기 시작했다.

당시에는 아무도 이런 작품을 찾지 않았다. 사실 아직까지도 트래시 아트는 그렇게 많은 사람의 관심을 끄는 분야는 아니다. 하지만 곧 많은 사람이 이 새로운 장르가 크립토 아트의 역사에서 얼마나 중요한 부분인지를 알아볼 것으로 생각한다. 크립토 아트 역사 전체를 놓고 봤을 때 훌륭한 초기 작품들을 많이 놓친 게 아쉬움으로 남는다.

Q: 예술품 수집 초기부터 현재에 이르기까지 당신이 배운 핵심적인 교훈들에는 어떤 것이 있는가?

나는 NFT를 구매할 때 작품에 대해 순간적으로 어떻게 느끼는지를 중요하게 생각한다. 그래서 '바로 이거다!' 하는 느낌이 강하게 들지 않는 이상 구매하지 않는다. 가끔 내 NFT 컬렉션을 쭉 훑어보곤 하는데, 어떤 허영심이나 자기만족을 위해 이런 행동을 하는 것이 아니라 훑어볼 때마다 그 모든 작품을 내가 얼마나 사랑하는지를 느낄 수 있어서다. 말 그대로 내가 구매한 모든 작품에 대해서 말이다.

나는 이것이 올바른 방법으로 작품을 수집하는 컬렉터의 요건이라고 생각한다. 많은 사람이 기본 원칙으로 말하는 것이 하나 있는데, 작품의 금전적 가치가 없어지더라도 계속 소유하고 싶은 작품을 수집하라는 것이다. 나도 이 의견에 전적으로 동의한다. 수익성을 위해서만 수집을 해선 절대 안 된다. 특히 NFT는 작품들을 순전히 투자 수단으로만 삼는다면 매우 위험한 투자 방법이 될 것이다.

Q: 당신은 여러 NFT 마켓플레이스에서 700점 이상의 NFT를 수집했다. 어떻게 그들을 모두 관리하는가?

많이 힘든 일이긴 하다. 그래도 최근엔 쇼타임이라는 NFT 전용 소셜 네트워크 사이트가 생겨서 디지털 지갑을 연결해놓은 덕에, 처음으로 나의 모든 NFT를 한곳에서 볼 수 있게 됐다. 슈퍼레어, 노운오리진, 메이커스플레이스에서 NFT 작품들을 구매해 보관하고 있는데, 쇼타임 전에는 각각의 마켓플레이스에 들어가야 내 컬렉션을 볼 수 있었다. 쇼타임 덕분에 여러 마켓플레이스 플랫폼에 흩어져 있는 내 컬렉션들을 한곳에 모아 볼 수 있게 됐고, 내 작품들의 전체적인 흐름을 더 잘 파악할 수 있게 됐다. 좋은 NFT 플랫폼들은 계속해서 나온다. 테조스Tezos 블록체인에 기반한 '힉엣눙크hic et nunc' NFT 마켓플레이스 역시 그렇다(참고로 hic et nunc는 라틴어로 '지금, 여기'라는 뜻이다). 나는 많은 아티스트와 컬렉터들이 이 사실을 알았으면 좋겠다. NFT 마켓플레이스는 계속 진화하고 있다는 사실 말이다. 지금 당장 당신이 슈퍼레어에 작품을 갖고 있느냐 아니냐가 중요한 것이 아니다. 결국 예술이 주인공이니까.

Q: 컬렉터로서 구매한 NFT 작품을 재판매한 적이 있는가? 만약 있다면, 그 과정을 통해 무엇을 배웠는가?

내가 갖고 있는 작품을 구매하기 원하는 이들이 꽤 있어서 이런 대화는 계속해서 진행되고 있다. 사실 우린 컬렉터이기 때문에 아무리 사랑하는 작품이라도 팔아야 할 때가 있다고 생각한다. NFT 커뮤니티를 위해서 말이다. 돌이켜 보면, 지금까지 갖고 있었더라면 가치가 많이 올랐을 작품들을 꽤 많이 팔았다. 특히 맥스 오시리스의 작품이 그 예인데 아주 훌륭한 작품이었다. 아마 그의 최고작 중 하나일 것이다. 한 컬렉터가 나에게 와서 그 작품을 정말 사고 싶다고 했다. 사실 난 팔고 싶지 않았지만 그 컬렉터의 열정을 보며 작품을 잘 다뤄줄 것이란 믿음이 생겼고 결국 소유권을 넘겼다. 당시 이 거래는 원작자인 맥스에게도 도움이 됐는데, 해당 작품이 나를 통해 2차 시장에서 재판매되면서 이 아티스트의 작품들이 어느 정도의 가치가 있는지를 컬렉터들에게 보여주었기 때문이다. 실제로 내가 그 작품을 새로운 구매자에게 넘기자마자 그간 팔리지 않았던 맥스의 다른 작품들 모두가 팔려나갔다. 그의 작품이 좋은 가격에 재판매됐다는 것이 알려진 덕일 것이다. 우리가 갖고 있는 작품들을 움켜쥐고 영원히 내놓지 않는다면 크립토 아트를, NFT 아트 시장을 발전시킬 수 없을 것이다. 어찌 보면 우리는 모두 한배를 탄 셈이다. 내가 어디선가 누군가의 발전을 도울 수 있다는 사실이 무척 기쁘다. 솔직히 말해서 나의 주머니를 채우는 것보다 그편이 더 행복하기도 하다.

Q: 당신의 예술 IQ는 몇 년 동안 어떻게 발전했는가? 예술에서 싫어하는 것이 무엇인지 어떻게 알게 됐는가?

좋은 질문이다. 내가 예술을 감상하는 방식은 작품의 원작자, 즉 아티스트의 영혼을 느껴야 한다는 것이다. 그가 만약 어떤 스토리를 전달하려 하지 않는다면, 즉 그가 자신에게서 뭔가를 끄집어내지 못한다면 나는 결코 그의 작품과 교감하지 못할 것이다. 나는 작품을 수집한다는 것은 아티스트와 관계를 형성하는 것으로 생각한다. 그래서 당신이 무엇을 표현하려 하는지를 알고 싶다. 스토리가 없다는 것이 꼭 잘못된 것은 아니다. 하지만 적어도 나는 컬렉터로서 내가 구매하는 작품을 통해 무언가 의미 있는 것을 느끼고 싶다. 작품과 감정적으로 연결되고 싶다. 이것이 작품에 숨겨져 있는 스토리의 가치다.

예를 들어 오시나치Osinachi 작가는 아프리카에서 자신만의 삶을 살아가고 있는데, 그의 작품들을 보면 삶의 굴곡이 투명하게 표현되고 있음을 알 수 있다. 그는 숨기지 않는다. 아티스트가 작품 뒤에 숨지 않고 '리얼'하게 다가올 때, 관객 또한 감정적으로 벌거벗은 느낌을 받게 된다. 누군가가 당신에게 자신의 이야기를 솔직하게 털어놓을 때, 당신도 자신의 약점이나 숨기고자 했던 부분들을 말하게 된 경험이 있지 않은가? 이렇게 아티스트와 관객 사이에 깊은 교감이 이뤄질 때 비로소 '예술'이 행해진다고 생각한다.

푸오셔스Fewocious 작가 또한 관객과의 교감 측면에서 훌륭한 예다. 그는 쉽지만은 않은 삶을 살았는데, 그의 예술을 통해서 충분히 느낄 수 있다. 그의 작품에서 그의 고통과 여러 감정을 느낄 수가 있으며, 이런 솔직한 대화를 통해 그가 진정한 아티스트라는 것도 느끼게 된다. 컬렉터로서 어떤 아티스트의 작품을 산다는 것은 그의 삶에 투자하는 것이고, 그의 생각에 투자하는 것이기도 하다. 나는 물론 푸오셔스를 좋아하기 때문에 그의 작품에 투자하는 것도 있지만, 동시에 그가 계속해서 왕성한 작품 활동을 하고 가치 있는 예술을 만들어낼 것이란 기대가 있기에 그의 미래에 투자하는 것이기도 하다. 이런 것들이 내가 작품을 수집하는 방식이고 이유라고 할 수 있다.

Q: NFT 분야의 미래를 어떻게 보는가?

먼저 NFT의 역사를 살펴보는 것이 중요하다. 우리는 이제 NFT를 통해 디지털 아트를 수익화하는 방법을 갖게 됐는데 이는 과거에는 상상도 할 수 없었던 것이다. 디지털 작품을 토큰화할 수 있게 되면서 디지털 원본과 희소성의 가치를 증명할 수 있게 됐다.

그러나 아직은 시작 단계에 불과하다. 많은 사람이 잘 이야기하지 않는 것이 있는데, 바로 로열티에 관한 것이다. 나는 로열티에 대한 논의가 매우 중요하다고 생각한다. 나 자신 또한 NFT 아티스트로서 내 작품이 다시 팔릴 때마다 재판매에 대한 수수료를 영원히 받을 수 있다는 사실이 흥미롭게 느껴진다. 일반적으로 아티스트들은 NFT가 재판매될 때마다 약 10%의 로열티를 영구적으로 받게 되는데, 이것의 위력은 정말 어마어마하다고 할 수 있다.

피카소를 생각해보자. 그의 작품들은 세계적인 경매소에서 천문학적인 가격에 거래되지만, 그의 가문에선 이에 대해 거의 한 푼도 받지 못한다. 나는 NFT의 로열티 시스템이 예술 업계에 혁명을 가져올 것으로 생각한다. 이런 구조는 창작자에게 힘을 실어주는 것일 뿐만 아니라, 집안 대대로 돈을 내려보낼 수 있는 구조이기도 하다. 내가 죽은 후 100년 뒤 내 증손주들, 증증증손주들은 "콜디 할아버지는 그때 뭘 하셨길래 우리가 지금도 돈을 벌도록 해주신 걸까?"라고 할 것이다. 이제 우리는 작품을 얼마에 파는가만이 아니라, 이 작품에 대한 재판매가 일어나면서 장기적으로 어떤 가치를 가져다줄지에 대해 이야기해봐야 한다. 이 구조를 이해하고 보편화하는 것이 NFT가 나아가야 할 다음 단계다.

또한 우리가 앞으로 생각해봐야 할 것은 '예술을 더 발전시키기 위해서 토큰을 어떻게 사용해야 할까?'이다. 이미지를 토큰화해 거래하는 것이 우리의 마지막 종착역이 아니니 말이다. 당신이 아티스트라면 컬렉터들에게 보다 나은 가치를 선사하기 위해 무엇을 할 수 있을지 고민해봤으면 좋겠다. 컬렉터가 아닌 아티스트로서 나의 경우를 이야기하자면, 나는 내 작품을 구매한 컬렉터들에게 감사의 의미로 가상현실 NFT를 보내주기 위해 준비하고 있다. 이렇게 NFT를 컬렉터들의 디지털 지갑에 직접 전송해주는 방식으로 그들에게 손쉽게 감사의 의미를 전할 수 있다. 당신과 당신의 예술을 지지해주는 컬렉터들과 관계를 유지하는 데 다양한 기술이 사용될 수 있는 것이다.

앞으로 1년 후 또는 5년 후 무슨 일이 일어날지는 누구도 알 수 없다. 그러나 다양한 기술은 계속해서 개발될 것이고, 우린 아티스트로서 다양한 시도를 통해 사람들이 우리의 예술 작품과 새로운 방법으로 소통할 수 있도록 노력할 것이다. 예를 들어 에이싱크아트에서 당신은 한 예술 작품의 여러 층을 소유할 수 있고, 소유한 층들을 언제 어디서든 바꿀 수 있다. 새로운 예술 경험이다. 나는 이런 새로운 시도들이 단순히 JPEG나 영상 파일을 통한 창작 활동을 넘어 우리를 새로운 창의적 영역으로 이끌어줄 것으로 생각한다.

잠깐, 오해는 하지 마시길. 나는 이런 형태의 작품들이 안 좋다고 말하는 게 아니다. 다만, 작품을 통해 다른 사람들과 관계를 맺고, 자신의 기호에 맞게 레이어와 옵션들을 꾸미고 더한다면 완전히 새로운 세상이 되리라는 얘기다. 역동적인 NFT 세상의 미래가 기대되고, 또 나 자신이 그 일부가 될 생각을 하니 너무나도 흥분된다.

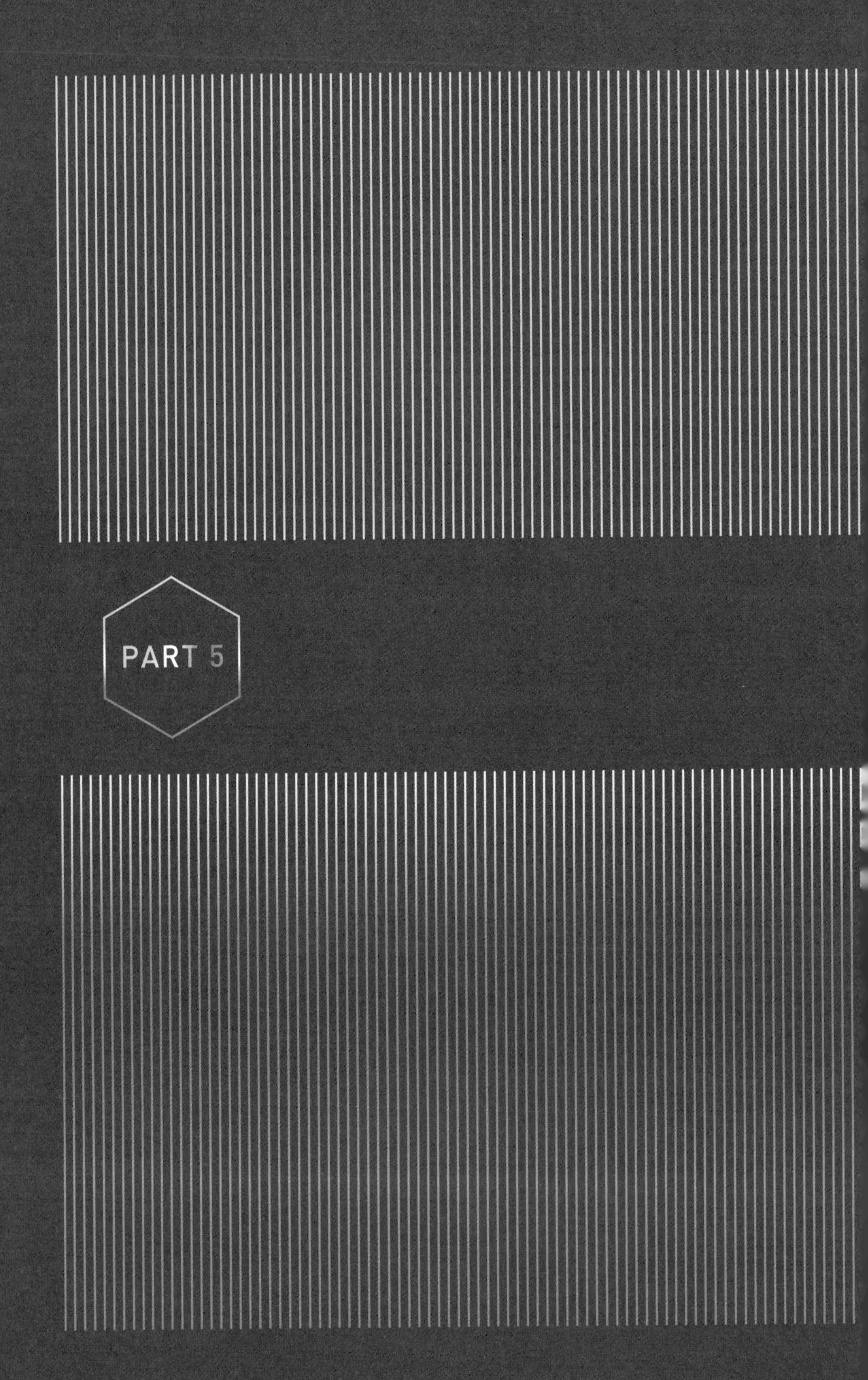
PART 5

NFT 시장의 현재와 미래

NFT가 주는 시장의 기회들

CHAPTER 1

앞에서 NFT의 다양한 적용 사례에 대해서 알아봤다. 2021년의 반 이상이 지난 현재, 우리는 NFT에 대한 소식을 뉴스나 신문을 통해 자주 접하게 된다. 2021년 7월, JYP엔터테인먼트가 디지털 자산 거래소 '업비트'를 운영하는 회사인 두나무에 투자해 NFT와 연계한 사업을 추진한다거나, 작곡가 겸 프로듀서 김형석 대표가 운영하는 노느니특공대엔터테인먼트가 블록체인 포인트 플랫폼 '밀크'와 손잡고 NFT 및 메타버스 사업에 뛰어든다는 뉴스가 보도됐다. 연초에는 NFT 아트 작품들이 천문학적인 가격에 거래되고 있다는 내용이 NFT 관련 뉴스의 대부분이었는데, 최근 뉴스는 성격이 조금 변했음을 느낄 수 있다.

앞서도 언급했지만 NFT는 미술 작품, 음악 및 컬렉터블 등을 토큰화하여 판매하는 것뿐만 아니라 그 외 다양한 방면에도 적용될 수 있다. 화려한 디지털 작품을 통해 접하는 NFT 기술력 뒤에는 우리가 생각하지 못했던 훨씬 더 큰 세상이 있다. NFT라는 개념이 이제 막 도입된 현시점에서, 앞으로 NFT가 우리의 생활을 어떻게 바꾸어놓을지 정확히 예측하기란 불가능할 것이다. 하지만 NFT의 기술력과 그 의미를 이해하면 우리 일상생활에서 NFT가 어떻게 활용되고 응용될지 상상해볼 수 있는 것들이 굉장히 많다. 물론 NFT는 한때의 유행에 불과하며 지금부터 시들해지리라고 주장하는 사람들도 있지만 말이다.

NFT는 미래에 우리 삶을 어떻게 변화시키고 어떤 기회를 제공할까?

이 질문에 대답하기 위해서는 NFT가 바탕을 두고 있는 블록체인 기술 본연의 의미를 생각해볼 필요가 있다. 블록체인의 가장 근본적인 원리와 이를 뒷받침하는 철학은 '탈중앙화'다.

이 책의 여러 부분에서 언급했듯이 지금까지 우리는 다양한 사회경제적 규칙, 의사결정 및 분배를 중앙집권적 기관 혹은 조직의 판단에 의존했다. 이런 주체들에는 화폐를 주조하고 각종 경제 정책을 수립하는 정부, 아티스트나 음악 스트리머들로부터 다양한 명목으로 수수료를 떼어가는 레코딩 레이블사나 스트리밍 서비스 회사, 게임에서 사용되는 캐릭터와 아이템을 소유하고 통제하는 게임 제작사, 다양한 금융 거래에 대해 전권을 갖고 각종 금융 거래에서 복잡한 행정 절차와 높은 수수료를 요구하는 은행,

그리고 우리가 SNS에 업로드하는 모든 사진과 글에 대해 실질적 통제 권한을 가지는 소셜미디어 회사 등이 있다.

지금까지는 이런 주체들이 우리가 다양한 경제·사회적 활동을 할 수 있도록 일정한 규칙을 정해주고, 관련된 플랫폼을 제공한다는 이유로 우리로부터 다양한(때로는 불합리한) 보상을 앗아갔는데, 이제는 이런 중앙집권적 조직에 의지하지 않고 어떤 재화나 콘텐츠를 실질적으로 만들고 사용하는 창작자나 소비자와 같이, 생산과 소비에 직접적으로 관여하는 주체들이 중심에 서야 한다는 것이 탈중앙화의 철학적 근간이다. 이런 철학에 뿌리를 두고 있는 블록체인과 이에 기반하고 있는 NFT는 우리 사회에 다음과 같은 변화를 가져다줄 것으로 기대된다.

실질적 주체가 통제권을 가진다

NFT는 중앙집권적 조직 및 기관이 거래의 실질적 주체들이 소유하고 있는 자산에 대한 정의 및 목적을 규정하지 못하게 함으로써, NFT화되어 있는 자산이 무엇을 표현하고 의미하는지를 더욱 뚜렷하게 만들어줄 것이다. 이렇게만 들어서는 무슨 말인지 쉽게 이해가 가지 않을지도 모르겠다. 게임 아이템을 예로 들어보겠다.

지금까지 게임 아이템이라고 하는 것은 게임 회사가 제작한, 게임 내에서만 사용할 수 있는, 게이머가 실질적으로 소유권을 주장할 수 없는, 자신의 오프라인상에서의 삶과는 전혀 연결되지 않는 가상의 아이템에 불과했다. 하지만 NFT로 표현되는 게임 아이템은 이와는 완전히 다른 속성을 띠게 된다. 블록체인에 저장되는 NFT 게임 아이템은 사용자가 직접적으로 소유해 통제할 수 있는데, 이때 그 아이템이 1개의 플랫폼에서만 사용되어야 한다는 법은 없다. 지금까지는 앱(플랫폼, 게임 등)을 먼저 만들고, 이후 사용자와 콘텐츠가 이 앱을 따라가는 형태였다. 하지만 이제는 사용자와 콘텐츠(예, 게임 아이템)가 먼저 존재하고, 그 콘텐츠에 대한 소유권이 중시되며, 이 콘텐츠가 활용되는 공간이 그다음에 따라오는, 즉 사용자와 콘텐츠가 선행되고 그다음 이와 호환되는 다양한 앱이 후행되는 시대가 온다고 할 수 있다.

콘텐츠가 어떤 앱에서 호환이 되는지가 자유로워진다는 점을 NFT의 중요한 특성 중 하나인 상호운영성이라고 한다. 이는 NFT라는 자산의 가치와 의미를 더욱 뚜렷하게 만들고, 이를 소유한 사람에게 더욱더 큰 권한을 주며, NFT 소유자를 사회경제 시스템의 중심으로 끌어들이는 속성이 있다. 예를 들어 내게 어떤 온라인 게임에서 사용하는 말horse 아이템이 있다고 하자. 내가 이 아이템을 NFT로 보유하고 있을 경우, 언제든지 다른 사람에게 팔 수 있다. 그뿐 아니라 NFT가 호환되는 다양한 디지털 세계, 즉 내가 그 말을 주로 사용하는 온라인 게임은 물론 다른 온라인 게임 혹은 디센트럴랜드 같은 메타버스 공간, 혹은 나의 NFT 소유권이 인정되는 완전히 다른 성격의 공간에서도 어디에서나 이 말을 사용할 수 있다. 이때 내 말 아이템의 속성(생김새, 색깔, 빠르기 정도 등)은 블록체인에 기록돼 있어, 어디에서 이 말을 사용하더라도 그 고유한 특성이 표현된다. 어쩌면 디지털 세상뿐만이 아니라 현실 세계에서 증강현실의 형태로 내 말을 만나볼 수도 있다. 내가 이 아이템을 NFT로 소유함으로써, 절대적 통제권을 갖고 다양한 방식으로 누릴 수 있게 되는 것이다.

앞으로는 현실 세계에 존재하는 물건들을 NFT화해 보유하는 경향이 지금보다 훨씬 더 보편적으로 나타날 텐데, 이로 인해 디지털 재화처럼 NFT가 표현하는 현실 대상의 특성이 더 분명히 드러나고, 이를 보유하고 있는 사람에게 더 많은 권한이 생기게 될 것이다. 이미 자주 있는 일이지만, 콘서트 티켓을 NFT로 발행하는 것을 예로 들어보겠다. 중앙집권적 권한을 갖고 있는 기관이 콘서트 티켓의 판매·유통·분배를 통제하는 오늘날, 본인이 갖고 있는 티켓을 다른 사람에게 판매하거나 양도하는 것은 대체로 불가능하며, 가능하다고 하더라도 꽤 귀찮은 과정을 거쳐야 한다. 하지만 티켓을 NFT로 보유하고 있으면 어떨까? NFT로 표현되어 있는 티켓은 잠재적 구매자들의 접근성을 향상시켜 마켓플레이스를 통해 쉽게 다른 이들에게 판매할 수 있으며, 다른 사람에게 선물로 양도하기도 수월해진다. 또 상황에 따라서는 이 자산을 완전히 다른 용도로, 가령 금융 거래를 하는 데 담보로 사용하거나 메타버스에서 어떤 이벤트를 진행할 때 상품으로 사용할 수도 있을 것이다.

물론 방금 이야기한 내용은 티켓을 NFT로 보유하고 있다면 지금도 얼마든지 할 수 있는 일이다. 다만 앞으로는 이렇게 현실 세계에 있는 것들을 NFT화하는 일이 훨씬 더 보편화될 것이며, 이에 따라 NFT화되어 있는 대상의 활용 범위가 넓어지고 이를 보유한 사람의 권한은 더욱 강화되리라는 것이다.

창작자의 권한이 강화된다

블록체인 및 NFT 기술로 인해 사회경제적 탈중앙화가 가속화되면서 창작자의 권한이 더욱 강화될 것이다. 앞서 언급했듯이, 지금은 유명한 음악 아티스트들도 음악 시장을 꽉 쥐고 있는 레코드 레이블 및 스트리밍 회사의 영향 아래에서 의사결정권이나 금전적인 수입이 크게 침해당하고 있다. NFT는 이런 전통적인 중앙집권적 조직 혹은 기관들을 거치지 않고 아티스트의 앨범이나 곡이 판매되게 하고, 또한 소셜 토큰 등을 통해 창작자가 더 큰 권한을 갖고 팬들과 더욱 직접적이고 의미 있는 관계를 형성하게 한다.

이와 함께 창작자들의 권한과 힘을 더욱 강화하는 또 다른 혁신적인 기능이 NFT에 존재하는데, 창작자가 NFT를 발행하면서 영구적으로 재판매 거래에 대한 로열티를 청구할 수 있다는 것이다. 언뜻 대단한 기술이 아닌 것처럼 보일 수도 있는데, NFT로 표현되는 어떤 상품이 새로운 구매자들에게 팔릴 때마다 그 판매 가격의 일정 부분을 수수료로 창작자가 챙기게 하는 것이 기술적으로 어려운 일이 아닌 것처럼 들리기 때문이다. 하지만 과연 그럴까?

사실 재판매에 대한 로열티가 영구적으로 자동 정산되도록 어떤 상품에 기술적인 계약을 걸어놓는다는 것은 매우 어려운 일이다. 어느 시점에, 누가 해당 상품을 갖고 있는가를 계속해서 추적하는 것은 매우 힘든 일이며, 재판매가 일어나는지 어떤지를 계속해서 파악하기도 쉽지 않기 때문이다. 어떤 알고리즘을 통해 특정 플랫폼 혹은 마켓플레이스에서 해당 작품이 거래되도록 한정해놓고 재판매 로열티에 대한 자동 정산을 설정해놓는다고 해도, 10년 후 또는 20년 후 해당 플랫폼이 망하지 않으리라는 법이 있을까? 또 해당 플랫폼이 영구적으로 존재한다고 해도, 그 플랫폼이 어떤 상품에 대한 거래 금액과 거래 성사 여부를 누락 없이 정확하게 영구적으로 기록 및 보관할 것이라는 보장이 있을까? 블록체인 기술에 기반한 NFT는 이런 문제점들을 전부 해결해주는데, 이는 창작자의 임파워먼트에 혁신적인 일이라고 많은 전문가는 말한다.

억만장자 마크 큐번은 미국 TV쇼 〈샤크탱크〉에 새로운 비즈니스 아이디어를 심사하는 투자심사가로 나와서 널리 알려진 인물이다. 그가 한 인터뷰에서 말하기를, 자신이 재미로 여러 드라마와 영화에 카메오로 출연했는데 이로 인해 받게 된 로열티 청구권이 자신의 사무실에 산더미처럼 쌓여 있다고 한다. 예를 들어 영화 〈앙투라지〉가 한국에서 스트리밍되는 것에 대한 로열티로 1달러 50센트 정도를 청구할 수 있다는 편지를 받았는데, 이런 편지들을 볼 때마다 로열티가 얼마나 비효율적으로 추적되고 관리되는지 느낀다는 것이다(참고로 그는 이 로열티 청구권을 모아두었다가 거기에 사인을 해서 팔아 수익금을 기부할 생각이라고 한다). 이어서 그는 NFT에 대한 재판매 로열티가 자동으로 결제될 수 있게 하는 것이 얼마나 센세이셔널한 일인지를 설명하면서 이 같은 시스템이 적용될 수 있는 중요한 예를 든다.

"재판매 로열티가 활용될 수 있는 곳은 무궁무진합니다. 미국 교과서 시장의 예를 들어볼까요? 미국 교과서가 터무니없이 비싸서 대학에서 학생들이 교과서 없이 수업을 듣는 경우가 많습니다. 만약 교과서를 전자

책E-book으로 만들어 재판매할 수 있게 하고 그 수수료를 출판사가 영구적으로 챙기게 하면 어떨까요? 그렇게 한다면 출판사는 교과서 가격을 많이 낮출 수 있을 것이고, 학생들도 교과서 없이 수업을 듣게 되는 문제점을 해결할 수 있을 것입니다. 재판매에 대한 로열티가 자동으로 결제되어 원창작자에게 평생 흘러갈 수 있게 하는 것은 정말 혁명적인 일이며, 이를 활용할 수 있는 분야는 정말 많을 것입니다."

탈중앙화는 창작자가 소비자들과 직접 거래할 수 있게 하고, 재판매가 일어날 경우 영구적으로 로열티를 받을 수 있게 하며, 소셜 토큰을 통해 팬들과 자유롭고 의미 있는 교류를 할 수 있도록 함으로써 전통적으로 여러 산업을 이끌던 회사, 조직, 기관 및 정부의 권한을 줄이고 그 힘을 창작자에게 부여할 것이다. 이런 트렌드는 NFT의 보급과 함께 이미 시작됐으며, 앞으로는 더욱더 가속화될 것으로 본다.

탈중앙화된 거래를 할 수 있다

소비자가 새로운 영역에서 탈중앙화된 거래를 할 수 있게 할 것이다. 이런 현상이 가장 확연하게 나타나는 곳 중 하나를 꼽으라면 디파이Decentralized Finance, DeFi(블록체인 기술을 바탕으로 한 탈중앙화된 금융 시스템) 영역일 것이다. 사실 처음 비트코인이 등장했을 때 이를 기존 금융 체제에 대한 도전으로 해석하는 이들이 많았다. 그만큼 블록체인에는 오늘날의 금융 시스템에 절대적인 영향력을 행사하는 시중은행 및 투자은행을 탈중앙화를 통해 개인이 대체할 수 있다는 신념이 기저에 깔려 있다. 최근 NFT를 통해 디파이를 확산시키려는 움직임은 이런 철학을 실제로 구현하고자 하는 개인들의 바람이 표출되는 것일지도 모르겠다. 가령 은행에서 자신의 자산을 담보로 잡고 대출을 받는 경우를 생각해보자. 이를 위해서는 은행에서 여러 행정적인 절차를 거쳐야 하고, 은행의 예대마진을 확보해주기 위해 은행이 부르는 이자율을 그대로 따라야 할 것이며, 은행이 대출 신청자의 신용도를 심사하는 데에도 꽤 긴 시간이 걸릴 것이다. 상황에 따라서는 신용도 체크를 위해 자신의 정보를 공유하는 것이 꺼려질 수도 있을 것이다. NFT가 널리 보급되면 이런 금융 거래는 어떻게 바뀌게 될까?

앞에서 언급한 것처럼, 디지털 자산과 현물 자산에 대한 NFT화는 가속화될 것이고, 이에 따라 NFT가 일반적인 자산처럼 거래되는 시대가 올 것이다. 이런 NFT를 담보로 대출을 받는 금융 서비스는 오늘날에도 존재하는데, 앞으로 그 시장이 계속해서 성장할 것으로 보인다. 시중은행과 거래하는 경우와 달리 탈중앙화 네트워크를 통해 NFT를 담보로 잡고 대출을 받는 거래를 즉각적으로 성사시킬 수 있으며, 본인의 신분을 노출할 필요도 없다. 모든 절차가 블록체인에 기록된 스마트 계약에 의해서 집행되기 때문이다. 이런 NFT를 이용한 개인 간P2P NFT 금융 거래는 이미 꽤 활성화되어 있다. 예를 들어 1개의 NFT 작품 혹은 여러 개의 NFT 작품들을 담보로 내어주고, 이에 상응하는 돈을 빌리는 금융 서비스가 이미 널리 사용되고 있다.

또한 미래에는 NFT 자산을 일정 수의 대체가능한 토큰(ERC-20)으로 나누는 'NFT의 분할화'가 더 보편화될 텐데, 이는 과거엔 투자은행을 통해서 높은 수수료를 지불하고, 그것도 회사나 부동산 혹은 금융 계약과 같은 특정 종류의 자산 및 소유권만을 대상으로 할 수 있는 일이었다. NFT를 분할한다면 어떤 이유에서 하는 것일까? 회사를 상장해 그 주식을 다양한 사람에게 판매하는 이유와 비슷한 원리인데, NFT 미술 작품을 분할해 다양한 사람에게 판매하는 경우를 예로 정리해보면 다음과 같다.

첫째, 분할을 하면 비유동적인 자산을 유동적으로 만들 수 있다. 통상적으로 NFT 작품이 비싸면 비쌀수록 적은 수의 잠재적 구매자가 존재하게 되는데, 잠재적 구매자가 적을수록 어떤 물건을 제값에 파는 데 더 많은 시간이 소요된다. NFT를 분할하면 더 많은 잠재적 구매자를 모을 수 있고, NFT 작품 소유자는 분할된 토큰을 판매함으로써 본인이 소유한 작품을 더 빨리 현금화할 수 있다.

둘째, 분할을 하면 토큰 매매가 잦아져 공정 시장 가격을 꽤 정확하게 확인할 수 있게 된다. 일반적으로 NFT를 분할하면 해당 작품을 표현하는 토큰의 수가 많아져 단일 토큰의 가격은 낮아진다. 그러면 더 많은 잠재적 구매자를 모을 수 있고, 잠재적 구매자가 많을수록 거래는 더 높은 빈도로 일어나게 된다. 구매자가 분할된 토큰을 구매할 때마다 그 NFT 작품의 전체 가격이 업데이트되는데, 이는 전통적인 주식 시장에서 주식을 사고팔 때마다 해당 기업의 시가총액이 업데이트되는 것과 비슷한 원리다.

셋째, NFT를 분할한다는 것은 더 많은 사람이 해당 NFT 작품에 관심을 가질 수 있게 한다는 것이다. NFT를 여러 조각으로 나눠 더 많은 사람이 해당 NFT를 소유하게 되기 때문이다. 그러면 NFT는 자연스럽게 더 많은 사람의 관심을 끌게 되고, 이는 NFT 작품 가치에 대한 사회적 검증social proof이 됐음을 의미하게 돼 NFT 가격을 올리는 동인으로 작용할 수 있다.

이처럼 탈중앙화된 거래를 가능하게 하려면 토큰을 보유하고 있는 사람들 간의 능동적인 의사결정집행체계(거버넌스)가 필요한데, 앞으로 이 거버넌스의 역할은 DAO라고 하는 '탈중앙화된 자율 조직'이 담당하게 될 가능성이 크다. DAO는 숨 쉬는 생명체와도 같아서 어떤 의사결정을 하기 위해 불과 몇 분 동안만 존재하는 형태일 수도 있고 영구적으로 존재하는 형태일 수도 있으며, 의사결정에 참여하는 대상이 특정한 토큰을 보유한 모두에게 열려 있을 수도 있고 다소 배타적인 성격을 띨 수도 있다. DAO에 대해서는 챕터 4의 '토큰 이코노미 시대'에서 더 자세하게 알아보자.

투명하고 신뢰할 수 있는 사회가 된다

NFT는 지금보다 더 투명하고 서로 신용할 수 있는 사회를 만들 것이다. 처음 암호화폐가 등장했을 때 많은 이들이 암호화폐가 테러 집단, 마약 거래, 포르노 업계와 같이 사회의 어두운 곳에서 사용될 가능성이 커 결국 사회의 투명성을 저해하게 되리라고 우려했다. 이런 논란이 완전히 불식되지는 않았지만, 블록체인 기술은 NFT와 접목됐을 때 사회를 지금보다 더 투명하게 만들고 서로 더욱더 신용할 수 있도록 공헌할 가능성이 크다.

예를 들어 비플의 미술 작품을 누구나 컴퓨터로 볼 수 있고 자신의 태블릿이나 핸드폰에 저장할 수 있다는 점에서, 비플의 모조품 NFT가 등장하지 않을까 하고 생각해본 적은 없는가? 비플의 작품과 비슷하게 본인이 직접 그림을 그려서 비플 작품이라고 속여 NFT화해 팔거나, 비플이 직접 그린 그림을 본인의 PC에 저장한 뒤 이를 토큰화해 판매할 수 있지 않을까? 대답은 '아니요'다. 현실적으로 가능하지 않기 때문이다. 블록체인에는 과거 모든 거래 및 창작에 대한 정보가 저장된다. 이 작품을 누가 언제 만들었는지, 누구에게 언제 얼마에 팔았는지 등이 모두 기록 및 저장되므로 본 작품이 진품인지 아닌지를 쉽게 알 수 있다. 위조품 감별에 많은 시간을 필요로 하고, 게다가 정확성이 반드시 담보되지 않는 기존의 미술 작품 감별 시스템과는 매우 다르다.

블록체인에 기록된 내용, 또 그 블록체인을 통해서 생성된 스마트 계약의 내용은 누구도 바꿀 수 없다. 말 그대로 탈중앙화된 시스템을 따르기 때문에 정부도, 거대한 소셜 네트워크 회사도, 또는 어떤 유능한 해커도 바꿀 수 없다. 이 기록은 전 세계에 분산된 셀 수 없이 많은 원장ledger에 기록되어 있다. 어떤 정보나 계약의 내용을 이보다 더 투명하고, 정확하며, 입증 가능하게 기록하고 관리할 수 있는 시스템이 있을까? 앞으로 다양한 NFT가 다양한 방식으로 거래될 텐데, 거래의 대상이 되는 이들 NFT가 어떤 종류의 거래보다도 신뢰성이 높다는 것은, 그래서 더 투명하고 서로를 신용할 수 있는 사회로 만들 수 있다는 사실은 매우 흥분되는 일이 아닌가?

한 걸음 더 나아가서 블록체인과 NFT는 거래에서 차별을 없애줄 것이다. 과거·현재·미래의 모든 거래가 기록될 수 있는 블록체인의 특성상, 이를 활용하면 앞으로 개인의 특별한 신상정보를 밝히지 않고도 개인에 대한 신용도 평가가 가능해질 것이다. 그러면 디파이 영역에서 NFT를 꼭 담보로 잡지 않아도 시중은행을 끼지 않고 즉각적인 신용 디파이 대출 거래를 할 수 있는 세상이 오리라는 것이 전문가들의 의견이다. 이때 대출받는 사람의 출신성분, 학력, 배경, 인종 및 나이와 같은 요소들은 신용 평가에 영향을 주지 않는다. 현재 세계적으로 소수자에 대한 시스템적인 차별이 있음이, 혹은 그런 차별이 존재하지 않음이 정치적 이슈로 첨예하게 대립하면서 사회적 분열을 초래하고 있음을 생각해볼 때, 블록체인과 NFT는 우리 사회의 투명성을 제고하는 데에서 한 걸음 더 나아가 이런 사회적 이슈를 해결하는 대안이 될 수 있지 않을까?

NFT는 이제 막 세상에 알려지기 시작했다. NFT를 통해 우리 일상에 어떤 변화가 일어날지 정확하게 예측하는 것은 불가능할지 몰라도, 이를 통해 우리가 만나게 될 미래의 우리 사회에 대한 예상은 해볼 수 있을 것이다. 탈중앙화에 기반해 만들어진 NFT가 지금까지의 사회경제적 규칙과 가치 체계를 규정하던 기존 조직들의 영향권에서 벗어나 사용됨에 따라 다음과 같은 변화가 일어날 것이다. 첫째 NFT가 표현하는 상품의 가치와 특성이 더 뚜렷하게 나타나고, 둘째 여러 의사결정과 경제적 배분에서 창작자와 소비자에게 더 큰 힘과 권한이 주어지며, 셋째 기존에 우리가 생각하지 못했던 분야에서 탈중앙화된 거래가 성사되고, 넷째 더 투명하고 더 신뢰할 수 있는 사회, 이런 미래가 우리 곁에 성큼 다가왔다.

NFT와 다양한 가능성

NFT가 선사하는 다양한 가능성을 찾아보자. 다음의 각 QR코드는 해당 웹페이지로 연결된다.*

NFT 메타버스 x 의류 사업(fashion)

NFT 메타버스 x 외식 사업(푸드트럭)

* 블록체인 전문 컨설팅 기업 ㈜스마트 스토어의 정석조 대표 제공

NFT의 취약점 및 시장 리스크

CHAPTER 2

NFT가 고유 식별자, 메타데이터, 디지털 콘텐츠라는 세 가지 구성 요소로 이뤄져 있음을 기억할 것이다. 많은 이들이 이 세 구성 요소가 모두 블록체인에 저장될 것으로 생각하지만 사실상 오늘날 대다수의 NFT가 부분적으로 중앙화되어 있어 NFT의 중대한 취약점으로 논의되고 있다. 주요 NFT 마켓플레이스들이 중앙화된 요소들을 포함하고 있기 때문이다. 대용량 데이터를 이더리움 같은 블록체인에 업로드할 경우 시간적 비용과 함께 가스비가 상당해, NFT 고유 식별자 자체는 블록체인에 온체인으로 저장되지만 연계된 메타데이터와 미디어 파일(디지털 콘텐츠)은 대부분의 경우 오프체인으로 저장되는 것이다.

이때 만약 당신이 소유한 NFT의 일부가 중앙화된 서버에 저장된다면 위험이 따른다. 예를 들어 서버를 운영하던 회사가 문을 닫아 서버 또한 사라지면 NFT의 고유 식별자는 블록체인상에 여전히(그리고 영원히) 존재하겠지만 정작 그것이 나타내는 내용물 자체는 영원히 사라져버린다. 이것은 명백히 유감스러운 상황이며 블록체인이 약속하는 영속성과 불변성을 상당 부분 무효화하는 일이기도 하다. 현재 이런 NFT의 저장 문제를 해결하기 위해 많은 전문가의 노력이 집중되고 있다. 아르위브 같은 탈중앙화된 데이터 스토리지 프로토콜과 P2P 파일 저장 시스템인 IPFS 등이 그 대안으로 등장해 점점 더 많은 NFT 연계 콘텐츠들이 탈중앙화된 방법으로 저장되고 있다.

NFT 저장 문제와 더불어 사용자 경험 또한 개선이 필요하다. NFT가 폭발적인 인기를 얻은 지 얼마 되지 않는 신생 시장이기에 토큰 표준을 비롯한 관련 인프라가 아주 빠르게 진화하고 있고, 따라서 아직까진 개선되어야 할 부분이 상당 부분 남아 있다. 오픈시, 니프티 게이트웨이, 슈퍼레어, 라리블, 노운오리진과 같은 NFT 마켓플레이스들 역시 아직 비교적 어린 플랫폼이다. 이들은 한정된 인적 자원과 금전 자원으로 운영되고 있는데, NFT가 다양한 산업과 맞물려 전반적으로 굉장히 빠른 속도로 진화되고 있음을 고려할 때 이런 자원 부족은 플랫폼 발전에 심각한 저해 요소가 될 수 있다.

실제로 이들 플랫폼이 시장의 발전 속도를 완벽하게 따라가지 못하다

보니 특정한 기능에 초점이 맞춰진 틈새시장 플랫폼들이 끊임없이 생성되고 있고, 결과적으로 NFT 생태계는 (모든 신생 시장이 그렇듯) 다소 조각난 모습을 하고 있다. 물론 단기적으로는 이런 플랫폼의 다발적인 확산 및 급증이 환영받을 만한 일이지만, 중장기적으로는 기능적인 면에서 조금 더 통합된 모습을 보이는 플랫폼들의 등장으로 더욱 원활하고 효율적인 사용자 경험을 제공할 수 있게 되길 바란다. 시장의 지속적인 성장을 위해서 꼭 필요한 부분이다.

더불어 콘텐츠 창작자와 창작자의 NFT를 매칭하는 과정에서도 취약점이 발견된다. 오픈시나 라리블 같은 무허가형 NFT 마켓플레이스들은 특별한 제약 없이 누구나 손쉽게 파일을 업로드하고 NFT를 생성할 수 있게 설계되어 있기 때문에 그 과정에서 타인의 파일을 허가 없이 민팅하고 경제적인 이득을 볼 수 있는 부정행위의 가능성이 있다. 이런 문제를 해결하기 위해 니프티 게이트웨이, 슈퍼레어, 노운오리진 등의 선별형 NFT 마켓플레이스들은 자신들의 플랫폼에 창작물을 올릴 수 있는 아티스트들을 직접 선별하고 그들이 정말 작품의 창작자가 맞는지 추가로 확인한다.

하지만 이런 '선별' 과정을 도입하면서 야기되는 문제는 (조금 극단적으로 이야기하자면) 기술을 전문으로 하는 플랫폼 관련자들이 예술 작품과 창작자들에 대한 평가에 직접적으로 관여하게 된다는 점이다. 물론 누구나 자유롭게 감상하고 자신만의 의미를 부여하며 평가할 수 있다는 것이 예술의 묘미이지만, 플랫폼이 전문 예술 평가단의 역할을 자처한다면 그땐 가볍게만 넘길 수 있는 문제가 아니다. 이에 따라 몇몇 선별형 NFT 마켓플레이스가 선별 과정 자체를 탈중앙화하는 방법을 도입했지만, 적어도 아직은 대부분의 마켓플레이스가 운영 측면에서 군중의 심리나 지혜를 대변하기보다는 중앙집중화된 전문가 집단의 주관적인 의사결정을 반영하고 있다. 탈중앙화를 표방하는 NFT이지만 이것이 대중을 만나는 과정은 그다지 탈중앙적이지 않은, 본질적인 취약점을 보여준다.

NFT 시장이 수반하는 리스크: 환경 문제와 법적 쟁점들

NFT 시장을 위협하는 리스크는 환경 문제와 법적 쟁점으로 나누어 볼 수 있다. 먼저 환경 문제를 살펴보자. NFT에 대한 관심은 2021년 초 폭발적으로 증가해 수많은 창조적 가능성을 만들어냈고 지금 이 순간에도 수많은 창작자에게 힘을 되돌려주고 있다. 하지만 NFT의 이런 긍정적인 파급효과 이면엔 이산화탄소 배출이라는 환경 문제가 존재하고, 결국 환경 운동가들은 NFT의 탄소발자국carbon footprint에 제동을 걸기 시작했다.

실제로 2021년 3월엔 '아트스테이션ArtStation'이라는 아티스트를 위한 한 인기 온라인 플랫폼에서 NFT 기능 추가에 대한 공지를 낸 지 불과 몇 시간 만에 론칭을 취소하는 해프닝도 있었다. 아트스테이션이 NFT 트렌드에 편승하면서 환경 문제를 악화시키려고 한다는 주장과 함께 소셜미디어상에서 엄청난 비난이 쏟아졌기 때문이다. 사실 NFT와 밀접한 관련이 있는 블록체인의 에너지 사용에 대한 논란은 새로운 것이 아니며, NFT의 인기가 환경오염의 피해를 가중하고 있다는 시각이 팽배하다. NFT는 정말 지구의 건강을 해치고 있는 걸까?

에너지 사용에 대한 문제는 NFT 자체에 한정된 것이 아니라 블록체인상의 문제이기 때문에 특정 블록체인이 어떻게 운용되는가에 따라 심각성이 달라진다. 오늘날 대부분의 NFT가 이더리움 블록체인에서 주조되는데, NFT가 발행되거나 판매될 때마다 수반되는 과정, 즉 새로운 거래 내역을 블록체인에 기록하는 과정은 많은 에너지를 필요로 한다. 2021년 일부를 기준으로 계산했을 때 이더리움 블록체인에 거래를 기록하는 것은 컴퓨터들이 48kWh에 달하는 에너지를 쓰게 하는데, 이는 한 가정에서 하루 동안 소비하는 에너지의 양과 맞먹는다고 한다. 절대 무시할 수 없는 환경비용이다.

이런 상황을 의식해 이더리움 블록체인은 거래를 기록하는 데 큰 변화를 앞두고 있다. 블록체인 언어로 말하자면 이더리움의 '컨센서스 프로토콜consensus protocol'을 2021년 하반기나 2022년 상반기까지 기존의 '작업증명Proof-of-Work' 방식에서 '지분증명Proof-of-Stake' 방식으로 전환해 이더리움 블록체인의 에너지 사용량을 99.95%까지 줄이겠다는 것이다. 좀더 친환경적인 방법으로 NFT를 발행하고 거래하고 싶은 창작자들은 그때까지 이더리움 외에 솔라나Solana, 테조스, 니어NEAR처럼 에너지를 적게 소비하는 블록체인을 선택해 사용하면 된다. 물론 이더리움 블록체인상에서도 일시적인 해결책이 있는데, 폴리곤Polygon이나 아비트룸Arbitrum 같은 레이어2 솔루션이 그것이다. 이렇게 전 세계적으로 확산된 문제의식 덕분에 환경오염에 대한 다양한 해결책이 대중에게 소개됐고, 이젠 우리가 좀더 '스마트'하게 NFT를 즐길 차례다.

환경 문제 못지않게 중요한 이슈로 대두하고 있는 것이 NFT에 관한 법적 문제들이다. 아직까진 NFT가 새로운 기술이자 떠오르는 시장이기 때문에 명확하게 명시되지 않은 법적 규정들이 많은 편이다. 가장 먼저 '소유권'이란 쟁점이 있다. 소유권에 관해서는 NFT 소유권 이전 계약서나 마켓플레이스 이용약관에 명확하게(하지만 아주 작은 글씨로) 나와 있지만 사실 이를 제대로 읽는 사람은 많지 않다.

게다가 마켓플레이스의 이용약관은 소유권에 대해 제대로 설명하지 않거나 설명한다고 해도 아주 간단하게만 설명하는 경우가 많아 판매자와 구매자 간에 의도치 않은 법적 논쟁을 일으키기도 한다. 잘 알려지지 않은 사실인데, 인스타그램 같은 플랫폼의 이용약관을 잘 읽어보면 사용자들이 콘텐츠를 업로드했을 때, 그 콘텐츠에 대한 수익화 권리를 포함한 모든 종류의 소유권을 플랫폼과 공유하게 되어 있다. 또한 이런 플랫폼들은 사용자의 콘텐츠가 널리 보급되는 것을 돕는다는 명목하에 콘텐츠를 통해 얻어지는 광고 수익의 상당 부분을 가져간다. 물론 이런 플랫폼들에 비하면 NFT 마켓플레이스들은 훨씬 적은 수수료를 청구한다. 하지만 이들을 통해 판매되는 콘텐츠에 대해 어떤 권리들까지 판매되는 것인지가 불확실할 때가 많다는 문제점이 있다.

일반적으로 NFT에 대한 소유권은 NFT가 나타내는 창작물, 즉 자산에 대한 저작권과는 근본적으로 다르다. 계약서나 이용약관에 특별히 명시되어 있지 않은 한 소유권의 이전 후에도 창작물(자산)에 대한 저작권은 원작자의 소유로 남게 되는 것이다. 이런 차이점을 확실히 알지 못하는 NFT 구매자들은 자신들이 기대한 것과는 전혀 다른 것을 구매하는 위험에 처한다. 저작권은 또한 관할권마다 내용에 차이가 있어 일반 NFT 구매자들은 자신이 정확히 무엇을 구매한 것인지, 구매한 NFT로 무엇을 할 수 있는지 이해하기가 힘들다.

저작권과 관련하여 가장 널리 통용되는 체계인 미국 저작권법에서는 저작권 소유자에게 다음과 같은 다섯 가지 권리를 승인하고 있다.

① 저작물의 복제권

② 저작물을 기초로 한 2차적 저작물을 작성할 권리

③ 저작물을 대중에게 유통 및 배포할 권리

④ 저작물을 공개적으로 공연할 권리

⑤ 저작물을 공개적으로 전시할 권리

현재로선 (계약서나 이용약관에 따로 명시되어 있지 않은 한) 이 중 어떤 사항도 NFT 구매자에게 적용되지 않는다. 하지만 미래에는 좀더 뉘앙스 있는 거래 시스템이 도입되어 이런 권리들이 그 자체로 각각 토큰화되어 전 세계 자유 시장에서 거래될 수 있길 기대해본다. 예를 들어 당신이 비록 비플의 작품을 소유하고 있진 않더라도, 그의 작품을 세계 어디서나 상업적으로 전시할 수 있는 권리를 소유하고 싶다면 어떨까?

NFT의 법적 지위legal status는 아직 불분명한 부분이 많다. NFT가 새 기술이고 폭발적으로 떠오르는 시장임을 고려할 때 별로 놀랍지는 않은 일이지만, 시간이 지남에 따라 NFT를 둘러싼 법적 쟁점들이 명확하게 해결되어 더욱더 많은 사람이 NFT의 잠재력을 충분히 이용하고 즐길 수 있게 되길 바란다.

COLUMN

NFT 관련 법적 쟁점에 관한 Q&A

정소영*
법률사무소 영인터내셔널 대표, 사법연수원 42기 한국/영국 변호사

NFT 거래가 활발해지면서 NFT와 관련된 분쟁이 빈번하게 발생하고 있다. 이에 따라 관련된 법적 쟁점들에 대한 관심 역시 커지고 있다. NFT 기술을 활용해 거래되는 자산은 미술품 이외에도 수집품, 게임 등 다양한데 거래되는 자산이 무엇인지에 따라 법적 쟁점과 적용되는 법리도 달라진다.

가장 이목을 끄는 품목은 아무래도 NFT화되어 고가에 판매되는 미술 저작물일 것이다. 우리나라에서도 김환기, 박수근, 이중섭 등 한국 근현대

* 고려대학교 법과대학을 나와 사법연수원을 42기로 수료한 한국 변호사로, 국내 대형 로펌에서 국제중재, 기업자문 및 송무 등을 담당한 풍부한 실무 경험이 있다. 영국 런던정경대에서 법학 석사(LL. M.) 학위를 받았으며, 영국 변호사 자격을 취득했다. 관련 분야의 개척자이자 전문가로서 국내법은 물론 외국 법률 및 사례 등의 분석을 토대로 NFT 작품의 전시, NFT 관련 저작권 및 소유권 이슈에 대한 자문, 블록체인을 기반으로 하는 조건부지분인수 계약 투자 자문 등 다수의 관련 업무를 수행한 바 있다.
(홈페이지: www.younglaw.co.kr, 이메일: syjeong@younglaw.co.kr)

미술사를 대표하는 거장들의 작품이 NFT 작품으로 판매가 진행된다는 소식이 화제가 됐다. 그런데 해당 작품들의 '소유자'라고 주장하는 사람들이 이를 NFT화해 경매를 진행하고자 한 것임에도, 해당 작품들의 '저작권자'들이 작품의 NFT화에 동의하지 않았다는 등의 이유로 이의를 제기하자 경매는 결국 무산됐다. 이하에서는 이렇게 핫 이슈로 떠오르고 있는 NFT 미술 저작물과 관련된 법적 쟁점들에 대해 살펴본다.

미술 저작물의 소유권과 저작권

NFT 미술 저작물과 관련된 법적 쟁점들을 이해하기 위해서는 우선 미술 저작물의 '저작권'과 '소유권' 개념에 대한 이해가 필요하다. 미술 저작물에서 소유권과 저작권은 전혀 별개의 권리다. 혹자는 저작물을 독점적으로 이용하는 권리를 '지식재산권' 등으로 부르며 일종의 소유권처럼 설명하기도 하지만, 엄밀히 말하면 소유권은 물건에 한해 성립하는 권리일 뿐이다. 이에 반해 저작권은 작가가 창작한 지적 산물, 즉 비유체적 이익에 대한 배타적·독점적 권리를 말한다.

현행 저작권법에 따르면 저작권은 크게 '저작인격권'과 '저작재산권'으로 나누어지는데, 저작인격권에는 공표권·성명표시권·동일성유지권이 포함되고, 저작재산권에는 복제권·공연권·공중송신권·전시권·배포권·대여권·2차적 저작물 작성권이 포함된다. 이 중 저작재산권은 전부 또는 일부를 양도하는 것이 가능하지만 저작인격권은 일신전속적인 것으로 저작자에게 귀속되며 양도성이 없다. 일반적으로 저작권을 양도한다고 할 때, 이는 저작재산권을 일컫는 것이다. 문예·학문·예술의 범위에 속하는 창작물이 저작권으로 보호되며, 이 외의 경우에는 저작권이 아닌 특허권·실용신안권·디자인권·상표권 등 여타 지적재산권으로 보호될 수 있다.

NFT 미술 저작물에도 동일한 법리가 적용된다. 작가가 본인의 작품을 완성해 NFT화하는 경우, 작가는 거래가 있기 전까지 NFT 작품의 저작권과 소유권 모두를 가진다.

NFT 작품 거래 시 소유권과 저작권의 귀속

NFT 작품을 매수한 사람으로서는 매매대금을 지급했으니 작품에 대한 소유권과 저작권 등 모든 권리를 취득했다고 생각할 수 있다. 그러나 매매계약 당시 저작권을 양도받기로 하는 합의가 없었다면, 매수인은 NFT 작품의 소유권만을 취득할 뿐이고 저작권은 작가에게 남아 있다. 이와 관련해 일부 마켓플레이스에서는 작가가 거래 시 매수인에게 소유권뿐만 아니라 저작권도 함께 양도할 수 있는 선택지를 주기도 한다. 저작권을 함께 양도하기로 하면 소유권과 함께 저작재산권도 매수인에게 양도할 수 있다. 다만 현행 저작권법에 따르면 매수인이 저작재산권을 양도받았다고 하더라도 권리 변동의 등록이 없으면 제3자에게 대항할 수 없다는 점에 유의해야 한다. 이하에서는 저작재산권의 양도 합의가 없는 일반적인 상황을 상정하고 논의한다.

NFT 작품의 저작권자가 아닌 소유자가 행사할 수 있는 권리의 범위

매수인은 자신이 구입한 NFT 미술 작품의 소유권을 취득한다. 매수인은 이 소유권을 다시 판매할 수도 있고 선물로 줄 수도 있으며 담보로 제공할 수도 있다. 다만 매수인이 소유권을 취득하더라도 저작권은 작가에게 있기 때문에 매수인의 소유권 행사에 법적 제한이 가해진다. 앞서 살핀 바와 같이 작품을 복제, 공연, 송신, 전시하는 권리 역시 저작권에 포함되므로 원칙적으로 매수인이 저작권자의 허락 없이 행사할 수는 없다. 즉 매수인이 자신이 구입한 미술 작품을 소셜미디어에 포스팅하는 경우조차 엄격히 따지면 저작권(복제권) 침해가 될 수 있다.

다만 저작권법은 매수인의 소유권이 지나치게 제한되지 않도록 일정한 규정을 두고 있다. 특히 전시권에 관해서 저작권법은 미술 저작물 원본의 소유자는 저작권자의 동의가 없더라도 미술 작품의 원본을 전시할 수 있도록 규정해 소유자의 전시권을 보호하고 있다. 다만 공중에게 개방된 장소에 항시 전시하는 경우는 제외된다는 점에 유의해야 한다. 나아가 작가는 매도 후에도 작품에 대한 공표권(저작물을 공표하거나 공표하지 아니할 것을 결정할 권리)을 가지는데, 매수인이 저작물을 공표하고자 하는 경우 작가가 원작품의 전시 방식에 의한 공표를 동의한다고 추정된다.

이 외에도 저작권법은 저작재산권의 제한 규정을 두어 일정한 요건을 갖춘 상황에서는 저작권자의 허락 없이 저작물을 사용할 수 있게 하고 있다. 예를 들어 요건에 맞는 교육기관이 수업 목적으로 공표된 저작물을 이용하는 행위(저작권법 제25조), 시사 보도 과정에서 보이거나 들리는 저작물을 보도를 위한 정당한 범위 안에서 이용하는 행위(저작권법 제26조), 공표된 저작물을 영리를 목적으로 하지 아니하고 개인적으로 이용하거나 가정 및 이에 준하는 한정된 범위에서 이용하기 위해 복제하는 행위(저작권법 제29조), 저작물의 통상적인 이용 방법과 충돌하지 아니하고 저작자의 정당한 이익을 부당하게 해치지 아니하는 경우의 이용(저작권법 제35조의5) 등이 가능하다. 물론 실제 사안에서 저작물 사용자가 이런 저작권법 규정이 적용될 수 있는 요건을 갖췄는지 아닌지는 구체적인 사실관계에 따른 검토가 필요할 것이다.

작가가 실물 작품을 NFT화한 후 NFT 작품을 판매하는 경우 실물 작품의 처분

작가가 실물 작품을 만든 후 이를 NFT화했다면, '실물 작품'과 'NFT 작품'이 동시에 존재할 수 있다. 이때 작가가 매수인과 'NFT 작품'에 대한 거래를 체결했다면 기존에 있던 실물 작품의 소유권은 누구에게 있는지, 실물 작품을 어떻게 처분해야 하는지가 문제 될 수 있다.

작가와 매수인 사이에 체결된 계약에 실물 작품의 처분과 관련된 합의가 있다면 기본적으로 이에 따라야 할 것이다. 그러나 실물 작품을 어떻게 처분할 것인지에 대해 작가와 매수인 사이에 별다른 합의가 없었다면 실물 작품의 소유권이 누구에게 있는지에 대해서는 논란이 있을 수 있다. 현재까지의 논의에서는 NFT 작품을 실물 작품의 2차적 저작물로 독자적인 저작물로 보고, NFT 작품을 거래한다고 하더라도 실물 작품의 소유권은 작가에게 남는다는 것이 일반적인 견해로 보인다. 다만 법리가 정립되지 않아 섣부르게 판단하기 어려운 부분이다.

실제 거래에서는 실물 작품의 크기 및 위치, 매수인의 성향 등에 따라 작가와 매수인이 계약 체결 시 합의를 통해 실물 작품의 처분을 달리하고 있다. NFT 작품과 실물 작품을 모두 소유하고 싶어 하는 매수인도 있으나 실물 작품을 보관할 장소가 마땅치 않거나 배송비가 지나치게 나와 NFT 작품만 따로 판매하는 것을 원하는 매수인도 있다. 실물 작품의 존재 여부에 신경조차 쓰지 않는 매수인이 있는가 하면 심지어 매수인이 실물 작품이 별도로 존재하는 것 자체를 싫어해 NFT 작품만 남기고 실물 작품은 '소각'해버리는 것을 원하는 사례도 있다.

NFT와 링크를 통해 연결된 저작물이 구매 후 사라지는 등의 문제가 발생한 경우

NFT 작품의 경우 NFT에 작품 자체를 업로드하기도 하지만 NFT에는 링크만 등록하고, 이 링크를 통해 다른 곳에 저장된 작품을 불러올 수 있는 경우가 빈번하다. 그런데 링크를 통해 연결해둔 작품이 호스팅 서버 문제 등으로 삭제되는 경우 NFT는 무용지물이 될 수 있다. 이런 경우 매수인으로서는 법적 구제 방안을 찾기 어려울 수 있다. 그래서 일부 작가들은 '탈중앙화 분산형 저장 파일 시스템IPFS'을 이용해 작품을 저장하는 등으로 문제 발생을 방지하기 위한 조치를 취하고 있다.

저작물의 저작권자가 아닌 사람이 저작권자의 허락 없이 작품을 NFT화해 거래하는 경우

작품과 아무 관련이 없는 제3자가 저작권자의 허락 없이 실물 작품을 NFT화하여 거래하는 사례는 이미 빈번하게 발생하고 있다. 앞서 살핀 바와 같이 NFT 작품은 실물 작품의 2차적 저작물로 볼 수 있기에 실물 작품의 저작권자가 2차적 저작물 작성권을 제3자에게 양도하거나 권한을 부여하는 경우 제3자가 이 권한에 기해 작품을 NFT화할 수 있을 것이다. 그러나 아무런 권한 없이 타인의 실물 작품을 NFT화한다면 저작권 침해가 문제 된다.

이런 사태가 발생한다면 저작권자는 우선 해당 마켓플레이스에 저작권 침해 신고를 하는 방법을 생각해볼 수 있다. 일부 마켓플레이스에서는 이용약관을 통해 저작권 침해 신고 방법에 대해 규정하고 있으며, 정식 신고가 접수된 경우 심사를 통해 해당 작품을 삭제하거나 권리를 침해한 이용자의 서비스 이용을 정지시키기도 한다. 나아가 저작권자로서는 저작권 침해를 원인으로 판매자 등을 상대로 침해금지청구의 소 등을 제기할 수도 있다. 침해금지청구의 소는 작가 또는 소유자 중 저작권을 가진 사람이 제기할 수 있는데, 작가가 소유자에게 저작권을 넘기지 않았다면 작가가 소송을 제기할 수 있을 것이다.

실물 작품을 구매한 소유자가 저작권자의 허락 없이 작품을 NFT화해 거래하는 사례도 종종 문제 되고 있다. 앞서 살핀 바와 같이 미술 작품의 경우 소유권과 저작권은 별도로 존재하기 때문에 실물 작품의 소유자라고 하더라도 작품을 NFT화해 판매하려면 저작권자로부터 NFT화에 필요한 저작재산권을 취득하거나 NFT화에 대한 저작권자의 동의를 얻어야 한다. 다만 소유자가 저작재산권을 취득한 후 작품을 NFT화하더라도 저작자가 아닌 다른 사람을 작가로 기재하는 경우 저작인격권(성명표시권)의 침해가 문제 될 수 있다.

작가가 회사에 소속되어 근무하는 중 제작한 작품이나 그 작품에 등장하는 캐릭터를 회사 허락 없이 NFT화하는 사례도 문제 된다. 일례로 최근 DC코믹스DC Comics는 DC코믹스가 고용한 프리랜서들을 상대로 DC코믹스의 캐릭터에 기반한 NFT 판매를 금지한다는 경고문을 보내기도 했다. 법인·단체 그 밖의 사용자의 기획하에 법인 등의 업무에 종사하는 자가 업무상 작성하는 저작물은 '업무상 저작물'로(저작권법 제2조 제31호), 계약 또는 근무 규칙에서 다른 사항을 정하지 않은 경우에는 법인 등의 명의로 공표되는 업무상 저작물은 법인 등이 그 저작자로 된다(저작권법 제9조). 단순히 '내가 창작한 캐릭터이니 내 것이다'라는 생각으로 NFT화를 했다가 분쟁에 휘말릴 수도 있다는 점을 염두에 두어야 하겠다.

매수인이 저작권이 없는 매도인으로부터 NFT 작품을 구매했다고 하더라도 매수인이 매도인에게 정당한 권리가 있다고 믿고 구매했다면 매수인은 저작권 침해에 대한 고의가 없어 이에 대한 책임을 지지 않을 수는 있다. 다만 마켓플레이스에서 NFT 작품이 삭제되는 등의 조치를 취할 수 있을 것이며, 이 경우 매도인을 상대로 손해배상을 청구해야 할 수도 있다.

NFT 작품의 거래가 마켓플레이스에서 이뤄지기 때문에 거래 중에 발생하는 문제 중 일부에 대해서는 마켓플레이스를 상대로 하는 손해배상 등 청구가 가능할 수도 있다. 다만 대부분의 마켓플레이스는 이용약관을 통해 마켓플레이스는 플랫폼일 뿐 거래의 당사자가 아니라는 점, 판매 작품의 소유권 및 저작권 등의 확인에 대해서는 이용자가 전적으로 책임을 진다는 점 등을 규정해 마켓플레이스를 상대로 하는 청구를 어렵게 하고 있다. 나아가 이용약관에서 이용자가 마켓플레이스를 상대로 청구를 하는 경우 법원에서의 소송이 아닌 중재 절차를 이용해야 한다는 등 재판청구권 행사에도 제한을 가하는 경우가 대부분이다.

퍼블릭 도메인에 해당하는 실물 작품을 NFT화해 거래하는 경우

저작권 보호 기간 초과 등 여하한 사유로 저작권이 없는 저작물, 저작권법에 따른 공공저작물(제24조의 2)은 저작권자의 허락 없이 이용할 수 있다. 소유권은 물건이 존속하는 이상 소멸시효의 대상이 되지 않는 반면, 현행 저작권법에 따르면 저작재산권은 저작물의 공표 시(전시 시점)부터 개시되어 저작자가 생존하는 동안과 사망한 후 70년간 보호된다. 이처럼 저작권법의 보호를 받지 못하는 저작물을 '무주공산'이라 생각하고 NFT화해 판매하는 사례도 최근 늘어나고 있다. 실제로 유럽에서는 박물관 측에서 저작권을 포기한 작품을 NFT화해 거래에 내놓은 경우도 있다. 이를 실물 작품의 저작자에 대한 저작권 침해에 해당한다고 볼 수는 없을 것이나, 법적 분쟁이 발생할 가능성이 없다고 확신하기는 어렵다.

앞에서 살펴본 문제들 이외에도 매수인이 착오 또는 사기 등을 이유로

NFT 작품 매매 계약의 취소를 원하는 경우, NFT 작품을 유명 작가의 작품으로 알고 구입했으나 위작에 해당하는 경우, 마켓플레이스가 해킹을 당한 경우 등 여러 문제 사례들이 발생하고 있다. NFT 작품의 거래는 새로운 영역이기 때문에 국내외를 불문하고 관련 법률이나 판례들이 정립되지 않아 정답이 정해져 있다고 하기는 어려운 상황이다. 따라서 자신의 권리가 침해됐다고 생각되거나 억울한 손해를 입었다고 생각된다면 다투어볼 여지도 얼마든지 있다. 문제 발생을 방지하기 위해서는 무엇보다도 NFT 작품 거래에 뛰어들기 전에 마켓플레이스의 이용약관 등을 꼼꼼히 살펴보거나 전문가의 조언을 구하는 등의 안전장치가 필요하다.

CHAPTER 3

토큰, 너! 그리고 커뮤니티 토큰

토큰은 화폐뿐만이 아니라 메타버스에 존재하는 다양한 디지털 개체들digital things을 포괄적으로 나타내는 하나의 카테고리다. 다시 말해 토큰은 가상의 세계를 이루는 가장 기본적인 구성 요소로, 이 세상의 원자와 같은 존재다. 따라서 토큰을 암호화폐로만 한정 짓는다면 우리는 토큰이 가지고 있는 엄청난 가능성과 잠재력을 제대로 보지 못할 것이다. 토큰에는 여러 종류가 있지만 여기서는 NFT와 함께 가장 대표적이면서도 우리의 이해가 부족하다고 생각되는 '암호화폐cryptocurrencies'와 '암호상품

cryptocommodities'에 대해 이야기해보자.

가장 오래되고 잘 알려진 비트코인BTC은 화폐로 통용되기에는 문제점이 많다고 지적된다. 그것은 맞는 말이다. 전투 시 사용되는 탱크가 경주용 차처럼 빠르게 달리지 못한다고 비판할 수 있는 것처럼, 비트코인을 이용한 거래가 현금 거래보다 느리다고 비판할 수 있다. 또한 금 가격의 변동폭이 미국 달러나 한국 원화에 비해 크다고 비판할 수 있는 것처럼, 비트코인 가격이 미국 달러나 한국 원화에 비해 불안정하다고 비판할 수 있다. 하지만 여기서 알아야 할 것은 비트코인이 처음부터 빠른 결제나 안정적인 가격 유지를 위해 탄생한 것이 아니라 오히려 금 같은 '상품'의 역할을 하기 위해 설계됐다는 것이다. 금과의 차이점이 있다면 비트코인은 가상 세계에 존재한다는 것. 한마디로 비트코인은 디지털 금이고, 따라서 암호화폐보다는 암호상품에 더 가깝다고 할 수 있다. 2021년, 비트코인의 하루 평균 거래량은 500억 달러가량이다.

미국 달러나 한국 원화처럼 가격 변동폭이 작고, 신속하게 거래되고, 또 많은 상점에서 사용될 수 있는 암호화폐 토큰은 따로 있다. 예를 들면 USTTerraUSD, USDCUSD Coin, USDTTether, TerraKRWKRT, DAI, RAI 등이다. 이런 개념상의 차이를 분명히 하기 위해서 안정적인 암호화폐를 스테이블코인stable coins이라고 부른다(실제로 요즘 블록체인 커뮤니티 내에선 암호화폐라는 용어가 많이 쓰이지 않는다). 스테이블코인은 가격이 안정적이고, 결제 시간이 짧고, 많은 상점에서 사용되기 위해 만들어진 토큰을 지칭한다.

스테이블코인은 아직 역사가 길지 않고, 스타벅스와 같은 주류 상점들이 이제야 결제 수단으로 채택하기 시작했다. 하지만 메타버스 세상에서는 이야기가 다르다. 그곳에선 스테이블코인이 이미 널리 사용되는 중요한 결제 수단이다. 2021년, 전 세계적으로 거래되는 스테이블코인의 양이 하루 평균 1,000억 달러라고 하니 놀라울 뿐이다. 특히 2021년 5월 20일 같은 경우는 하루에 3,000억 달러 이상의 스테이블코인이 거래됐다고 하는데, 그 현재진행형 위용이 느껴진다.

정리하자면 암호화폐와 암호상품 모두 토큰으로 표현되지만, 토큰은 이 둘보다 훨씬 더 큰 개념이다. 앞서 말한 것처럼 토큰은 메타버스에서 없어서는 안 되는 원자와 같은 존재이기 때문이다. 고유성과 희소성을 무기로 하는 NFT의 메타버스 속 활약이 더욱더 기대되는 이유다.

커뮤니티 토큰

토큰을 논하면서 요즘 가장 핫한 토큰 중 하나인 '커뮤니티 토큰community token'을 빼놓을 순 없을 것이다. '소셜 토큰social token'이라고도 불리는 이 토큰은 말 그대로 커뮤니티에서 발행하는 토큰으로, 커뮤니티 멤버들의 기여도에 따른 보상 분배를 자동화해준다. 커뮤니티 토큰을 가질 경우 커뮤니티 내의 주요 의사결정에 참여할 수 있는 투표권이 생기기 때문에 기여에 대한 인센티브가 생기고, 이런 선순환 과정을 통해 커뮤니티는 성장의 원동력을 갖게 된다. NFT가 한 명의 팬이 디지털 자산을 소유할 수 있게 해준다면, 커뮤니티 토큰은 많은 팬들이 커뮤니티를 공동으로 소유하게 하는 개념이라고 보면 된다. 커뮤니티 토큰은 NFT와는 달리 대체가능하고 필요시 분할할 수도 있다는 장점이 있다(예: 0.01$GILBUT tokens).

커뮤니티 토큰은 다음과 같은 문제를 해결할 수 있다.

① 신생 커뮤니티가 초기 멤버를 모으고 숫자를 늘리는 데 어려움을 겪는다.
② 커뮤니티 내 사용자들(멤버들)과 소유자(들)의 상충하는 인센티브로 멤버들의 참여가 저조하다.
③ 광고 수수료를 쉽게 취하지 못하는 구조다.
④ 사용하는 플랫폼의 정책이 갑자기 바뀌거나 멤버 및 콘텐츠에 대한 검열을 할 경우 속수무책이다.
⑤ 플랫폼에 귀속된 자산들(예: 게임 아이템뿐만 아니라 해당 플랫폼에서 쌓은 신뢰, 평판 혹은 높은 퀄리티의 포스팅 등)을 다른 플랫폼으로 가지고 갈 수가 없다.
⑥ 커뮤니티의 상대적 가치(예: 비슷한 타 커뮤니티에 비해)를 측정하기가 힘들다.

이런 문제들에 대해 커뮤니티 토큰은 다음과 같은 해결책을 제시한다.

① 초기 토큰 보유자들이 커뮤니티 전도사의 역할을 하도록 한다.
② 커뮤니티 멤버들을 단순 자원자에서 소유자로 만들어준다.
③ 커뮤니티 차원에서 제공 가능한 각종 서비스(예: 어떤 경험이나 보상)를 수익 창출의 일환으로 연계해 광고 및 스폰서십을 통한 커뮤니티 가치 창출·획득의 경로를 보강한다.
④ 힘이 없는 커뮤니티 멤버를 활동가로 만들어준다.
⑤ 멤버들과 커뮤니티가 쉽고 빠르게 자신들의 자산(예: 글, 평판, 과거 행적 등)을 플랫폼 밖으로 가지고 나올 수 있게 해준다.

⑥ 커뮤니티의 내재적 가치가 어떻게 변하는지 측정할 수 있는 도구가 되어 준다.

암호 세상의 깊숙한 골짜기로부터 태동한 커뮤니티 토큰은 점차 주류 블록체인 사회에서 모습을 드러내고 있다. 블록체인을 기반으로 하는 각종 프로젝트와 접점을 찾아가고 있는데, 예를 들어 DAO라고 하는 탈중앙화된 자율 조직과의 합이 특히 좋다. 다음 챕터에서 더 다루게 될 DAO는 인터넷 기반의 조직으로, 멤버들이 커뮤니티 토큰을 통해 조직에 대한 소유권을 공유하고 관리하는 식이다. 가치를 창출하고 소비하는 과정에서 개인들이 서로를 위해 일하기보다 서로 함께 일하게 된 것이다.

토큰 이코노미 시대

CHAPTER 4

토큰은 오늘날 우리에게 새로운 기회의 장을 열어주고 있다. 과거엔 많은 이들의 관심이 암호화폐에 쏠려 있었다면, 이젠 좀더 광범위하게 블록체인을 통해 구현될 수 있는 토큰의 잠재력에 관심이 쏠리고 있다. '토큰 이코노미'는 블록체인에 기반한 Web3.0 생태계 안에서 참가자들이 토큰이라는 매개체를 통해 기여에 대한 정당한 보상을 받고 투명하게 가치를 주고받도록 설계됐다. 토큰 이코노미를 한마디로 표현하자면, 블록체인 생태계를 이루고 있는 수많은 개인의 결정과 상호작용을 통해 그 집단적 성격이 결정되는 복잡계complex system라고 할 수 있지 않을까. 개인과 조직이 새로운 방식을 창조하고, 분배하고, 확대해가면서 매 순간 시스템의 특징적 패턴emergent properties(창발성)이 결정되고, 시간이 흐름에 따라 이 패턴이 변화하면서 토큰 이코노미에 존재론적 의미를 부여하는 것이다. 그것의 정의가 되는 것이다.

DAO

토큰 이코노미의 중추적인 역할을 하는 DAO의 예를 보자. '탈중앙화된 자율 조직'이란 뜻의 DAO는 특정한 중앙집권 주체의 개입 없이, 즉 계층 구조적인 관리 없이 컴퓨터 코드와 프로그램에 의해 자체적으로 기능하는 자치적 조직이다. 즉 DAO란 신뢰가 없이도 협력이 가능한 운용 시스템인 것이다. DAO 커뮤니티 멤버들은 DAO에 출자함으로써 각각 커뮤니티 토큰이라는 투표권을 갖게 되며, 이를 통해 조직의 거버넌스 및 운영 방식에 영향을 미칠 수 있다. 이렇게 DAO 내의 의사결정은 토큰을 보유한 커뮤니티 멤버들의 자율적인 제안과 다수결 투표로 결정되는데, 그 절차는 매우 간단하다.

누군가가 DAO 웹사이트나 포럼에 새로운 제안을 올리면 나머지 커뮤니티 멤버들이 투표를 통해 수용 여부를 결정짓는다. 이때 제안의 종류로는 DAO의 자산을 특정한 마케팅 목적으로 사용하는 것, 타 커뮤니티 토큰과 교환하는 것, DAO 커뮤니티 멤버들의 사업에 투자하는 것 등 다양하다. 제안의 종류에는 투표 절차 자체를 바꾸는 것도 포함된다. 예를 들어

다수결 통과를 위해 50%의 동의가 필요하다거나, 아니면 극단적인 예로 5%만 동의하면 된다거나 하는 식이다. 이렇듯 커뮤니티 멤버라면 누구나 토큰을 통해 자유롭게 DAO의 미래를 제안할 수 있으며, DAO의 미래는 개인이 아닌 멤버들의 끝없는 상호작용을 통해 모습이 갖추어지고 변화해간다.

단 몇 분 안에 생성되고 사라질 수도 있는 DAO는 현재 전 세계적으로 그 수가 몇백에 이른다. 재미있는 것은 이 중 상당수가 지난 몇 달간 탄생했다는 것이다. 역시, 핫하다. 이들을 통해 수백억 달러의 자산이 관리되고 있다. 국경을 초월해서 말이다. 2021년 7월 기준으로 DAO들이 소유하고 있는 자산이 100억 달러 이상이라니, 놀랍지 않은가. 커뮤니티 토큰과 DAO를 필두로 하는 토큰 이코노미가 어느새 우리 곁에 성큼 다가와 있는 것이다. 여기서는 네 종류의 DAO를 소개한다.

보조금Grants DAO | 가장 초기의 DAO 사례 중 하나다. 커뮤니티 멤버들은 이더와 같은 토큰을 통해 DAO의 인터넷 기반 은행 계좌(즉 이더리움 주소)로 원하는 금액을 기부하고, DAO는 이들에게 커뮤니티 토큰을 배부하게 된다. 일반적으로 더 많은 금액을 후원한 사람에게 더 많은 커뮤니티 토큰이 부여되는데, 이들은 이런 토큰을 통해 DAO의 자산이 향후 어떻게 보조금으로 사용될 것인지를 결정한다. 보조금 DAO는 자선단체, NGO, 정부와 같은 전통적인 후원 기관의 손길이 닿지 않는 틈새 커뮤니티의 프로젝트들을 신속하게 도울 수 있다는 장점이 있다.

프로토콜Protocol DAO | 토큰을 통해 프로토콜의 설립자들로부터 사용자들로 통제권을 분권화하는 데 초점을 둔다. 그 예로는 이더리움에 구축된 탈중앙화 거래소 프로토콜인 유니스왑이 있다. 사용자들이 중개자 없이도 거래를 할 수 있게 해주는 자동화된 유동성 프로토콜이다. 빗썸Bithumb이나 바이낸스 같은 거래소들과 달리 유니스왑은 토큰 거래로 벌어들인 수수료를 커뮤니티 멤버들과 나눈다. 커뮤니티 멤버들은 거래소의 수수료 책정과 같은 프로토콜의 특정 부분에 대한 의사결정 투표권을 가진다.

투자Investment DAO | 커뮤니티 멤버들이 DAO가 소유한 자산을 어떤 프로젝트에 투자할지 함께 정하도록 설계된 DAO다. 이런 의미에서 DAO는 벤처캐피털과 비슷하게 운영된다고 볼 수 있는데, 가장 유명한 투자 DAO로는 메타카르텔 벤처스Metacartel Ventures DAO가 있다. 투자 DAO는 일반적으로 커뮤니티의 규모가 작은 편이며, 커뮤니티 멤버들이 새로운 멤버의 영입에 대해 다 함께 투표한다. 기존 멤버는 언제든지 DAO를 떠날 수 있는데, 이는 벤처캐피털 회사와 매우 다른 점이라 할 수 있다.

컬렉터Collector DAO | 전 세계적인 NFT의 인기 상승과 함께 개인 NFT 컬렉터들의 수가 증가하면서 생겨났다. 개인이 아닌 여러 사람이 모여서 돈을 공동으로 DAO에 출자해 이 자금으로 NFT를 사들이는 방식이다. 대부분의 컬렉터 DAO가 몇 달밖에 안 됐음에도, 2021년 현재 이미 수백만 달러의 자금이 NFT를 수집하는 데 쓰였다. 이 중에서도 가장 잘 알려진 DAO로는 플리저Pleasr DAO가 있는데, 커뮤니티·자유·분권화 등으로

대변되는 '인터넷 문화'를 나타낸 NFT 미술 작품을 수집하기로 유명하다. 이미 몇백만 달러의 출자금을 NFT를 사들이는 데 사용했다고 한다. 플리저 DAO가 수집한 NFT 작품의 예로는 에드워드 스노든Edward Snowden의 〈Stay Free〉, 더 토어 프로젝트the Tor Project의 〈Dreaming at Dusk〉 등이 있는데, 인간의 기본적인 인권 및 인터넷 프라이버시 보호와 관련된 중요한 순간들을 표현한 작품들이다.

사실 현존하는 대부분의 DAO가 한 종류 이상의 DAO의 특징을 동시에 가지고 있다. 하지만 DAO의 종류에 대한 이런 분류 작업은 우리가 가령 메타버스에서 여러 형태의 DAO들을 접했을 때, 그들을 제대로 이해하기 위한 기본적인 멘탈 모델mental model을 제공해주니 유용하다.

지금까지 소개한 DAO들을 대략 연대순으로도 정리해보자면 가장 먼저 등장한 것은 보조금 DAO로, 이땐 커뮤니티 멤버들 간에 커뮤니티 토큰을 주고받을 수 있는 구조가 아니었다. 그 후 커뮤니티 토큰의 발행과 분배에 대한 결정을 중심으로 하는 프로토콜 DAO가 등장했고, 또 이와는 반대로 토큰의 발행과 분배보다는 출자된 DAO의 자산이 어디서 어떻게 쓰이는지에 초점이 맞춰진 투자 DAO가 탄생했다. 이 외에도 다양한 특징을 가진 DAO들이 만들어졌는데, 그중 가장 최근에 만들어진 (그리고 익사이팅한!) DAO 중 하나가 NFT 세계에 뿌리를 둔 컬렉터 DAO다. 컬렉터 DAO의 활성화와 함께 NFT 시장에 어떤 변화가 올지 기대된다.

토큰 이코노미로의 항해

토큰은 이렇게 다양한 모습으로 Web3.0의 구현을 촉진하고 있다. 인터넷은 출시된 이후 급격한 변화를 거쳐왔다. 먼저 1990년대부터 2000년대 초를 아우르는 Web1.0은 웹사이트들을 통한 '정보'의 창조 및 보급에 초점이 맞춰져 있었다. 2000년대 중반에 시작된 Web2.0은 Web1.0에 사회적 요소를 첨가한 형태로 페이스북, 위챗, 인스타그램과 같은 수많은 디지털 커뮤니티가 사용자들 간의 활발한 사회적 상호작용social interaction을 지원해주었다. 그리고 2020년대에 들어오면서 시작된 Web3.0은 기존에 존재하던 정보 및 사회 기반의 인터넷에 개인이 소유한 금융적 요소들이 첨가되면서 화려한 개막을 알렸다. 불변하는 공공 원장인 블록체인에 기반한 새로운 분권화 기술들이 탄생했고, 이를 통해 개인의 가치 생산, 분배, 확대의 방법이 재정립되고 있다. 또한 토큰을 통해 이름 모를 다수의 군중crowds이 목표와 이상을 나누는 공동체들communities로 바뀌면서, 무정형과 정형의 경계선에서 우리가 어떻게 좀더 의미 있는 가치를 생산하고 나눌 수 있는지를 고민하게 한다.

토큰 이코노미라는 힘찬 물결을 맞아 세상은 바뀌고 있다. 당신은 지금 어디쯤 있는가?